《粮食流通管理条例》释义

国家粮食和物资储备局　编

法律出版社
LAW PRESS·CHINA

加快实现粮食流通法治治理
牢牢把住粮食安全主动权*

张务锋

新修订的《粮食流通管理条例》(以下简称《条例》)正式施行,是我国粮食流通领域的一件大事,是完善保障粮食安全制度政策的重要成果,充分彰显了粮食流通在保障国家粮食安全中的重要作用,标志粮食流通依法治理进入了新阶段。在《条例》修订出台过程中,国家发展改革委高度重视,司法部、财政部、市场监管总局等有关部门共同推动,国家粮食安全政策专家咨询委员会多次论证指导,广大市场主体和专家学者等社会各界人士给予了关心支持。在此表示真诚的感谢!

一、心系国之大者,充分认识《条例》修订的重大意义

党的十八大以来,以习近平同志为核心的党中央高度重视国家粮食安全,提出了"确保谷物基本自给、口粮绝对安全"的新粮食安全观,确立了以我为主、立足国内、确保产能、适度进口、科技支撑的国家粮食安全战略,走出了一条中国特色粮食安全之路。此次《条例》修订,立足于保障国家粮食安全的政治站位,按照落实中央要求、坚持问题导向、反映改革成果、引领改革方向、完善基本制度的立法思路,将行之有效的政策措施上升为具有法律约束力的制度规范,对现行《条例》进行了系统化的制度完善,实现了管理体制、规制方式、监管内容、责任追究"四个新的变化"。《条例》修

* 本文为国家发展改革委党组成员,国家粮食和物资储备局党组书记、局长张务锋同志2021年4月8日在《条例》贯彻实施座谈会上的讲话内容,有部分删节、改动。

订实施，是牢牢把住粮食安全主动权的重要举措，是加快国家粮食安全治理体系和治理能力现代化的重要基础，是推动粮食流通高质量发展的内在要求，是不断增强人民群众获得感幸福感安全感的生动体现，必将对在更高层次上保障国家粮食安全产生有力推动作用。具体体现为“五个有利于”：

一是有利于保护和调动种粮农民积极性。习近平总书记多次对充分保护和调动农民生产经营积极性作出重要指示，李克强总理强调要切实维护农民的切身利益。《条例》开宗明义将保护粮食生产者积极性、促进粮食生产作为立法目的之一，并作出了相应的制度规定，贯穿了人民至上的执政理念，落实了以民为本、立法为民的法治理念，将释放积极信号，稳定农民预期，促进粮食生产稳定发展。

二是有利于切实加强政策性粮食管理。政策性粮食是保障国家粮食安全的重要物质基础。《条例》坚持底线思维，直面突出问题，明确规定了政策性粮食经营活动中的禁止性行为，补上了政策性粮食流通监管的短板弱项，体现了“五个严”的要求。即严肃落实政策目标；严把质量等级标准；严明出库管理责任；严格粮食购销动用程序；严厉追究违法责任。将涉及政策性粮食违法行为的最高罚款额度从原《条例》的20万元提高到500万元，处罚力度明显加大。

三是有利于更好地保障粮食供应稳定。结合新冠肺炎疫情防控中粮食保供稳价工作实践，《条例》要求加强和改善粮食宏观调控，优化丰富市场监管措施，加大违法行为惩处力度，大幅提升违法成本，强化粮食应急管理，保持粮食供求总量基本平衡和市场基本稳定，切实把14亿中国人的饭碗牢牢端在自己手中。

四是有利于更好地保障高品质粮食供给。立足于更好满足人民美好生活需要，《条例》围绕粮食产业创新发展、转型升级、提质增效，着眼产业链、价值链、供应链“三链协同”，提出支持鼓励措施，并针对粮食质量管理面临的突出问题作出规定，确保“舌尖上的安全”。

五是有利于更好地防止和减少粮食损失浪费。节约粮食、反对浪费涉及“粮头食尾、农头工尾”全链条各环节。《条例》修订中，认真贯彻落实习近平总书记关于高度重视节约粮食和制止餐饮浪费的重要指示，围绕重点领域、重点环节作出了特别规范，把珍惜粮食、勤俭节约的传统美德转化为法律规范和全社会的行为准则。

二、强化系统观念，准确把握《条例》的主要制度内容

这次《条例》修订，是继2013年、2016年对部分条款进行修订基础上的第一次全面修订。认真贯彻总体国家安全观和国家粮食安全战略,着眼完善粮食“产购储加销”协同保障机制,正确把握“多”与“少”、“质”与“量”、生产与流通、当前与长远、政府与市场、国内与国外“六对关系”,对粮食收购、储存、运输、加工、销售环节以及粮食质量安全管理、节粮减损等方面进行规范,全面构建了粮食流通管理的制度框架。主要体现在以下四个方面:

一是坚持党政同责、协同发力。《条例》贯彻落实习近平总书记关于粮食安全要实行党政同责的重要指示,在全面总结粮食安全省长责任制做法经验的基础上,第一次在行政法规中明确规定省、自治区、直辖市应当落实粮食安全党政同责,完善粮食安全省长责任制,承担保障本行政区域粮食安全的主体责任。同时,对有关职能部门粮食流通监管职责作了进一步明确和细化。

二是坚持为耕者谋利。《条例》明确规定了粮食收购按质论价、及时支付售粮款、对重点粮食品种实行政策性收储等一系列保护措施,并针对侵害种粮农民利益的行为,设立严格法律责任,进一步筑牢在流通环节保护种粮农民利益的防线。

三是坚持为食者造福。《条例》强调,严把粮食入口质量安全关,落实经营者粮食质量安全主体责任,强化粮食收购、储存、运输、销售等环节质量安全管理,不符合标准和要求的粮食不得进入口粮市场;《条例》要求,完善粮食宏观调控手段,健全粮食市场供求形势监测和预警体系;《条例》明确,鼓励发展粮食产业经济,提高优质粮食供给水平,更好满足广大人民群众“吃得好”“吃得营养健康”的需求。

四是坚持为业者护航。《条例》落实“放管服”改革精神,取消了粮食收购资格行政许可,强化了粮食流通事中、事后监管措施,建立了粮食流通信用监管制度;鼓励培育“产购储加销”一体化的粮食企业,在执行政策性收储时给予优惠;切实维护粮食流通市场秩序,优化粮食营商环境,进一步激发市场主体活力。

三、突出良法善治,加快提高粮食流通依法治理水平

《条例》修订出台,为依法管粮提供了强有力的法律武器,对粮食和物资储备等相关部门提出更高要求。我们要以此为重要契机,以高度的政治自觉和强烈的使命担当,切实做好《条例》宣传贯彻实施工作。

一是增强依法行政能力。牢固树立管好是尽责、不管是失责、管不好要追责的观念,带头尊法、学法、守法、用法,自觉增强依法监管意识,从主要依靠政策和命令指令办事,转变到依靠法治思维和法治方式上来,切实做到执法有保障、有权必有责、用权受监督、违法受追究。

二是完善配套制度规范。全面梳理实施性规范事项，科学界定实施性规范的层级类型，认真清理相关规章制度，系统处理新旧衔接和过渡问题，确保与《条例》精神保持一致，进一步放大立法效应，增强《条例》的可操作性。

三是广泛开展普法宣传。把《条例》普法宣传摆到突出位置，明确宣传重点，抓住关键节点，结合世界粮食日、全国粮食安全宣传周等活动，着力做好重点对象的宣传，把《条例》修订的精神讲清楚，把主要制度内容讲清楚，把鼓励性和禁止性规定讲清楚。大力提高社会各界对《条例》的知晓度，引导粮食经营主体依法诚信经营，增强粮食生产者、经营者和消费者依法维护自身合法权益的意识。

四是坚决严格执法监管。认真履行监管职责，进一步界定执法职责、明确执法流程、规范执法裁量、严格执法程序，以监管方式创新提升事中、事后监管效能，对违法失信行为依法实施联合惩戒，形成有力震慑，加快实现粮食流通依法监管的根本转变。

今后，我们将深入学习贯彻习近平总书记关于保障国家粮食安全的重要指示精神，坚决落实党中央、国务院决策部署，与有关部门单位和地方密切配合、通力协作，抓紧抓好《条例》落地，共同扛稳保障国家粮食安全的政治责任！

目录

条文释义

专题解读

新闻报道

中华人民共和国国务院令

第740号

《粮食流通管理条例》已经2021年1月4日国务院第121次常务会议修订通过，现将修订后的《粮食流通管理条例》公布，自2021年4月15日起施行。

总理　李克强

2021年2月15日

粮食流通管理条例

（2004年5月26日中华人民共和国国务院令第407号公布　根据2013年7月18日《国务院关于废止和修改部分行政法规的决定》第一次修订　根据2016年2月6日《国务院关于修改部分行政法规的决定》第二次修订　2021年2月15日中华人民共和国国务院令第740号第三次修订）

第一章　总　　则

第一条　为了保护粮食生产者的积极性，促进粮食生产，维护经营者、消费者的合法权益，保障国家粮食安全，维护粮食流通秩序，根据有关法律，制定本条例。

第二条　在中华人民共和国境内从事粮食的收购、销售、储存、运输、加工、进出口等经营活动（以下统称粮食经营活动），应当遵守本条例。

前款所称粮食，是指小麦、稻谷、玉米、杂粮及其成品粮。

第三条　国家鼓励多种所有制市场主体从事粮食经营活动，促进公平竞争。依法从事的粮食经营活动受国家法律保护。严禁以非法手段阻碍粮食自由流通。

国有粮食企业应当转变经营机制，提高市场竞争能力，在粮食流通中发挥主渠道作用，带头执行国家粮食政策。

第四条　粮食价格主要由市场供求形成。

国家加强粮食流通管理，增强对粮食市场的调控能力。

第五条　粮食经营活动应当遵循自愿、公平、诚信的原则，不得损害粮食生产者、消费者的合法权益,不得损害国家利益和社会公共利益,并采取有效措施,防止和减少粮食损失浪费。

第六条 国务院发展改革部门及国家粮食和储备行政管理部门负责全国粮食的总量平衡、宏观调控和重要粮食品种的结构调整以及粮食流通的中长期规划。国家粮食和储备行政管理部门负责粮食流通的行政管理、行业指导,监督有关粮食流通的法律、法规、政策及各项规章制度的执行。

国务院市场监督管理、卫生健康等部门在各自的职责范围内负责与粮食流通有关的工作。

第七条 省、自治区、直辖市应当落实粮食安全党政同责,完善粮食安全省长责任制,承担保障本行政区域粮食安全的主体责任,在国家宏观调控下,负责本行政区域粮食的总量平衡和地方储备粮等的管理。

县级以上地方人民政府粮食和储备行政管理部门负责本行政区域粮食流通的行政管理、行业指导;县级以上地方人民政府市场监督管理、卫生健康等部门在各自的职责范围内负责与粮食流通有关的工作。

第二章 粮 食 经 营

第八条 粮食经营者,是指从事粮食收购、销售、储存、运输、加工、进出口等经营活动的自然人、法人和非法人组织。

第九条 从事粮食收购的经营者(以下简称粮食收购者),应当具备与其收购粮食品种、数量相适应的能力。

从事粮食收购的企业(以下简称粮食收购企业),应当向收购地的县级人民政府粮食和储备行政管理部门备案企业名称、地址、负责人以及仓储设施等信息,备案内容发生变化的,应当及时变更备案。

县级以上地方人民政府粮食和储备行政管理部门应当加强粮食收购管理和服务,规范粮食收购活动。具体管理办法由省、自治区、直辖市人民政府制定。

第十条 粮食收购者收购粮食,应当告知售粮者或者在收购场所公示粮食的品种、质量标准和收购价格。

第十一条 粮食收购者收购粮食,应当执行国家粮食质量标准,按质论价,不得损害农民和其他粮食生产者的利益;应当及时向售粮者支付售粮款,不得拖欠;不得接受任何组织或者个人的委托代扣、代缴任何税、费和其他款项。

粮食收购者收购粮食,应当按照国家有关规定进行质量安全检验,确保粮食质量安全。对不符合食品安全标准的粮食,应当作为非食用用途单独储存。

第十二条 粮食收购企业应当向收购地的县级人民政府粮食和储备行政管理部门定期报告粮食收购数量等有关情况。

跨省收购粮食,应当向收购地和粮食收购企业所在地的县级人民政府粮食和储备行政管理部门定期报告粮食收购数量等有关情况。

第十三条 粮食收购者、从事粮食储存的企业(以下简称粮食储存企业)使用的仓储设施,应当符合粮食储存有关标准和技术规范以及安全生产法律、法规的要求,具有与储存品种、规模、周期等相适应的仓储条件,减少粮食储存损耗。

粮食不得与可能对粮食产生污染的有毒有害物质混存,储存粮食不得使用国家禁止使用的化学药剂或者超量使用化学药剂。

第十四条 运输粮食应当严格执行国家粮食运输的技术规范,减少粮食运输损耗。不得使用被污染的运输工具或者包装材料运输粮食,不得与有毒有害物质混装运输。

第十五条 从事粮食的食品生产,应当符合食品安全法律、法规和标准规定的条件和要求,对其生产食品的安全负责。

国家鼓励粮食经营者提高成品粮出品率和副产物综合利用率。

第十六条 销售粮食应当严格执行国家粮食质量等有关标准,不得短斤少两、掺杂使假、以次充好,不得囤积居奇、垄断或者操纵粮食价格、欺行霸市。

第十七条 粮食储存期间,应当定期进行粮食品质检验,粮食品质达到轻度不宜存时应当及时出库。

建立粮食销售出库质量安全检验制度。正常储存年限内的粮食,在出库前应当由粮食储存企业自行或者委托粮食质量安全检验机构进行质量安全检验;超过正常储存年限的粮食,储存期间使用储粮药剂未满安全间隔期的粮食,以及色泽、气味异常的粮食,在出库前应当由粮食质量安全检验机构进行质量安全检验。未经质量安全检验的粮食不得销售出库。

第十八条 粮食收购者、粮食储存企业不得将下列粮食作为食用用途销售出库:

（一）真菌毒素、农药残留、重金属等污染物质以及其他危害人体健康的物质含量超过食品安全标准限量的；

（二）霉变或者色泽、气味异常的；

（三）储存期间使用储粮药剂未满安全间隔期的；

（四）被包装材料、容器、运输工具等污染的；

（五）其他法律、法规或者国家有关规定明确不得作为食用用途销售的。

第十九条 从事粮食收购、加工、销售的规模以上经营者，应当按照所在地省、自治区、直辖市人民政府的规定，执行特定情况下的粮食库存量。

第二十条 粮食经营者从事政策性粮食经营活动，应当严格遵守国家有关规定，不得有下列行为：

（一）虚报粮食收储数量；

（二）通过以陈顶新、以次充好、低收高转、虚假购销、虚假轮换、违规倒卖等方式，套取粮食价差和财政补贴，骗取信贷资金；

（三）挤占、挪用、克扣财政补贴、信贷资金；

（四）以政策性粮食为债务作担保或者清偿债务；

（五）利用政策性粮食进行除政府委托的政策性任务以外的其他商业经营；

（六）在政策性粮食出库时掺杂使假、以次充好、调换标的物，拒不执行出库指令或者阻挠出库；

（七）购买国家限定用途的政策性粮食，违规倒卖或者不按照规定用途处置；

（八）擅自动用政策性粮食；

（九）其他违反国家政策性粮食经营管理规定的行为。

第二十一条 国有粮食企业应当积极收购粮食，并做好政策性粮食购销工作，服从和服务于国家宏观调控。

第二十二条 对符合贷款条件的粮食收购者，银行应当按照国家有关规定及时提供收购贷款。

中国农业发展银行应当保证中央和地方储备粮以及其他政策性粮食的信贷资金需要，对国有粮食企业、大型粮食产业化龙头企业和其他粮食企业，按企业的风险承受能力提供信贷资金支持。

政策性粮食收购资金应当专款专用，封闭运行。

第二十三条 所有从事粮食收购、销售、储存、加工的经营者以及饲料、工业用粮企业,应当建立粮食经营台账,并向所在地的县级人民政府粮食和储备行政管理部门报送粮食购进、销售、储存等基本数据和有关情况。粮食经营台账的保存期限不得少于3年。粮食经营者报送的基本数据和有关情况涉及商业秘密的,粮食和储备行政管理部门负有保密义务。

国家粮食流通统计依照《中华人民共和国统计法》的有关规定执行。

第二十四条 县级以上人民政府粮食和储备行政管理部门应当建立粮食经营者信用档案,记录日常监督检查结果、违法行为查处情况,并依法向社会公示。

粮食行业协会以及中介组织应当加强行业自律,在维护粮食市场秩序方面发挥监督和协调作用。

第二十五条 国家鼓励和支持开发、推广应用先进的粮食储存、运输、加工和信息化技术,开展珍惜和节约粮食宣传教育。

县级以上人民政府粮食和储备行政管理部门应当加强对粮食经营者的指导和服务,引导粮食经营者节约粮食、降低粮食损失损耗。

第三章 宏观调控

第二十六条 国家采取政策性粮食购销、粮食进出口等多种经济手段和必要的行政手段,加强对粮食市场的调控,保持全国粮食供求总量基本平衡和市场基本稳定。

第二十七条 国家实行中央和地方分级粮食储备制度。粮食储备用于调节粮食供求、稳定粮食市场,以及应对重大自然灾害或者其他突发事件等情况。

政策性粮食的采购和销售,原则上通过规范的粮食交易中心公开进行,也可以通过国家规定的其他方式进行。

第二十八条 国务院和地方人民政府建立健全粮食风险基金制度。粮食风险基金主要用于支持粮食储备、稳定粮食市场等。

国务院和地方人民政府财政部门负责粮食风险基金的监督管理,确保专款专用。

第二十九条 为保障市场供应、保护种粮农民利益,必要时可由国务院根据粮食安全形势,结合财政状况,决定对重点粮食品种在粮食主产区实行政策性收储。

当粮食价格显著上涨或者有可能显著上涨时，国务院和省、自治区、直辖市人民政府可以按照《中华人民共和国价格法》的规定，采取价格干预措施。

第三十条 国务院发展改革部门及国家粮食和储备行政管理部门会同国务院农业农村、统计、市场监督管理等部门负责粮食市场供求形势的监测和预警分析，健全监测和预警体系，完善粮食供需抽查制度，发布粮食生产、消费、价格、质量等信息。

第三十一条 国家鼓励粮食主产区和主销区以多种形式建立稳定的产销关系，鼓励培育生产、收购、储存、加工、销售一体化的粮食企业，支持建设粮食生产、加工、物流基地或者园区，加强对政府储备粮油仓储物流设施的保护，鼓励发展订单农业。在执行政策性收储时国家给予必要的经济优惠，并在粮食运输方面给予优先安排。

第三十二条 在重大自然灾害、重大疫情或者其他突发事件引起粮食市场供求异常波动时，国家实施粮食应急机制。

第三十三条 国家建立突发事件的粮食应急体系。国务院发展改革部门及国家粮食和储备行政管理部门会同国务院有关部门制定全国的粮食应急预案，报请国务院批准。省、自治区、直辖市人民政府根据本地区的实际情况，制定本行政区域的粮食应急预案。

第三十四条 启动全国的粮食应急预案，由国务院发展改革部门及国家粮食和储备行政管理部门提出建议，报国务院批准后实施。

启动省、自治区、直辖市的粮食应急预案，由省、自治区、直辖市发展改革部门及粮食和储备行政管理部门提出建议，报本级人民政府决定，并向国务院报告。

设区的市级、县级人民政府粮食应急预案的制定和启动，由省、自治区、直辖市人民政府决定。

第三十五条 粮食应急预案启动后，粮食经营者必须按照国家要求承担应急任务，服从国家的统一安排和调度，保证应急的需要。

第三十六条 国家鼓励发展粮食产业经济，提高优质粮食供给水平，鼓励粮食产业化龙头企业提供安全优质的粮食产品。

第四章 监督检查

第三十七条 国家建立健全粮食流通质量安全风险监测体系。国务院卫生健康、市场监督管理以及国家粮食和储备行政管理等部门,分别按照职责组织实施全国粮食流通质量安全风险监测;省、自治区、直辖市人民政府卫生健康、市场监督管理、粮食和储备行政管理等部门,分别按照职责组织实施本行政区域的粮食流通质量安全风险监测。

第三十八条 粮食和储备行政管理部门依照本条例对粮食经营者从事粮食收购、储存、运输活动和政策性粮食的购销活动,以及执行国家粮食流通统计制度的情况进行监督检查。

粮食和储备行政管理部门在监督检查过程中,可以进入粮食经营者经营场所,查阅有关资料、凭证;检查粮食数量、质量和储存安全情况;检查粮食仓储设施、设备是否符合有关标准和技术规范;向有关单位和人员调查了解相关情况;查封、扣押非法收购或者不符合国家粮食质量安全标准的粮食,用于违法经营或者被污染的工具、设备以及有关账簿资料;查封违法从事粮食经营活动的场所。

第三十九条 市场监督管理部门依照有关法律、法规的规定,对粮食经营活动中的扰乱市场秩序行为、违法交易行为以及价格违法行为进行监督检查。

第四十条 县级以上地方人民政府应当加强本行政区域粮食污染监控,建立健全被污染粮食收购处置长效机制,发现区域性粮食污染的,应当及时采取处置措施。

被污染粮食处置办法由国家粮食和储备行政管理部门会同国务院有关部门制定。

第四十一条 任何单位和个人有权对违反本条例规定的行为向有关部门检举。有关部门应当为检举人保密,并依法及时处理。

第五章 法律责任

第四十二条 违反本条例规定,粮食和储备行政管理部门和其他有关部门不依法履行粮食流通管理和监督职责的,对负有责任的领导人员和直接责任人员依法给予处分。

第四十三条 粮食收购企业未按照规定备案或者提供虚假备案信息的,由粮食和储备行政管理部门责令改正,给予警告;拒不改正的,处 2 万元以上 5 万元以下罚款。

第四十四条　粮食收购者有未按照规定告知、公示粮食收购价格或者收购粮食压级压价，垄断或者操纵价格等价格违法行为的，由市场监督管理部门依照《中华人民共和国价格法》、《中华人民共和国反垄断法》的有关规定予以处罚。

第四十五条　有下列情形之一的，由粮食和储备行政管理部门责令改正，给予警告，可以并处20万元以下罚款；情节严重的，并处20万元以上50万元以下罚款：

（一）粮食收购者未执行国家粮食质量标准；

（二）粮食收购者未及时向售粮者支付售粮款；

（三）粮食收购者违反本条例规定代扣、代缴税、费和其他款项；

（四）粮食收购者收购粮食，未按照国家有关规定进行质量安全检验，或者对不符合食品安全标准的粮食未作为非食用用途单独储存；

（五）从事粮食收购、销售、储存、加工的粮食经营者以及饲料、工业用粮企业未建立粮食经营台账，或者未按照规定报送粮食基本数据和有关情况；

（六）粮食储存企业未按照规定进行粮食销售出库质量安全检验。

第四十六条　粮食收购者、粮食储存企业未按照本条例规定使用仓储设施、运输工具的，由粮食和储备行政管理等部门按照职责责令改正，给予警告；被污染的粮食不得非法销售、加工。

第四十七条　粮食收购者、粮食储存企业将下列粮食作为食用用途销售出库的，由粮食和储备行政管理部门没收违法所得；违法销售出库的粮食货值金额不足1万元的，并处1万元以上5万元以下罚款，货值金额1万元以上的，并处货值金额1倍以上5倍以下罚款：

（一）真菌毒素、农药残留、重金属等污染物质以及其他危害人体健康的物质含量超过食品安全标准限量的；

（二）霉变或者色泽、气味异常的；

（三）储存期间使用储粮药剂未满安全间隔期的；

（四）被包装材料、容器、运输工具等污染的；

（五）其他法律、法规或者国家有关规定明确不得作为食用用途销售的。

第四十八条　从事粮食的食品生产，不符合食品安全法律、法规和标准规定的条件和要求的，由市场监督管理部门依照《中华人民共和国食品安全法》、《中华人民共和国食品安全法实施条例》等有关规定予以处罚。

第四十九条　从事政策性粮食经营活动，有下列情形之一的，由粮食和储备行政管理部门责令改正，给予警告，没收违法所得，并处50万元以上200万元以下罚款；情节严重的，并处200万元以上500万元以下罚款：

（一）虚报粮食收储数量；

（二）通过以陈顶新、以次充好、低收高转、虚假购销、虚假轮换、违规倒卖等方式，套取粮食价差和财政补贴，骗取信贷资金；

（三）挤占、挪用、克扣财政补贴、信贷资金；

（四）以政策性粮食为债务作担保或者清偿债务；

（五）利用政策性粮食进行除政府委托的政策性任务以外的其他商业经营；

（六）在政策性粮食出库时掺杂使假、以次充好、调换标的物，拒不执行出库指令或者阻挠出库；

（七）购买国家限定用途的政策性粮食，违规倒卖或者不按照规定用途处置；

（八）擅自动用政策性粮食；

（九）其他违反国家政策性粮食经营管理规定的行为。

粮食应急预案启动后，不按照国家要求承担应急任务，不服从国家的统一安排和调度的，依照前款规定予以处罚。

第五十条　对粮食经营活动中的扰乱市场秩序、违法交易等行为，由市场监督管理部门依照有关法律、法规的规定予以处罚。

第五十一条　从事粮食经营活动的企业有违反本条例规定的违法情形且情节严重的，对其法定代表人、主要负责人、直接负责的主管人员和其他直接责任人员处以其上一年度从本企业取得收入的1倍以上10倍以下罚款。

第五十二条　违反本条例规定，阻碍粮食自由流通的，依照《国务院关于禁止在市场经济活动中实行地区封锁的规定》给予处罚。

第五十三条　违反本条例规定，构成违反治安管理行为的，由公安机关依法给予治安管理处罚；构成犯罪的，依法追究刑事责任。

第六章　附　　则

第五十四条　本条例下列用语的含义是：

粮食收购，是指向种粮农民、其他粮食生产者或者粮食经纪人、农民专业合作社等批量购买粮食的活动。

粮食加工，是指通过处理将原粮转化成半成品粮、成品粮以及其他食用或者非食用产品的活动。

政策性粮食，是指政府指定或者委托粮食经营者购买、储存、加工、销售，并给予财政、金融等方面政策性支持的粮食，包括但不限于政府储备粮。

粮食经纪人，是指以个人或者家庭为经营主体，直接向种粮农民、其他粮食生产者、农民专业合作社批量购买粮食的经营者。

技术规范，是指尚未制定国家标准、行业标准，国家粮食和储备行政管理部门根据监督管理工作需要制定的补充技术要求。

第五十五条 大豆、油料和食用植物油的收购、销售、储存、运输、加工、进出口等经营活动，适用本条例除第九条第二款以外的规定。

粮食进出口的管理，依照有关法律、法规的规定执行。

第五十六条 本条例自2021年4月15日起施行。

《粮食流通管理条例》修订前后对照表

（条文中黑体字部分为对现行条例的修改和增加内容）

原条例	现行条例
第一章　总　　则	**第一章　总　　则**
第一条　为了保护粮食生产者的积极性，促进粮食生产，维护经营者、消费者的合法权益，保障国家粮食安全，维护粮食流通秩序，根据有关法律，制定本条例。	**第一条**　为了保护粮食生产者的积极性，促进粮食生产，维护经营者、消费者的合法权益，保障国家粮食安全，维护粮食流通秩序，根据有关法律，制定本条例。
第二条　在中华人民共和国境内从事粮食的收购、销售、储存、运输、加工、进出口等经营活动（以下统称粮食经营活动），应当遵守本条例。 前款所称粮食，是指小麦、稻谷、玉米、杂粮及其成品粮。	**第二条**　在中华人民共和国境内从事粮食的收购、销售、储存、运输、加工、进出口等经营活动（以下统称粮食经营活动），应当遵守本条例。 前款所称粮食，是指小麦、稻谷、玉米、杂粮及其成品粮。
第三条　国家鼓励多种所有制市场主体从事粮食经营活动，促进公平竞争。依法从事的粮食经营活动受国家法律保护。严禁以非法手段阻碍粮食自由流通。 国有粮食**购销**企业应当转变经营机制，提高市场竞争能力，在粮食流通中发挥主渠道作用，带头执行国家粮食政策。	**第三条**　国家鼓励多种所有制市场主体从事粮食经营活动，促进公平竞争。依法从事的粮食经营活动受国家法律保护。严禁以非法手段阻碍粮食自由流通。 国有粮食企业应当转变经营机制，提高市场竞争能力，在粮食流通中发挥主渠道作用，带头执行国家粮食政策。
第四条　粮食价格主要由市场供求形成。 国家加强粮食流通管理，增强对粮食市场的调控能力。	**第四条**　粮食价格主要由市场供求形成。 国家加强粮食流通管理，增强对粮食市场的调控能力。

续表

原条例	现行条例
第五条　粮食经营活动应当遵循自愿、公平、**诚实信用**的原则，不得损害粮食生产者、消费者的合法权益，不得损害国家利益和社会公共利益。	**第五条**　粮食经营活动应当遵循自愿、公平、**诚信**的原则，不得损害粮食生产者、消费者的合法权益，不得损害国家利益和社会公共利益**，并采取有效措施，防止和减少粮食损失浪费**。
第六条第一款　国务院发展改革部门及国家粮食行政管理部门负责全国粮食的总量平衡、宏观调控和重要粮食品种的结构调整以及粮食流通的中长期规划；国家粮食行政管理部门负责粮食流通的行政管理、行业指导，监督有关粮食流通的法律、法规、政策及各项规章制度的执行。 **第六条第二款**　国务院**工商行政**管理、**产品质量监督、卫生、价格**等部门在各自的职责范围内负责与粮食流通有关的工作。	**第六条**　国务院发展改革部门及国家粮食**和储备**行政管理部门负责全国粮食的总量平衡、宏观调控和重要粮食品种的结构调整以及粮食流通的中长期规划。国家粮食**和储备**行政管理部门负责粮食流通的行政管理、行业指导，监督有关粮食流通的法律、法规、政策及各项规章制度的执行。 国务院**市场监督**管理、**卫生健康**等部门在各自的职责范围内负责与粮食流通有关的工作。
第六条第三款　省、自治区、直辖市**人民政府**在国家宏观调控下，**按照粮食省长负责制的要求**，负责本**地区**粮食的总量平衡和地方储备粮的管理。县级以上地方人民政府粮食行政管理部门负责本**地区**粮食流通的行政管理、行业指导；县级以上地方人民政府**工商行政**管理、**产品质量监督、卫生、价格**等部门在各自的职责范围内负责与粮食流通有关的工作。	**第七条**　省、自治区、直辖市**应当落实粮食安全党政同责，完善粮食安全省长责任制，承担保障本行政区域粮食安全的主体责任，**在国家宏观调控下，负责本**行政区域**粮食的总量平衡和地方储备粮**等**的管理。 县级以上地方人民政府粮食**和储备**行政管理部门负责本**行政区域**粮食流通的行政管理、行业指导；县级以上地方人民政府**市场监督**管理、**卫生健康**等部门在各自的职责范围内负责与粮食流通有关的工作。
第二章　粮食经营	**第二章　粮食经营**
第七条　粮食经营者，是指从事粮食收购、销售、储存、运输、加工、进出口等经营活动的法人、**其他经济组织和个体工商户**。	**第八条**　粮食经营者，是指从事粮食收购、销售、储存、运输、加工、进出口等经营活动的**自然人**、法人**和非法人组织**。

续表

原条例	现行条例
第八条　从事粮食收购活动的经营者，应当具备下列条件： （一）具备经营资金筹措能力； （二）拥有或者通过租借具有必要的粮食仓储设施； （三）具备相应的粮食质量检验和保管能力。 前款规定的具体条件，由省、自治区、直辖市人民政府规定、公布。	第九条　从事粮食收购的经营者（以下简称粮食收购者），应当具备与其收购粮食品种、数量相适应的能力。 从事粮食收购的企业（以下简称粮食收购企业），应当向收购地的县级人民政府粮食和储备行政管理部门备案企业名称、地址、负责人以及仓储设施等信息，备案内容发生变化的，应当及时变更备案。 县级以上地方人民政府粮食和储备行政管理部门应当加强粮食收购管理和服务，规范粮食收购活动。具体管理办法由省、自治区、直辖市人民政府制定。
第九条　依照《中华人民共和国公司登记管理条例》等规定办理登记的经营者，取得粮食收购资格后，方可从事粮食收购活动。 申请从事粮食收购活动，应当向办理工商登记的部门同级的粮食行政管理部门提交书面申请，并提供资金、仓储设施、质量检验和保管能力等证明材料。粮食行政管理部门应当自受理之日起15个工作日内完成审核，对符合本条例第八条规定具体条件的申请者作出许可决定并公示。	
第十条　依法从事粮食收购活动的粮食经营者（以下简称粮食收购者），应当告知售粮者或者在收购场所公示粮食的品种、质量标准和收购价格。	第十条　粮食收购者收购粮食，应当告知售粮者或者在收购场所公示粮食的品种、质量标准和收购价格。
第十一条　粮食收购者收购粮食，应当执行国家粮食质量标准，按质论价，不得损害农民和其他粮食生产者的利益；应当及时向售粮者支付售粮款，不得拖欠；不得接受任何组织或者个人的委托代扣、代缴任何税、费和其他款项。	第十一条　粮食收购者收购粮食，应当执行国家粮食质量标准，按质论价，不得损害农民和其他粮食生产者的利益；应当及时向售粮者支付售粮款，不得拖欠；不得接受任何组织或者个人的委托代扣、代缴任何税、费和其他款项。 粮食收购者收购粮食，应当按照国家有关规定进行质量安全检验，确保粮食质量安全。对不符合食品安全标准的粮食，应当作为非食用用途单独储存。
第十二条　粮食收购者应当向收购地的县级人民政府粮食行政管理部门定期报告粮食收购数量等有关情况。 跨省收购粮食，应当向收购地和粮食收购者所在地的县级人民政府粮食行政管理部门定期报告粮食收购数量等有关情况。	第十二条　粮食收购企业应当向收购地的县级人民政府粮食和储备行政管理部门定期报告粮食收购数量等有关情况。 跨省收购粮食，应当向收购地和粮食收购企业所在地的县级人民政府粮食和储备行政管理部门定期报告粮食收购数量等有关情况。

续表

原条例	现行条例
第十三条　从事粮食销售、储存、运输、加工、进出口等经营活动的粮食经营者应当在工商行政管理部门登记。	
第十四条　粮食经营者使用的**粮食**仓储设施，应当符合粮食储存有关标准和技术规范**的要求**。粮食不得与可能对粮食产生污染的有害物质混存，储存粮食不得使用国家禁止使用的化学药剂或者超量使用化学药剂。	**第十三条　粮食收购者、从事粮食储存的企业（以下简称粮食储存企业）**使用的仓储设施，应当符合粮食储存有关标准和技术规范**以及安全生产法律、法规**的要求，**具有与储存品种、规模、周期等相适应的仓储条件，减少粮食储存损耗。** 粮食不得与可能对粮食产生污染的有毒有害物质混存，储存粮食不得使用国家禁止使用的化学药剂或者超量使用化学药剂。
第十五条　运输粮食应当严格执行国家粮食运输的技术规范，不得使用被污染的运输工具或者包装材料运输粮食。	**第十四条**　运输粮食应当严格执行国家粮食运输的技术规范，**减少粮食运输损耗。**不得使用被污染的运输工具或者包装材料运输粮食，**不得与有毒有害物质混装运输。**
第十六条　从事**食用粮食加工的经营者，应当具有保证粮食质量和卫生必备的加工条件，不得有下列行为： （一）使用发霉变质的原粮、副产品进行加工； （二）违反规定使用添加剂； （三）使用不符合质量、卫生标准的包装材料； （四）影响粮食质量、卫生的其他行为。**	**第十五条**　从事**粮食的食品生产，**应当符合**食品安全法律、法规和标准规定的条件和要求，对其生产食品的安全负责。 国家鼓励粮食经营者提高成品粮出品率和副产物综合利用率。**
第十七条　销售粮食应当严格执行国家**有关粮食质量、卫生标准，**不得短斤少两、掺杂使假、以次充好，不得囤积居奇、垄断或者操纵粮食价格、欺行霸市。	**第十六条**　销售粮食应当严格执行国家**粮食质量等有关标准，**不得短斤少两、掺杂使假、以次充好，不得囤积居奇、垄断或者操纵粮食价格、欺行霸市。
第十八条　建立粮食销售出库质量检验制度。**粮食储存企业对**超过正常储存年限的**陈粮，**在出库前应当**经过粮食质量检验机构**进行质量**鉴定，凡已陈化变质、不符合食用卫生标准的粮食，严禁流入口粮市场。陈化粮判定标准，由国家粮食行政管理部门会同有关部门制定，陈化粮销售、处理和监管的具体办法，依照国家有关规定执行。**	**第十七条　粮食储存期间，应当定期进行粮食品质检验，粮食品质达到轻度不宜存时应当及时出库。** 建立粮食销售出库质量**安全**检验制度。**正常储存年限内的粮食，在出库前应当由粮食储存企业自行或者委托粮食质量安全检验机构进行质量安全检验；**超过正常储存年限的粮食，**储存期间使用储粮药剂未满安全间**

续表

原条例	现行条例
	隔期的粮食，以及色泽、气味异常的粮食，在出库前应当由粮食质量安全检验机构进行质量安全检验。未经质量安全检验的粮食不得销售出库。
	第十八条　粮食收购者、粮食储存企业不得将下列粮食作为食用用途销售出库： （一）真菌毒素、农药残留、重金属等污染物质以及其他危害人体健康的物质含量超过食品安全标准限量的； （二）霉变或者色泽、气味异常的； （三）储存期间使用储粮药剂未满安全间隔期的； （四）被包装材料、容器、运输工具等污染的； （五）其他法律、法规或者国家有关规定明确不得作为食用用途销售的。
第十九条　从事粮食收购、加工、销售的经营者，必须保持必要的库存量。 必要时，由省、自治区、直辖市人民政府规定最低和最高库存量的具体标准。	第十九条　从事粮食收购、加工、销售的规模以上经营者，应当按照所在地省、自治区、直辖市人民政府的规定，执行特定情况下的粮食库存量。
	第二十条　粮食经营者从事政策性粮食经营活动，应当严格遵守国家有关规定，不得有下列行为： （一）虚报粮食收储数量； （二）通过以陈顶新、以次充好、低收高转、虚假购销、虚假轮换、违规倒卖等方式，套取粮食价差和财政补贴，骗取信贷资金； （三）挤占、挪用、克扣财政补贴、信贷资金； （四）以政策性粮食为债务作担保或者清偿债务； （五）利用政策性粮食进行除政府委托的政策性任务以外的其他商业经营； （六）在政策性粮食出库时掺杂使假、以次充好、调换标的物，拒不执行出库指令或者阻挠出库； （七）购买国家限定用途的政策性粮食，违规倒卖或者不按照规定用途处置； （八）擅自动用政策性粮食； （九）其他违反国家政策性粮食经营管理规定的行为。

续表

原条例	现行条例
第二十条　国有**和国有控股**粮食企业应当积极收购粮食,并做好**政府委托的粮食收购和**政策性**用粮的**购销工作,服从和服务于国家宏观调控。	**第二十一条**　国有粮食企业应当积极收购粮食,并做好政策性**粮食**购销工作,服从和服务于国家宏观调控。
第二十一条　对符合贷款条件的粮食收购者,银行应当按照国家有关规定及时提供收购贷款。中国农业发展银行应当保证中央和地方储备粮以及**政府调控用粮和**其他政策性**用粮**的信贷资金需要,对国有**和国有控股的**粮食**购销**企业、大型粮食产业化龙头企业和其他粮食**购销**企业,按企业的风险承受能力提供信贷资金支持。	**第二十二条**　对符合贷款条件的粮食收购者,银行应当按照国家有关规定及时提供收购贷款。 中国农业发展银行应当保证中央和地方储备粮以及**其他政策性粮食**的信贷资金需要,对国有粮食企业、大型粮食产业化龙头企业和其他粮食企业,按企业的风险承受能力提供信贷资金支持。 **政策性粮食收购资金应当专款专用,封闭运行。**
第二十二条　所有从事粮食收购、销售、储存、加工的粮食经营者以及饲料、工业用粮企业,应当建立粮食经营台账,并向所在地的县级人民政府粮食行政管理部门报送粮食购进、销售、储存等基本数据和有关情况。 粮食**经营者保留粮食**经营台账的期限不得少于3年。粮食经营者报送的基本数据和有关情况涉及商业秘密的,粮食行政管理部门负有保密义务。 国家粮食流通统计**制度,由国家粮食行政管理部门制定,报国务院统计部门批准。**	**第二十三条**　所有从事粮食收购、销售、储存、加工的经营者以及饲料、工业用粮企业,应当建立粮食经营台账,并向所在地的县级人民政府粮食**和储备**行政管理部门报送粮食购进、销售、储存等基本数据和有关情况。 粮食经营台账的**保存**期限不得少于3年。粮食经营者报送的基本数据和有关情况涉及商业秘密的,粮食**和储备**行政管理部门负有保密义务。 国家粮食流通统计**依照《中华人民共和国统计法》的有关规定执行。**
第二十三条　粮食行业协会以及中介组织应当加强行业自律,在维护粮食市场秩序方面发挥监督和协调作用。	**第二十四条　县级以上人民政府粮食和储备行政管理部门应当建立粮食经营者信用档案,记录日常监督检查结果、违法行为查处情况,并依法向社会公示。** 粮食行业协会以及中介组织应当加强行业自律,在维护粮食市场秩序方面发挥监督和协调作用。
	第二十五条　国家鼓励和支持开发、推广应用先进的粮食储存、运输、加工和信息化技术,开展珍惜和节约粮食宣传教育。 **县级以上人民政府粮食和储备行政管理部门应当加强对粮食经营者的指导和服务,引导粮食经营者节约粮食、降低粮食损失损耗。**

续表

原条例	现行条例
第三章　宏 观 调 控	第三章　宏 观 调 控
第二十四条　国家采取**储备粮吞吐、委托收购**、粮食进出口等多种经济手段和**价格干预等**必要的行政手段，加强对粮食市场的调控，保持全国粮食供求总量基本平衡和**价格**基本稳定。	**第二十六条**　国家采取**政策性粮食购销**、粮食进出口等多种经济手段和必要的行政手段，加强对粮食市场的调控，保持全国粮食供求总量基本平衡和**市场**基本稳定。
第二十五条　国家实行中央和地方分级粮食储备制度。粮食储备用于调节粮食供求**，**稳定粮食市场，以及应对重大自然灾害或者其他突发事件等情况。 政策性**用粮**的采购和销售，原则上通过粮食**批发市场**公开进行，也可以通过国家规定的其他方式进行。	**第二十七条**　国家实行中央和地方分级粮食储备制度。粮食储备用于调节粮食供求、稳定粮食市场，以及应对重大自然灾害或者其他突发事件等情况。 政策性**粮食**的采购和销售，原则上通过**规范的**粮食**交易中心**公开进行，也可以通过国家规定的其他方式进行。
第二十六条　国务院和地方人民政府建立健全粮食风险基金制度。粮食风险基金主要用于**对种粮农民直接补贴**、支持粮食储备、稳定粮食市场等。 国务院和地方人民政府财政部门负责粮食风险基金的监督管理，确保专款专用。	**第二十八条**　国务院和地方人民政府建立健全粮食风险基金制度。粮食风险基金主要用于支持粮食储备、稳定粮食市场等。 国务院和地方人民政府财政部门负责粮食风险基金的监督管理，确保专款专用。
第二十七条　**当粮食供求关系发生重大变化时，**为保障市场供应、保护种粮农民利益，必要时可由国务院决定对**短缺的**重点粮食品种在粮食主产区实行**最低收购价格。** 当粮食价格显著上涨或者有可能显著上涨时，国务院和省、自治区、直辖市人民政府可以按照《中华人民共和国价格法》的规定，采取价格干预措施。	**第二十九条**　为保障市场供应、保护种粮农民利益，必要时可由国务院**根据粮食安全形势，结合财政状况，**决定对重点粮食品种在粮食主产区实行**政策性收储**。 当粮食价格显著上涨或者有可能显著上涨时，国务院和省、自治区、直辖市人民政府可以按照《中华人民共和国价格法》的规定，采取价格干预措施。
第二十八条　国务院发展改革部门及国家粮食行政管理部门会同农业、统计、**产品质量监督**等部门负责粮食市场供求形势的监测和预警分析，**建立**粮食供需抽查制度，发布粮食生产、消费、价格、质量等信息。	**第三十条**　国务院发展改革部门及国家粮食**和储备**行政管理部门会同**国务院**农业**农村**、统计、**市场监督管理**等部门负责粮食市场供求形势的监测和预警分析，**健全监测和预警体系，完善**粮食供需抽查制度，发布粮食生产、消费、价格、质量等信息。

续表

原条例	现行条例
第二十九条 国家鼓励粮食主产区和主销区以多种形式建立稳定的产销关系，鼓励**建立产销**一体化的粮食**经营**企业，发展订单农业，在执行**最低收购价格**时国家给予必要的经济优惠，并在粮食运输方面给予优先安排。	**第三十一条** 国家鼓励粮食主产区和主销区以多种形式建立稳定的产销关系，鼓励**培育生产、收购、储存、加工、销售**一体化的粮食企业，**支持建设粮食生产、加工、物流基地或者园区，加强对政府储备粮油仓储物流设施的保护，鼓励**发展订单农业。在执行**政策性收储**时国家给予必要的经济优惠，并在粮食运输方面给予优先安排。
第三十条 在重大自然灾害、重大疫情或者其他突发事件引起粮食市场供求异常波动时，国家实施粮食应急机制。	**第三十二条** 在重大自然灾害、重大疫情或者其他突发事件引起粮食市场供求异常波动时，国家实施粮食应急机制。
第三十一条 国家建立突发事件的粮食应急体系。国务院发展改革部门及国家粮食行政管理部门会同国务院有关部门制定全国的粮食应急预案，报请国务院批准。省、自治区、直辖市人民政府根据本地区的实际情况，制定本行政区域的粮食应急预案。	**第三十三条** 国家建立突发事件的粮食应急体系。国务院发展改革部门及国家粮食**和储备**行政管理部门会同国务院有关部门制定全国的粮食应急预案，报请国务院批准。省、自治区、直辖市人民政府根据本地区的实际情况，制定本行政区域的粮食应急预案。
第三十二条 启动全国的粮食应急预案，由国务院发展改革部门及国家粮食行政管理部门提出建议，报国务院批准后实施。 启动省、自治区、直辖市的粮食应急预案，由省、自治区、直辖市发展改革部门及粮食行政管理部门提出建议，报本级人民政府决定，并向国务院报告。	**第三十四条** 启动全国的粮食应急预案，由国务院发展改革部门及国家粮食**和储备**行政管理部门提出建议，报国务院批准后实施。 启动省、自治区、直辖市的粮食应急预案，由省、自治区、直辖市发展改革部门及粮食**和储备**行政管理部门提出建议，报本级人民政府决定，并向国务院报告。 **设区的市级、县级人民政府粮食应急预案的制定和启动，由省、自治区、直辖市人民政府决定。**
第三十三条 粮食应急预案启动后，**所有**粮食经营者必须按国家要求承担应急任务，服从国家的统一安排和调度，保证应急**工作**的需要。	**第三十五条** 粮食应急预案启动后，粮食经营者必须按**照**国家要求承担应急任务，服从国家的统一安排和调度，保证应急的需要。
	第三十六条 国家鼓励发展粮食产业经济，提高优质粮食供给水平，鼓励粮食产业化龙头企业提供安全优质的粮食产品。

续表

原条例	现行条例
第四章　监 督 检 查	第四章　监 督 检 查
	第三十七条　国家建立健全粮食流通质量安全风险监测体系。国务院卫生健康、市场监督管理以及国家粮食和储备行政管理等部门,分别按照职责组织实施全国粮食流通质量安全风险监测;省、自治区、直辖市人民政府卫生健康、市场监督管理、粮食和储备行政管理等部门,分别按照职责组织实施本行政区域的粮食流通质量安全风险监测。
第三十四条　粮食行政管理部门依照本条例对粮食经营者从事粮食收购、储存、运输活动和政策性用粮的购销活动,以及执行国家粮食流通统计制度的情况进行监督检查。 粮食行政管理部门应当根据国家要求对粮食收购资格进行核查。 粮食行政管理部门在监督检查过程中,可以进入粮食经营者经营场所检查粮食的库存量和收购、储存活动中的粮食质量以及原粮卫生;检查粮食仓储设施、设备是否符合国家技术规范;查阅粮食经营者有关资料、凭证;向有关单位和人员调查了解相关情况。	第三十八条　粮食和储备行政管理部门依照本条例对粮食经营者从事粮食收购、储存、运输活动和政策性粮食的购销活动,以及执行国家粮食流通统计制度的情况进行监督检查。 粮食和储备行政管理部门在监督检查过程中,可以进入粮食经营者经营场所,查阅有关资料、凭证;检查粮食数量、质量和储存安全情况;检查粮食仓储设施、设备是否符合有关标准和技术规范;向有关单位和人员调查了解相关情况;查封、扣押非法收购或者不符合国家粮食质量安全标准的粮食,用于违法经营或者被污染的工具、设备以及有关账簿资料;查封违法从事粮食经营活动的场所。
第三十五条　产品质量监督部门依照有关法律、行政法规的规定,对粮食加工过程中的以假充真、以次充好、掺杂使假等违法行为进行监督检查。	第三十九条　市场监督管理部门依照有关法律、法规的规定,对粮食经营活动中的扰乱市场秩序行为、违法交易行为以及价格违法行为进行监督检查。
第三十六条　工商行政管理部门依照有关法律、行政法规的规定,对粮食经营活动中的无照经营、超范围经营以及粮食销售活动中的囤积居奇、欺行霸市、强买强卖、掺杂使假、以次充好等扰乱市场秩序和违法违规交易行为进行监督检查。	
第三十七条　卫生部门依照有关法律、行政法规的规定,对粮食加工、销售中的卫生以及成品粮储存中的卫生进行监督检查。	

续表

原条例	现行条例
第三十八条　价格主管部门依照有关法律、行政法规的规定，对粮食流通活动中的价格违法行为进行监督检查。	
	第四十条　县级以上地方人民政府应当加强本行政区域粮食污染监控，建立健全被污染粮食收购处置长效机制，发现区域性粮食污染的，应当及时采取处置措施。 被污染粮食处置办法由国家粮食和储备行政管理部门会同国务院有关部门制定。
第三十九条　任何单位和个人有权对违反本条例规定的行为向有关部门检举。有关部门应当为检举人保密，并依法及时处理。	第四十一条　任何单位和个人有权对违反本条例规定的行为向有关部门检举。有关部门应当为检举人保密，并依法及时处理。
第五章　法律责任	第五章　法律责任
第四十一条第二款　粮食行政管理部门工作人员办理粮食收购资格许可，索取或者收受他人财物或者谋取其他利益，构成犯罪的，依法追究刑事责任；尚不构成犯罪的，依法给予行政处分。	第四十二条　违反本条例规定，粮食和储备行政管理部门和其他有关部门不依法履行粮食流通管理和监督职责的，对负有责任的领导人员和直接责任人员依法给予处分。
第四十八条　财政部门未按照国家关于粮食风险基金管理的规定及时、足额拨付补贴资金，或者挤占、截留、挪用补贴资金的，由本级人民政府或者上级财政部门责令改正，对有关责任人员依法给予行政处分；构成犯罪的，依法追究有关责任人员的刑事责任。	
第五十条　监督检查人员违反本条例规定，非法干预粮食经营者正常经营活动的，依法给予行政处分；构成犯罪的，依法追究刑事责任。	
第四十条　未经粮食行政管理部门许可擅自从事粮食收购活动的，由粮食行政管理部门没收非法收购的粮食；情节严重的，并处非法收购粮食价值1倍以上5倍以下的罚款；构成犯罪的，依法追究刑事责任。	

续表

原条例	现行条例
第四十一条第一款　以欺骗、贿赂等不正当手段取得粮食收购资格许可的，由粮食行政管理部门取消粮食收购资格，没收违法所得；构成犯罪的，依法追究刑事责任。	
	第四十三条　粮食收购企业未按照规定备案或者提供虚假备案信息的，由粮食和储备行政管理部门责令改正，给予警告；拒不改正的，处2万元以上5万元以下罚款。
第四十二条　粮食收购者有未按照规定告知、公示粮食收购价格或者收购粮食压级压价，垄断或者操纵价格等价格违法行为的，由**价格主管**部门依照《中华人民共和国价格法》的有关规定**给予行政**处罚。	**第四十四条**　粮食收购者有未按照规定告知、公示粮食收购价格或者收购粮食压级压价，垄断或者操纵价格等价格违法行为的，由**市场监督管理**部门依照《中华人民共和国价格法》、**《中华人民共和国反垄断法》**的有关规定**予以**处罚。
第四十三条　有下列情形之一的，由粮食行政管理部门责令改正，**予以**警告，可以处20万元以下的罚款；情节严重的，**并由粮食行政管理部门暂停或者取消粮食收购资格：** (一)粮食收购者未执行国家粮食质量标准**的；** (二)粮食收购者**被售粮者举报**未及时支付售粮款**的；** (三)粮食收购者违反本条例规定代扣、代缴税、费和其他款项**的；** (四)从事粮食收购、销售、储存、加工的粮食经营者以及饲料、工业用粮企业未建立粮食经营台账，或者未按照规定报送粮食基本数据和有关情况**的；** (五)**接受委托的粮食经营者从事政策性用粮的购销活动未执行国家有关政策的。** **第四十四条第二款　倒卖陈化粮或者不按照规定使用陈化粮的，由工商行政管理部门没收非法倒卖的粮食，并处非法倒卖粮食价值20%以下的罚款；情节严重的，由工商行政管理部门并处非法倒卖粮食价值1倍以上5倍以下的罚款，吊销营业执照；构成犯罪的，依法追究刑事责任。**	**第四十五条**　有下列情形之一的，由粮食**和储备**行政管理部门责令改正，**给予**警告，可以**并**处20万元以下罚款；情节严重的，**并处20万元以上50万元以下罚款：** (一)粮食收购者未执行国家粮食质量标准； (二)粮食收购者未及时**向售粮者**支付售粮款； (三)粮食收购者违反本条例规定代扣、代缴税、费和其他款项； **(四)粮食收购者收购粮食，未按照国家有关规定进行质量安全检验，或者对不符合食品安全标准的粮食未作为非食用用途单独储存；** (五)从事粮食收购、销售、储存、加工的粮食经营者以及饲料、工业用粮企业未建立粮食经营台账，或者未按照规定报送粮食基本数据和有关情况； **(六)粮食储存企业未按照规定进行粮食销售出库质量安全检验。**

续表

原条例	现行条例
第四十四条第一款　陈粮出库未按照本条例规定进行质量鉴定的，由粮食行政管理部门责令改正，给予警告；情节严重的，处出库粮食价值1倍以上5倍以下的罚款。	
第四十六条　粮食**经营者**未按照本条例规定使用**粮食**仓储设施、运输工具的，由粮食行政管理部门**或者卫生部门**责令改正，给予警告；被污染的粮食不得非法销售、加工。	第四十六条　粮食**收购者**、**粮食储存企业**未按照本条例规定使用仓储设施、运输工具的，由粮食**和储备**行政管理**等**部门**按照职责**责令改正，给予警告；被污染的粮食不得非法销售、加工。
	第四十七条　粮食收购者、粮食储存企业将下列粮食作为食用用途销售出库的，由粮食和储备行政管理部门没收违法所得；违法销售出库的粮食货值金额不足1万元的，并处1万元以上5万元以下罚款，货值金额1万元以上的，并处货值金额1倍以上5倍以下罚款： （一）真菌毒素、农药残留、重金属等污染物质以及其他危害人体健康的物质含量超过食品安全标准限量的； （二）霉变或者色泽、气味异常的； （三）储存期间使用储粮药剂未满安全间隔期的； （四）被包装材料、容器、运输工具等污染的； （五）其他法律、法规或者国家有关规定明确不得作为食用用途销售的。
	第四十八条　从事粮食的食品生产，不符合食品安全法律、法规和标准规定的条件和要求的，由市场监督管理部门依照《中华人民共和国食品安全法》、《中华人民共和国食品安全法实施条例》等有关规定予以处罚。
第四十五条　从事粮食收购、加工、销售的经营者的粮食库存低于规定的最低库存量的，由粮食行政管理部门责令改正，给予警告；情节严重的，处不足部分粮食价值1倍以上5倍以下的罚款，并可以取消粮食收购资格。 从事粮食收购、加工、销售的经营者的粮食库	

续表

原条例	现行条例
存超出规定的最高库存量的,由粮食行政管理部门责令改正,给予警告;情节严重的,处超出部分粮食价值 1 倍以上 5 倍以下的罚款,并可以取消粮食收购资格。	
	第四十九条　从事政策性粮食经营活动,有下列情形之一的,由粮食和储备行政管理部门责令改正,给予警告,没收违法所得,并处 50 万元以上 200 万元以下罚款;情节严重的,并处 200 万元以上 500 万元以下罚款: (一)虚报粮食收储数量; (二)通过以陈顶新、以次充好、低收高转、虚假购销、虚假轮换、违规倒卖等方式,套取粮食价差和财政补贴,骗取信贷资金; (三)挤占、挪用、克扣财政补贴、信贷资金; (四)以政策性粮食为债务作担保或者清偿债务; (五)利用政策性粮食进行除政府委托的政策性任务以外的其他商业经营; (六)在政策性粮食出库时掺杂使假、以次充好、调换标的物,拒不执行出库指令或者阻挠出库; (七)购买国家限定用途的政策性粮食,违规倒卖或者不按照规定用途处置; (八)擅自动用政策性粮食; (九)其他违反国家政策性粮食经营管理规定的行为。 粮食应急预案启动后,不按照国家要求承担应急任务,不服从国家的统一安排和调度的,依照前款规定予以处罚。
第四十七条　违反本条例第十六条、第十七条规定的,由产品质量监督部门、工商行政管理部门、卫生部门等依照有关法律、行政法规的规定予以处罚。	第五十条　对粮食经营活动中的扰乱市场秩序、违法交易等行为,由市场监督管理部门依照有关法律、法规的规定予以处罚。
	第五十一条　从事粮食经营活动的企业有违反本条例规定的违法情形且情节严重的,对其法定代表人、主要负责人、直接负责的主管人员和其他直接责任人员处以其上一年度从本企业取得收入的 1 倍以上 10 倍以下罚款。

续表

原条例	现行条例
第四十九条　违反本条例规定，阻碍粮食自由流通的，依照《国务院关于禁止在市场经济活动中实行地区封锁的规定》**予以**处罚。	**第五十二条**　违反本条例规定，阻碍粮食自由流通的，依照《国务院关于禁止在市场经济活动中实行地区封锁的规定》**给予**处罚。
	第五十三条　违反本条例规定，构成违反治安管理行为的，由公安机关依法给予治安管理处罚；构成犯罪的，依法追究刑事责任。
第六章　附　　则	第六章　附　　则
第五十一条　本条例下列用语的含义是： 粮食收购，是指**为了销售、加工或者作为饲料、工业原料等直接**向种粮农民或者其他粮食生产者批量购买粮食的活动。 粮食加工，是指通过处理将原粮转化成半成品粮、成品粮，**或者将半成品粮转化成成品粮的经营**活动。	**第五十四条**　本条例下列用语的含义是： 粮食收购，是指向种粮农民、其他粮食生产者**或者粮食经纪人、农民专业合作社等**批量购买粮食的活动。 粮食加工，是指通过处理将原粮转化成半成品粮、成品粮**以及其他食用或者非食用产品的**活动。 **政策性粮食，是指政府指定或者委托粮食经营者购买、储存、加工、销售，并给予财政、金融等方面政策性支持的粮食，包括但不限于政府储备粮。** **粮食经纪人，是指以个人或者家庭为经营主体，直接向种粮农民、其他粮食生产者、农民专业合作社批量购买粮食的经营者。** **技术规范，是指尚未制定国家标准、行业标准，国家粮食和储备行政管理部门根据监督管理工作需要制定的补充技术要求。**
第五十二条　大豆、油料和食用植物油的收购、销售、储存、运输、加工、进出口等经营活动，适用本条例除**第八条**、第九条以外的规定。 粮食进出口的管理，依照有关法律、**行政**法规的规定执行。 **中央储备粮的管理，依照《中央储备粮管理条例》的规定执行。**	**第五十五条**　大豆、油料和食用植物油的收购、销售、储存、运输、加工、进出口等经营活动，适用本条例除第九条**第二款**以外的规定。 粮食进出口的管理，依照有关法律、法规的规定执行。
第五十三条　本条例自**公布之日**起施行。**1998 年 6 月 6 日国务院发布的《粮食收购条例》、1998 年 8 月 5 日国务院发布的《粮食购销违法行为处罚办法》同时废止。**	**第五十六条**　本条例自 **2021 年 4 月 15 日**起施行。

司法部、国家发展改革委、国家粮食和物资储备局负责人就《粮食流通管理条例》修订答记者问

2021年2月15日，国务院总理李克强签署第740号国务院令，公布修订后的《粮食流通管理条例》（以下简称《条例》），自2021年4月15日起施行。日前，司法部、国家发展改革委、国家粮食和物资储备局负责人就《条例》修订的有关问题回答了记者提问。

问：请简要介绍一下《条例》修订出台的背景。

答：党中央、国务院高度重视粮食安全工作，加强粮食流通管理，确保粮食收购、储存、销售、加工各个环节平稳有序运行，对保障国家粮食安全至关重要。现行《条例》制定于2004年，并于2013年、2016年分别对部分条款进行了修订。《条例》颁布实施以来，在完善粮食宏观调控、规范粮食经营活动、维护粮食流通秩序、保障国家粮食安全等方面发挥了重要作用。随着经济社会的发展，我国粮食流通形势发生了较大变化，现行《条例》的一些规定已不适应实践需要：一是政策性粮食流通管理亟待加强；二是粮食经营主体、经营方式日益多元化，对政府监管措施和手段提出了新要求；三是一些地方出现粮食污染、变质等问题，需要采取有效措施防控粮食流通环节存在的质量安全风险；四是流通环节粮食损失损耗问题仍比较突出。针对出现的新情况、新问题，有必要对现行《条例》予以修改完善。

问：在加强政策性粮食管理方面，《条例》修订有哪些有针对性的举措？

答：为保障政策性粮食安全，针对近年来政策性粮食管理中存在的突出问题，

《条例》修订主要作了以下几个方面的规定。一是严禁虚报收储数量,严禁以陈顶新、以次充好、低收高转、虚假购销、虚假轮换、违规倒卖。二是严禁挤占、挪用、克扣财政补贴和信贷资金。三是严禁以政策性粮食为债务作担保或者清偿债务。四是严禁利用政策性粮食进行除政府委托的政策性任务外的其他商业经营。五是严禁在政策性粮食出库时掺杂使假、以次充好、调换标的物,拒不执行出库指令或者阻挠出库。六是购买国家限定用途的政策性粮食,严禁违规倒卖或者不按照规定用途处置。七是严禁擅自动用政策性粮食。八是政策性粮食的采购和销售原则上通过规范的粮食交易中心公开进行。

问:在完善粮食流通市场监管措施方面,《条例》修订主要作了哪些规定?

答:按照充分发挥市场配置资源的决定性作用、更好发挥政府作用的要求,《条例》修订进一步优化了粮食流通市场监管措施。一是深入贯彻落实“放管服”改革精神,取消粮食收购资格行政许可。转变监督管理方式,从事前的收购资格许可转变为加强事中、事后监管。二是建立粮食经营者信用档案,记录日常监督检查结果、违法行为查处情况,并依法向社会公示。三是明确粮食和储备行政管理部门在监督检查粮食数量、质量和储存安全执法过程中,可以采取查封、扣押用于违法经营的工具、设备等措施。四是明确市场监督管理部门对粮食经营活动中扰乱市场秩序、违法交易以及价格违法行为进行监督检查。

问:粮食质量安全是食品安全的重要组成部分,人民群众关注度高,《条例》修订对加强粮食流通中的质量安全监管有哪些考虑?

答:为进一步加强粮食流通中的质量安全监管,《条例》修订主要作了以下规定。一是建立健全粮食流通质量安全风险监测体系,卫生健康、粮食和储备、市场监督管理等部门组织实施粮食流通质量安全风险监测。二是规定粮食收购者收购粮食应当按照要求进行质量安全检验,确保收购质量安全。对不符合食品安全标准的粮食,应当作为非食用用途单独储存。三是规定粮食不得与有毒有害物质混装运输。四是规定粮食储存期间应当定期进行品质检验。建立粮食销售出库质量安全检验制度,未经质量安全检验的粮食不得销售出库。五是规定真菌毒素、农药残留、重金属超标或者霉变、色泽气味异常等粮食不得作为食用用途销售出库。六是加强区域性粮食污染监控,建立健全被污染粮食收购处置长效机制,发现区域性粮食污染的,由县级以上地方人民政府及时采取处置措施。

问：当前我国粮食在流通过程中损耗问题仍比较突出，《条例》修订对防止和减少粮食损失浪费有哪些考虑？

答：针对粮食流通中的损失浪费问题，《条例》修订主要从以下几个方面进行了规范。一是将防止和减少粮食损失浪费作为粮食经营活动的原则要求。二是规定粮食仓储设施应当符合有关标准和技术规范，具有与储存品种、规模、周期等相适应的仓储条件，粮食不得与可能对粮食产生污染的有毒有害物质混存，品质达到轻度不宜存时应当及时出库，减少粮食储存损耗。三是规定运输粮食应当严格执行国家粮食运输的技术规范，减少粮食运输损耗。四是规定国家鼓励和支持开发、推广应用先进的粮食储存、运输、加工技术，开展珍惜和节约粮食宣传教育，鼓励经营者提高成品粮出品率和副产物综合利用率。有关主管部门应当引导粮食经营者节约粮食，降低粮食损失损耗。

问：为严厉打击粮食流通违法行为、维护良好的粮食流通秩序，《条例》修订主要作了哪些规定？

答：《条例》修订进一步明确了粮食经营主体的法律责任，进一步提高了违法成本。例如，从事政策性粮食经营活动，虚报粮食收储数量或者在粮食出库时掺杂使假、以次充好，情节严重的，处200万元以上500万元以下罚款；从事粮食经营活动的企业违法情节严重的，对其法定代表人、主要负责人、直接负责的主管人员和其他直接责任人员处以其上一年度从本企业取得收入的1倍以上10倍以下罚款。同时，《条例》修订强化了对违法行为的行政处罚与追究刑事责任的衔接。

条文释义

第一章 总 则

第一条

为了保护粮食生产者的积极性,促进粮食生产,维护经营者、消费者的合法权益,保障国家粮食安全,维护粮食流通秩序,根据有关法律,制定本条例。

释义:

本条是关于立法目的的规定。

《粮食流通管理条例》(以下简称《条例》)的立法目的主要有以下四个方面:

一是保障国家粮食安全。党和国家历来高度重视粮食安全,始终把饭碗牢牢端在自己手上作为治国理政长期坚持的基本方针。党的十八大以来,以习近平同志为核心的党中央高度重视粮食安全,提出了“确保谷物基本自给、口粮绝对安全”的新粮食安全观,把保障国家粮食安全提到了新的高度,创造性地提出了一系列新理念、新战略。确立国家粮食安全战略,明确粮食安全中央和地方共同负责,党政同责,省长负责、书记也要负责。通过《条例》修订将这些政策和制度法治化,突出体现了保障国家粮食安全的立法导向,为落实总体国家粮食安全战略提供了重要法律保障。

二是保护粮食生产者的积极性,促进粮食生产。《条例》坚持为耕者谋利,规定了采取政策性粮食购销、粮食收购按质论价、及时支付售粮款等一系列保护农民利益的措施,充分体现了人民至上的执政理念和以人为本、立法为民的法治理念,有利于进一步调动粮食生产者积极性,促进粮食生产。

三是维护消费者的合法权益。《条例》坚持为食者造福,严把粮食入口安全关,强化粮食收购、储存、运输、销售等各环节质量安全管理,明确不符合标准和要求的粮食不得进入口粮市场;鼓励发展粮食产业经济,提高优质粮食供给水平,更好保障高品质粮食供给。

四是维护经营者合法权益,维护粮食流通秩序。《条例》坚持为业者护航,落实“放管服”改革精神,转变监管方式,取消粮食收购许可,强化事中、事后监管,切实维护粮食流通市场秩序,优化粮食营商环境,确保为粮食经营者依法诚信经营营造良好环境。

第二条

在中华人民共和国境内从事粮食的收购、销售、储存、运输、加工、进出口等经营活动(以下统称粮食经营活动),应当遵守本条例。

前款所称粮食,是指小麦、稻谷、玉米、杂粮及其成品粮。

释义:

本条是关于《条例》适用范围的规定。

规定本条的主要目的是明确《条例》调整的空间、行为范围。

本条分为两款。

第一款规定的是《条例》适用的空间范围、行为范围。(1)空间范围。《条例》的空间范围为“在中华人民共和国境内”。此处“境内”具体是指除我国香港特别行政区、澳门特别行政区、台湾地区外的我国领土。(2)行为范围。《条例》调整从事粮食的收购、销售、储存、运输、加工、进出口等经营活动的行为;这同时反映了粮食流通全过程。粮食流通,是指粮食商品生产出来以后,通过交换方式实现从生产领域向消费领域(包括生产消费和个人生活消费)转移的全部过程。一般粮食流通过程主要包括收购、销售、储存、运输、加工。其中,收购是起点,销售是终点,运输和储存是联结购销的中间环节,加工(包括粗加工、深加工和精加工等)则是粮食收购后、销售前改变粮食形态,将粮食由初级产品变为最终产品的重要环节;进出口本质上也是购进和销售,主要是通过国际市场调剂国内品种余缺,满足市场供应。《条例》把粮食流通环节划分为收购、销售、储存、运输、加工、进出口等经营活动,对粮食流通的管理也从这6个环节全面展开。

第二款规定是对适用《条例》的粮食范围进行解释。从本条内容看,纳入《条例》管理的粮食范围的是小麦、稻谷、玉米、杂粮及其成品粮,未包括大豆、油料和食用植物油。在学理上或其他条件下,不能以此为据得出"小麦、稻谷、玉米、杂粮及其成品粮"以外均不属于"粮食"的结论。为便于上下文理解,作出如下说明:

一是《条例》第五十五条第一款规定:"大豆、油料和食用植物油的收购、销售、储存、运输、加工、进出口等经营活动,适用本条例除第九条第二款以外的规定。"换言之,"小麦、稻谷、玉米、杂粮及其成品粮"适用《条例》的全部规定;"大豆、油料和食用植物油"除第九条第二款外,适用《条例》的规定。这是基于不同监管需求所作出的区别规定。

二是之所以把杂粮纳入管理,一个重要原因就是,在中国部分地区,居民把杂粮作为主食,如青稞是我国藏族人民日常生活的主要粮食作物,2021 年 3 月 9 日,西藏自治区主持起草的粮食流通领域的第一项国家标准《青稞》(GB/T 11760 - 2021)正式发布。

第三条

国家鼓励多种所有制市场主体从事粮食经营活动,促进公平竞争。依法从事的粮食经营活动受国家法律保护。严禁以非法手段阻碍粮食自由流通。

国有粮食企业应当转变经营机制,提高市场竞争能力,在粮食流通中发挥主渠道作用,带头执行国家粮食政策。

释义:

本条是关于多种所有制主体从事粮食经营活动、公平参与市场竞争的规定。

规定本条的主要目的是明确粮食经营活动的公平竞争机制,发挥市场作用,优化市场监管措施。

本条分为两款。

第一款规定的是从事粮食经营活动的主体及原则。理解本款应把握好粮食经营和粮食经营者的概念。粮食经营在粮食流通中具有十分重要的地位,是粮食生产和粮食消费的中间环节。粮食经营者主体包括自然人、法人和非法人组织;从主体功能划分,主要包括粮食收购者、粮食储存者、粮食运输者、粮食销售者、粮食加工者、粮食经纪人等。粮食经营者在市场中的经营活动受到一系列法律和法规的规范和约束，这直接关系市场机制能否充分发挥其功能和粮食流通是否能顺畅进行，有关各方的合法权益能否得到保障，粮食流通体制市场化、法治化水平的高低。随着“放管服”改革持续深化和粮食购销市场形势的不断变化，收储制度改革深入推进，为各类市场主体“松绑”，引导多元主体积极入市，有效发挥市场机制作用。

第二款规定的是国有粮食企业在粮食流通管理中的重要地位。长期以来，我国国有粮食企业在粮食经营中占主导地位。放开粮食收购市场和价格，实现粮食流通主体多元化，就是要发展多种所有制粮食企业，这有利于搞活粮食流通，方便农民售粮，也有利于公平竞争。但“多元化”粮食流通不是不要国有粮食企业这个“主渠道”，而是要在市场竞争条件下转变发挥主渠道作用的方式。理解该款规定主要把握以下三个方面：

一是进一步深化改革，切实转换经营机制。国有粮食企业要牢固树立市场意识，建立现代企业制度，健全法人治理结构，加强企业内部管理，改革企业人事、劳动、分配制度，有效实现政企分开，加快转变思想观念、经营方式、管理模式，增强市场竞争能力，真正成为自主经营、自负盈亏、自担风险、自我约束、自我发展的市场主体。

二是坚定不移做强做优做大国有粮食企业，促进资产、资源向优势企业集中。国有粮食企业仓容大、网点多、设备先进、信誉较好，只要利用整合这些资源优势，面向市场，直面并解决经营模式单一、市场竞争力不强、过度依赖国家政策、资产利用率较低等矛盾和问题，就能在粮食收购、掌握粮源、保障市场供应和服从国家宏观调控等方面发挥好主渠道作用。

三是国有独资和国有控股的粮食企业，是国家实行宏观调控的重要载体，应当带头执行国家粮食政策。按照“政府委托、市场运作、权责明晰、自愿有偿”的原则，优先选择骨干国有企业承担粮食调控任务，确保在政府调控和应急时发挥支撑调节作用，有效发挥国有粮食企业稳市场、保供应、促发展、保安全的重要载体作用。

第四条

粮食价格主要由市场供求形成。

国家加强粮食流通管理，增强对粮食市场的调控能力。

释义：

本条是关于粮食价格、粮食流通及其市场调控重要性的规定。

规定本条的主要目的，是明确市场在粮食资源配置中的决定性作用，增强粮食宏观调控能力，推动有效市场和有为政府更好结合，保障粮食市场供应和价格基本稳定。

本条规定粮食价格主要由市场供求形成；国家加强粮食流通管理，增强对粮食市场的调控能力。习近平总书记指出，市场在资源配置中起决定性作用，并不是起全部作用。由于市场固有的缺陷，经济运行中信息不对称、外部性等问题普遍存在，由此引发的市场失灵难以避免。正确认识与处理政府和市场的关系，是做好粮食保供稳价工作的关键。

一是依托"有效市场"，完善市场决定价格机制。习近平总书记指出，市场决定资源配置是市场经济的一般规律，市场经济本质上就是市场决定资源配置的经济。主要由市场决定价格是市场经济的必然要求和市场配置资源的基本途径。党的十八届三中全会提出，"凡是能由市场形成价格的都交给市场，政府不进行不当干预"。粮食价格经历了从计划经济到市场经济的变迁。2001 年 7 月 31 日国务院下发了《关于进一步深化粮食流通体制改革的意见》（国发〔2001〕28 号，已失效），调整完善了相关政策措施，提出了深化改革的总体目标：在国家宏观调控下，充分发挥市场机制对粮食购销和价格形成的作用，完善粮食价格形成机制，稳定粮食生产能力，建立完善的国家粮食储备体系和粮食市场体系，逐步建立适应社会主义市场经济发展要求和我国国情的粮食流通体制。建立现代化的粮食市场体系是现代化粮食产业发展的必然要求。2004 年我国粮食流通体制改革又向前迈出了关键性的一步，下发了《关于进一步深化粮食流通体制改革的意见》（国发〔2004〕17 号），国务院决定全面放开粮食购销市场，并提出加快建立全国统一、开放、竞争、有序的粮食市场体系。

二是建设"有为政府"，更好发挥政府作用。在社会主义市场经济运行中，政府的作用是不可替代的。党的十八届三中全会明确提出，科学的宏观调控，有效的政府治理，是发挥社会主义市场经济体制优势的内在要求。粮食是关系国计民生的特殊商品，市场调节的自发性、盲目性、滞后性导致经济波动和资源浪费，在粮食生产上更明显。在我国，对粮食市场价格的干预，主要体现在粮食最低收购价格制度。粮食宏观调控能够稳定粮食市场和价格，确保国家粮食安全的目标得以实现。为加强粮食市场的宏观调控,国家有关部门还制定了《国家临时存储粮食销售办法》,运用规范化的市场机制,对最低收购价粮、临时存储粮公开竞价销售,已经形成了全国统一、竞争、有序的粮食竞价交易平台,成为国家实施宏观调控的重要渠道。

三是稳健的粮食宏观调控政策措施成效明显。2004 年以来,我国放开粮食购销价格和经营,国家采取一系列有力、有效的粮食宏观调控措施,使粮食市场经受住了国际金融危机、粮食危机、粮价大幅波动,以及国内粮食价格上涨压力加大、自然灾害多发重发的严峻考验,特别是在全球新冠肺炎疫情的冲击下,保证了粮食供求总量的基本平衡和市场价格的基本稳定,保护了生产者和消费者的利益,保障了国家粮食安全,取得了显著成效。

需要注意的是,本条仅概要规定应当加强粮食流通管理和提高粮食市场调控能力,关于加强粮食市场价格监测和监控、保障市场供应和价格基本稳定具体要求,在《条例》后续条款中逐步展开。

第五条

粮食经营活动应当遵循自愿、公平、诚信的原则,不得损害粮食生产者、消费者的合法权益,不得损害国家利益和社会公共利益,并采取有效措施,防止和减少粮食损失浪费。

释义:

本条是关于粮食经营活动要求的原则性规定。

规定本条的主要目的是明确粮食经营者经营活动的行为规范;其中,新增了"并采取有效措施,防止和减少粮食损失浪费"的表述。

从国外情况看,大多数国家都严格规范管理粮食经营者的经营行为,在粮食经营过程中对粮食的数量、质量以及库存量等方面都有强制性要求。从实地调查和各地反映的情况看,粮食经营者的经营行为有不少亟待规范之处,本条通过以下五个方面明确粮食经营活动规范:

一是有利于自愿、公平、诚信经营。规范粮食经营者经营行为,要有利于促进粮食经营者之间的公平竞争。粮食经营者,无论经营规模大小,无论所有制形式如何,应一视同仁,在规则制定方面不能设立双重标准。所有从事粮食收购、销售、储存、加工的粮食经营者以及饲料、工业用粮企业,应当建立粮食经营台账,并向所在地的县级人民政府粮食和储备行政管理部门报送粮食购进、销售、储存等基本数据和有关情况。粮食经营者保留粮食经营台账的期限不得少于3年。粮食经营者报送的基本数据和有关情况涉及商业秘密的,粮食和储备行政管理部门负有保密义务。

二是有利于保护和调动粮食生产者的生产积极性,保证市场供应。粮食生产是粮食流通的基础,粮食生产的品种、数量和质量,直接影响粮食流通速度和质量。解决中国粮食供求矛盾的根本出路在于千方百计地增加粮食生产。因此,对粮食经营者经营行为的规范,要有利于保护和调动广大种粮者特别是广大粮农的生产积极性,有利于实现粮食的有效供给。依法从事粮食收购活动的粮食经营者,应当告知售粮者或者在收购场所公示粮食的品种、质量标准和收购价格。在收购中,应当执行国家粮食质量标准,按质论价,不得损害农民和其他粮食生产者的利益;应当及时向售粮者支付售粮款,不得拖欠;不得接受任何组织和个人的委托代扣、代缴任何税、费和其他款项。

三是有利于保护消费者的合法权益。粮食商品经过生产环节和流通环节,最终进入消费领域,成为广大消费者最基本的生活资料。当前,粮食流通领域中损害消费者权益的现象时有出现,因此,规范粮食经营者的经营行为,必须有利于保护消费者的合法权益,通过加强粮食经营各环节的质量安全管理,确保人民群众吃上放心、安全的粮食产品。

四是有利于减少粮食市场价格波动,保持粮食市场平稳运行。稳定粮食市场是粮食流通管理的基本目标,也是保护广大消费者利益的需要。因此,应该规范粮食经营者的经营行为,通过库存限制和价格干预等手段,减少和避免粮食市场价格的大起大落,把市场波动带来的负面影响降到最低。

五是有利于防止和减少粮食损失浪费。(1)各类粮食经营者要遵循节约粮食防止浪费的原则,切实减少粮食损失浪费。党的十八大以来,以习近平同志为核心的党中央把粮食安全作为治国理政的头等大事,提出了“确保谷物基本自给、口粮绝对安全”的新粮食安全观,确立了以我为主、立足国内、确保产能、适度进口、科技支撑的国家粮食安全战略,走出了一条中国特色粮食安全之路。我国坚持立足国内保障粮食基本自给的方针,国家粮食安全保障更加有力。尽管我国粮食生产连年丰收,但始终要有粮食安全的危机意识。当前,粮食产后收购、储存、运输、加工、消费等环节损失浪费问题仍然存在,个别环节较突出。(2)大力促进节粮减损反对粮食浪费,是新形势下保障国家粮食安全和增加粮食有效供给的迫切需要，是弘扬中华民族勤俭节约传统美德、培育和践行社会主义核心价值观、加快建设资源节约型环境友好型社会的重要举措。因此，粮食流通各环节要全面贯彻实施国家粮食安全战略，把饭碗牢牢端在自己手中；粮食经营活动参与者应贯彻粮食安全战略，采取有效措施，提高粮食流通效率，防止和减少粮食损失浪费。(3)习近平总书记一直高度重视粮食安全和提倡“厉行节约、反对浪费”的社会风尚，多次强调要制止餐饮浪费行为。我国《宪法》第十四条第二款明确规定：“国家厉行节约，反对浪费。”我国《农业法》第三十六条规定：“国家提倡珍惜和节约粮食，并采取措施改善人民的食物营养结构。”进入新时代，节约粮食面临新挑战，要通过规范粮食经营活动减少粮食损失浪费，保障国家粮食安全、弘扬勤俭节约传统美德。粮食经营者应秉持珍惜粮食、节约减损的从业理念，推进现代管理理念、提高管理水平，提升粮食流通效率，应用减损科技成果降低粮食损耗，为保障国家粮食安全提供有力支撑。

第六条

国务院发展改革部门及国家粮食和储备行政管理部门负责全国粮食的总量平衡、宏观调控和重要粮食品种的结构调整以及粮食流通的中长期规划。国家粮食和储备行政管理部门负责粮食流通的行政管理、行业指导，监督有关粮食流通的法律、法规、政策及各项规章制度的执行。

国务院市场监督管理、卫生健康等部门在各自职责范围内负责与粮食流通有关的工作。

释义：

本条是关于各有关行政管理部门法定职责的规定。

规定本条的背景是，2018年国务院机构改革后，我国与粮食安全相关的行政主体有发展改革、农业农村、粮食和储备、市场监管、卫生健康等部门。规定本条的主要目的是明确发展改革、粮食和储备、市场监管、卫生健康等部门具有法定职责。

本条分为两款。

第一款规定了国家发展改革委与国家粮食和物资储备局粮食有关的职责分工。

根据2018年7月30日起实施的《国家粮食和物资储备局职能配置、内设机构和人员编制规定》，国家粮食和物资储备局负责起草全国粮食流通和物资储备管理的法律法规草案、部门规章；管理国家粮食储备，负责中央储备粮行政管理；拟定粮食储备仓储管理有关技术标准和规范并组织实施；负责对管理的政府储备、企业储备以及储备政策落实情况进行监督检查；负责粮食流通行业管理，制定行业发展规划、政策，拟定粮食流通的有关标准、粮食质量标准，制定有关技术规范并监督执行等。

第二款规定了国家市场监督管理总局和国家卫生健康委员会有关粮食流通的职责分工。根据2018年7月30日起实施的《国家市场监督管理总局职能配置、内设机构和人员编制规定》和《国家卫生健康委员会职能配置、内设机构和人员编制规定》，国家市场监督管理总局负责市场综合监督管理，市场主体统一登记注册，组织和指导市场监管综合执法工作，反垄断统一执法，监督管理市场秩序，食品安全监督管理等。国家卫生健康委员会负责食品安全评估工作，会同国家市场监督管理等部门制订、实施食品安全风险监测计划，对通过食品安全风险监测或者接到举报发现食品可能存在安全隐患的，立即组织进行检验和食品安全风险评估，并及时向国家市场监督管理总局等部门通报食品安全风险评估结果，国家市场监督管理总局等部门对得出不安全结论的食品立即采取措施；国家市场监督管理总局等部门在监督管理工作中发现需要进行食品安全风险评估的，及时向国家卫生健康委员会提出建议。

第七条

省、自治区、直辖市应当落实粮食安全党政同责，完善粮食安全省长责任制，承担保障本行政区域粮食安全的主体责任，在国家宏观调控下，负责本行政区域粮食的总量平衡和地方储备粮等的管理。

县级以上地方人民政府粮食和储备行政管理部门负责本行政区域粮食流通的行政管理、行业指导；县级以上地方人民政府市场监督管理、卫生健康等部门在各自的职责范围内负责与粮食流通有关的工作。

释义：

本条是关于完善粮食安全省长责任制和地方各有关部门在各自的职责范围内负

责与粮食流通有关工作的规定。

规定本条的主要目的是，实行粮食安全党政同责，将党中央、国务院关于粮食安全省长责任制的相关要求和机构改革成果转化为具体的法律制度规定，并强调了地方属地管理责任。

本条分为两款。

第一款规定了粮食安全党政同责、完善省长责任制的相关要求。这是我国首次在行政法规层面体现党政同责要求，具有重大意义，有利于进一步完善粮食安全责任长效机制、强化落实粮食安全省长责任制的实践效果。粮食安全省长责任制是党中央、国务院为保障国家粮食安全作出的一项重要制度安排。2014 年 12 月国务院印发《关于建立健全粮食安全省长责任制的若干意见》（国发〔2014〕69 号），就建立健全粮食安全省长责任制提出了明确要求。2015 年 11 月国务院办公厅印发了《关于印发粮食安全省长责任制考核办法的通知》（国办发〔2015〕80 号），标志着考核工作进入实施阶段。以上两份国务院文件为考核工作提供了根本遵循。在 2020 年 12 月中央农村工作会议上，习近平总书记对“牢牢把住粮食安全主动权”进行系统阐述，特别强调，“地方各级党委和政府要扛起粮食安全的政治责任，实行党政同责，‘米袋子’省长要负责，书记也要负责”，为新形势下完善粮食安全省长责任制指明了方向。实行党政同责、完善粮食安全省长责任制，有利于促进地方党委和政府自觉从总体国家安全观、从经济社会发展的全局谋划、推动落实粮食安全各项政策举措，防止粮食领域“黑天鹅”和“灰犀牛”事件，始终掌握国家粮食安全的主动权。实行粮食安全省长责任制考核以来，省级人民政府落实粮食安全责任的思想自觉和行动自觉明显增强，形成了中央和地方齐抓共管、上下联动、共同负责国家粮食安全的良好局面，各项重点工作取得较好成效。面对新形势、新任务，全面系统总结考核实践经验，把经过实践证明的有益、有效经验，上升为法律法规，从法制层面上保障国家粮食安全，现在比以往更加必要和迫切。

第二款规定了地方粮食和储备、市场监督管理、卫生健康等政府部门在粮食流通管理中应负职责。比对《条例》第六条中央政府粮食和储备、市场监督管理、卫生健康等部门在粮食流通领域的职责规定，本款相应规定了地方层面的县级以上人民政府职能部门分工。县级以上地方人民政府粮食和储备行政管理部门负责本行政区域粮食流通的行政管理、行业指导；县级以上地方人民政府市场监督管理和卫生健康等部门依据其各自领域的行政法规、部门规章、地方性法规等相关规定负责与粮食流通有关的工作。值得注意的是，对中央和地方职能的区分：一般而言，宏观调控是中央层面的政府职能；地方政府及其职能部门应当是对接、响应、落实中央政府及其职能部门的宏观调控工作，不能逾越中央的粮食宏观调控政策措施，但具备区域性的“调节”职能。《条例》第二十九条第二款规定：“当粮食价格显著上涨或者有可能显著上涨时，国务院和省、自治区、直辖市人民政府可以按照《中华人民共和国价格法》的规定，采取价格干预措施。”

第二章
粮 食 经 营

第八条

粮食经营者，是指从事粮食收购、销售、储存、运输、加工、进出口等经营活动的自然人、法人和非法人组织。

释义：

本条是关于粮食经营者定义的规定。

规定本条的目的是明确粮食经营者从事粮食流通活动的环节及其主体类型。

本条为修改内容，根据新颁布的《民法典》关于民事主体的类型划分，《条例》同步更新了粮食经营者类型的规定。本条规定主要强调以下两个方面：

一是粮食经营活动的内涵，粮食经营者应当遵守行为法。粮食经营者从事粮食收购、销售、储存、运输、加工、进出口等经营活动贯穿粮食流通各环节，应当根据流通各环节的相关规定依法开展经营活动。

二是粮食经营者主体类型的区分，粮食经营者应当遵守主体法。粮食经营实践决定了粮食经营者的多元化特性，本条关于粮食经营者的主体类型与《民法典》中民事主体类型的规定一致，自然人、法人和非法人组织类型的主体，均可作为粮食经营者参与粮食经营活动，充分体现了《条例》第三条规定的“国家鼓励多种所有制市场主体从事粮食经营活动”精神。例如，种粮的农民可以自然人身份参与粮食销售等粮食经营活动，粮食经营法人主体可为按照《公司法》《农民专业合作社法》等设立的法人主体,个体工商户、家庭经营等非法人组织也可作为合法主体参加粮食经营活动。

第九条

从事粮食收购的经营者(以下简称粮食收购者),应当具备与其收购粮食品种、数量相适应的能力。

从事粮食收购的企业(以下简称粮食收购企业),应当向收购地的县级人民政府粮食和储备行政管理部门备案企业名称、地址、负责人以及仓储设施等信息,备案内容发生变化的,应当及时变更备案。

县级以上地方人民政府粮食和储备行政管理部门应当加强粮食收购管理和服务,规范粮食收购活动。具体管理办法由省、自治区、直辖市人民政府制定。

释义:

本条是关于粮食收购者具备条件、信息备案的规定,以及地方对此的行政管理规定。

规定本条的主要目的是规范粮食收购行为,维护粮食收购市场秩序。

本条分为三款。

第一款规定的是粮食收购者应具备的条件。相较原《条例》,新修订《条例》简化了对粮食收购者应具备的资金、仓储、质检和保管能力的具体规定,改为"与其收购粮食品种、数量相适应的能力"表述。这一改动并非说明粮食收购者不应具有资金、仓储、质检等能力,而是考虑到从事粮食收购的市场主体既有企业,也有自然人、个体工商户等,原则性规定有利于实践执行。为此,本条第三款同时规定县级以上地方人民政府粮食和储备行政管理部门应当加强粮食收购管理和服务,规范粮食收购活动,由各省级人民政府制定具体管理办法。

第二款是对粮食收购企业信息备案的规定。本款仅针对登记为企业形式的市场主体,规定了从事粮食收购应向收购地的县级人民政府粮食和储备行政管理部门备案企业名称、地址、负责人以及仓储设施等信息,备案内容发生变化的,应当及时变更备案。申请者应当提供真实、完整的材料,不得有任何隐瞒和弄虚作假。对于企业以外的市场主体类型从事粮食收购,本款并未规定需要履行备案义务。该规定体现了国务院"放管服"改革精神,为各类市场主体"松绑",有利于引导多元主体积极入市,搞活市场流通,有效发挥市场机制作用。

第三款规定的是县级以上地方政府粮食和储备行政管理部门关于粮食收购的行政管理职责。

本条是《条例》修订的重要内容之一,取消了粮食收购资格,规定粮食收购企业应当向粮食和储备行政管理部门进行备案,体现了粮食收购监管方式的转变。具体可以从以下三个方面理解:

一是粮食收购许可制度渊源。2004 年颁布的《条例》第九条第一款明确规定:"取得粮食收购资格,并依照《中华人民共和国公司登记管理条例》等规定办理登记的经营者,方可从事粮食收购活动。"原国家粮食局会同原国家工商行政管理总局研究制定了《粮食收购资格审核管理暂行办法》(国粮政〔2004〕121 号,已失效),对粮食收购资格申请、审核、监督检查等提出明确要求。各地结合实际,制定出台了粮食收购许可的具体条件和管理办法,各级粮食和储备行政管理部门依照规定受理、审核、发放粮食收购许可。粮食收购资格许可制度实施以来,在维护粮食市场秩序、保护种粮农民利益和保障粮食质量安全等方面发挥了积极作用。据 2019 年统计,全国具有粮食收购资格的经营者有 57,000 家左右。

二是粮食收购许可制度沿革。粮食收购许可经历了两个阶段:(1)前置性粮食收购许可阶段。2004 年《条例》颁布,粮食经营者先经过县级粮食行政管理部门粮食收购许可后,工商登记管理部门才给予粮食经营者收购注册登记。(2)后置性粮食收购许可阶段。2014 年 10 月 23 日国务院《关于取消和调整一批行政审批项目等事项的决定》(国发〔2014〕50 号)取消了工商登记部门前置性许可的规定。换言之,粮食经营者从事粮食收购,到工商登记部门注册营业范围时,不必拿着粮食行政管理部门批准的粮食收购许可证,只是在实际收购粮食时随身带着粮食收购许可证复印件即可。

三是粮食收购企业实行粮食收购备案管理。本条规定,粮食收购企业应当向粮食和储备行政管理部门备案,在简政放权、降低门槛的同时,行政部门需要在"管"和"服"上下功夫,强化对粮食收购环节的监督管理,创新和加强事中、事后监管,切实提升服务水平，优化营商环境。一方面，严格执法监管，强化社会监督，严肃查处各类违法违规行为，切实维护收购市场秩序；另一方面，优化收购服务，加强收购资金、仓容、运力等保障，及时发布粮食生产、价格、供求、收购进度等信息，稳定市场预期，确保粮食收购平稳有序。

第十条

粮食收购者收购粮食，应当告知售粮者或者在收购场所公示粮食的品种、质量标准和收购价格。

释义：

本条是关于售粮者知情权的保护性规定。

规定本条的主要目的是让售粮者了解粮食收购相关政策，保护其合法权益。

粮食收购者应当在收购场所显著位置公布粮食收购政策信息和"12325"全国粮食和物资储备监管热线宣传海报，公示粮食收购品种、质量要求、量（价）折扣规则等相关信息，做到标准上榜、价格上墙、样品上台，让粮食生产者在充分掌握有效信息的基础上卖"明白粮"，有权利自主决定卖什么、卖给谁和卖多少。

需要注意的是，《条例》第四十四条明确规定，"粮食收购者有未按照规定告知、公示粮食收购价格……的，由市场监督管理部门依照《中华人民共和国价格法》……的有关规定予以处罚"。另外，《价格违法行为行政处罚规定》第十三条也明确规定，经营者违反明码标价规定，有不标明价格、不按照规定的内容和方式明码标价、在标价之外加价出售商品或者收取未标明的费用等行为，应当被责令改正，没收违法所得，可以并处5000元以下的罚款。

第十一条

粮食收购者收购粮食，应当执行国家粮食质量标准，按质论价，不得损害农民和其他粮食生产者的利益；应当及时向售粮者支付售粮款，不得拖欠；不得接受任何组织或者个人的委托代扣、代缴任何税、费和其他款项。

粮食收购者收购粮食，应当按照国家有关规定进行质量安全检验，确保粮食质量安全。对不符合食品安全标准的粮食,应当作为非食用用途单独储存。

释义:

本条是关于粮食收购者行为规范的义务性规定。

规定本条的主要目的是规范粮食收购者行为,保护售粮者、粮食生产者等相关主体合法权益,维护收购市场秩序;加强收购环节粮食质量安全管理,明确收购时对不符合食品安全标准粮食的处置,守好入库粮食质量安全关。

本条分为两款。

第一款从以下三个方面对粮食收购者的行为进行了规定:

一是售粮者特别是售粮农民在粮食收购中通常处于相对弱势地位。要求粮食收购者收购粮食,应当执行国家粮食质量标准,按质论价,主要是保护农民和其他粮食生产者的利益。《稻谷》(GB 1350 - 2009)、《小麦》(GB 1351 - 2008)、《玉米》(GB 1353 - 2018)、《大豆》(GB 1352 - 2009)等国家标准均为强制性国家标准,按照《标准化法》等有关法律法规的规定,强制性标准必须执行。因此本条规定,粮食收购者收购粮食时,应当按照前述国家粮食质量标准,按照不同等级和各项质量指标依质论价。但同时,由于粮食作为大宗农产品,生产方式多为一家一户生产,一些地区难以做到规模化生产,与工业产品的生产过程不能完全等同,质量难以做到精准控制。粮食生产在很大程度上受客观条件,如气候、病虫害及环境污染等因素的影响,所以生产出来的粮食质量不可能100%符合国家标准。对于不符合标准的粮食,一般来说仍有利用价值。因此,国家有关部门在2010年制定了《关于执行粮油质量国家标准有关问题的规定》(国粮发〔2010〕178号),指导政策性粮食收购时,通过扣量等办法来协调买卖双方达成一致。对于商品粮食的市场化收购行为,可供买卖双方参考借鉴。

二是要及时结算粮款,不得"打白条",拖欠售粮款。粮食收购者包括粮食经纪人在向售粮农民和其他粮食生产者收购粮食时,要一手交钱一手收粮,不允许向售粮者"打收据",晚些时候付款,更不允许拖欠售粮款。一旦违反本条款规定,售粮者向粮食和储备行政管理部门举报,或被粮食和储备行政管理部门在执法中发现时,将受到行政处罚。

三是要严格遵守财税方面的有关规定。粮食收购者不得接受任何组织或个人的委托代扣、代缴任何税、费和其他款项，即使售粮者拖欠其他组织或个人的款项，粮食收购者也不能从售粮款中扣除。

第二款规定了粮食收购者保证粮食质量安全的义务，为《条例》新增条款。质量安全与数量安全是粮食安全的两个重要方面。粮食收购是粮食收获后进入流通领域的第一个环节，把好收购粮食的质量安全关，对于确保后续环节的粮食质量安全具有重要意义。

粮食质量安全包括“质量”和“安全”两方面：

一是在粮食流通领域，“质量”主要包括常规质量、储存品质、内在品质等指标，用于评价粮食在收购、储存、加工、食用等环节质量品质的优劣；“安全”主要包括相关食品安全国家标准中规定的指标，用于评价粮食是否能够食用。(1)常规质量指标主要包括水分、杂质、色泽气味、容重、不完善粒、出糙率、整精米率、完整粒率、损伤粒率、热损伤粒等粮食产品国家标准中“质量要求”部分规定的指标，通常作为各种政策性粮食收购的基础要求，也是粮食贸易定价、数量折算等方面的主要依据。(2)储存品质指标主要包括脂肪酸值、品尝评分、面筋吸水量等指标，用于评价粮食是否适宜继续储存。(3)内在品质指标主要包括蛋白质含量、粗脂肪含量、淀粉含量、湿面筋含量、稳定时间、食味评分、直链淀粉含量等指标，主要用于评价粮食的加工性能、食用品质、营养成分等。粮食流通环节通常所说的“优质粮食”，主要就是基于这些指标。

二是食品安全指标主要是指相关食品安全国家标准中规定的指标，包括重金属(镉、砷、铅、汞等)、真菌毒素(黄曲霉毒素、呕吐毒素、玉米赤霉烯酮等)、农药残留(有机磷类、有机氯类、菊酯类等上百种农药)，以及其他色泽气味、霉变粒、毒麦、麦角等与食品安全相关的指标，主要用于评价粮食食用是否安全。不符合食品安全标准的粮食不能直接食用或用作生产口粮及其他食品的原料。

收购粮食时，不同性质的粮食有不同的质量安全要求。目前，政府储备粮食要求常规质量指标符合国家标准中等以上要求、储存品质指标符合“宜存”要求、食品安全指标符合食品安全标准；最低收购价粮要求常规质量指标符合国家标准中等以上要求、食品安全指标符合食品安全标准；国家临储粮要求常规质量指标符合国家标准等内品要求、食品安全指标符合食品安全标准。省级人民政府应对农民交售的食品安全指标不符合食品安全标准的粮食，研究收购、处置等相关政策。粮食加工企业自行收购的商品粮食,应根据其用途合理确定质量安全要求(如食品加工企业应确保粮食符合食品安全标准,饲料企业应确保粮食符合饲料卫生标准,不符合饲料卫生标准的粮食可用于生产燃料乙醇等非食用、非饲用用途)。

各种指标是否符合相关要求,需要通过检验来判定。因此,本条规定粮食收购者收购粮食,应当按照国家有关规定进行质量安全检验,确保粮食质量安全;为确保人民身体健康和生命安全,对不符合食品安全标准的粮食,应当单独储存,并明确标识作为非食用用途,应从收购源头强化管理,严禁超标粮食流入口粮市场和食品生产企业。

第十二条

粮食收购企业应当向收购地的县级人民政府粮食和储备行政管理部门定期报告粮食收购数量等有关情况。

跨省收购粮食,应当向收购地和粮食收购企业所在地的县级人民政府粮食和储备行政管理部门定期报告粮食收购数量等有关情况。

释义:

本条是关于粮食收购企业报送收购数量等有关情况的规定。

规定本条的主要目的是建立健全收购报告制度,及时掌握收购进度,更好地指导收购工作、服务粮食宏观调控。

粮食收购量直接影响整个社会粮食商品量。随着粮食收储制度改革深入推进,粮食收购模式也逐步由政策性收购为主向政府引导下市场化收购为主转变。为了更好地实施粮食宏观调控,保护农民利益,需要及时掌握整个社会粮食收购规模、收购结构和收购进度等有关信息。

粮食收购企业应当根据有关原始记录和凭证建立粮食统计台账,对粮食收购等数据如实加以记录,按要求填写粮食统计报表,并及时报送收购地粮食行政管理部门,跨省收购的需要同时向粮食收购企业所在地的县级人民政府粮食和储备行政管理部门报告,注意保持原始记录和凭证、统计台账、统计报表中各项数据的一致性。《条例》第二十三条第一款规定,"……粮食经营台账的保存期限不得少于3年……"。各省、自治区、直辖市粮食和储备行政管理部门应针对调查对象的不同情况,规范统计台账的具体内容和要求。各级粮食和储备行政管理部门汇总数据后,逐级上报。

第十三条

粮食收购者、从事粮食储存的企业(以下简称粮食储存企业)使用的仓储设施,应当符合粮食储存有关标准和技术规范以及安全生产法律、法规的要求,具有与储存品种、规模、周期等相适应的仓储条件,减少粮食储存损耗。

粮食不得与可能对粮食产生污染的有毒有害物质混存,储存粮食不得使用国家禁止使用的化学药剂或者超量使用化学药剂。

释义:

本条是关于粮食储存要求的规定,修改新增了"以及安全生产法律、法规的要求""具有与储存品种、规模、周期等相适应的仓储条件,减少粮食储存损耗"的内容。

规定本条的主要目的是对粮食收购者、粮食储存企业所使用的仓储设施及开展粮油仓储活动提出基本规范:仓储条件与技术能力应当与储存粮食品种、规模、周期等相适应,一是明确粮食经营者落实安全生产主体责任,推进安全生产标准化建设,防范熏蒸伤人、粮堆埋人、粉尘爆炸、火灾等事故;二是加强储存环节粮食质量安全管理,避免库存粮食受到污染。

本条分为两款。

第一款是关于粮食仓储设施的基础性规定。仓储设施是开展粮食仓储业务的基础条件,是确保库存粮食储存安全的重要物质保障。一方面,粮食仓储设施的多少、好坏,事关粮食数量、质量和储存安全,事关国家粮食宏观调控政策制度的落实,在国家粮食安全中具有基础性地位和作用。另一方面,粮食仓储设施合规达标、使用安全规范,也是粮食行业安全生产的内在要求和重要保证。

我国地域辽阔,储粮生态条件差异很大,加之库存规模较大、储存周期较长,不同地域、不同品种、不同储存周期的粮食,其储存技术条件要求各异,这就决定了粮食仓储需因地制宜,根据所处储粮生态区特点以及储存粮食的品种、规模、周期等,配备与之相适应的仓储条件和技术能力,减少粮食损耗,延缓品质劣变。

第二款是关于污染物质和化学药剂的限制性规定。粮食是会呼吸、有生命的有机体,性状不稳定。由于粮粒自身呼吸作用和粮堆微生物活动,粮食在储存期间与周围环境发生作用,粮情动态变化。粮食保管对储存环境要求较高,须保证不受外界环境的不良影响;不得在粮食储存区存放污染物,也不得在储存区开展可能引起粮食污染的作业。

虫霉防治是粮食储藏保管的重要任务。粮食从田间收获后,不可避免地会携带一些虫卵、螨类等,入仓前需控制好粮食水分和杂质含量,入仓后及时进行杀虫防治。储存期间要做好温湿度控制,加强粮情监测分析,出现粮堆发热、虫害等情况,要研判危害程度、及时采取措施处置,防止危害扩大。使用储粮化学药剂除治虫害,是保障储粮安全的重要措施。本款规定主要有以下两方面要求:

一是严禁将粮食与有毒有害物质混存。已经被污染的或有病虫害的粮油,必须单独存放,防止污染扩大,并根据污染和病虫害程度妥善处理;如果发现带有属于检疫对象的病、虫、杂草种子,要根据国家植物检疫相关规定,立即采取有效措施处理,并及时向上级粮食和储备行政管理部门报告。

二是不得使用国家禁止使用的化学药剂或者超量使用化学药剂。目前,国家对于粮食储存过程中允许使用的化学药剂均有明确规定,主要有《储粮化学药剂管理和使用规范》等。用于储粮的防护剂、熏蒸剂等应取得农药登记证号(或者农药临时登记证号)、农药生产许可证号(或者农药生产批准文件号)和产品质量检验合格证;防护剂只能用于原粮,不得用于成品粮。在进行粮食防护时,一定要严格执行国家关于最高残留限量的有关标准,既要起到粮食防护的作用,又要避免过量使用,确保粮食储存安全。

粮食仓储管理实践历经多年积累和发展,使依法管粮的制度体系逐渐形成,依法治粮的技术水平日益提升,构建了以部门规章、规范性文件、技术标准和操作规程等层次分明的仓储管理制度体系;形成了以"四合一"技术为主流,并日益呈现绿色、智能、精细等特点的仓储技术发展格局。现行仓储管理制度和标准包括但不限于:《粮油仓储管理办法》《国有粮油仓储物流设施保护办法》等规章;《政府储备粮食仓储管理办法》《粮油储存安全责任暂行规定》《粮油安全储存守则》《粮库安全生产守则》等规范性文件;《粮油储藏技术规范》《储粮化学药剂管理和使用规范》《二氧化碳气调储粮技术规程》《磷化氢熏蒸技术规程》《储粮机械通风技术规程》《谷物冷却机低温储粮技术规程》《粮情测控系统》《简易仓囤储粮技术规程》等多个技术标准。

第十四条

运输粮食应当严格执行国家粮食运输的技术规范,减少粮食运输损耗。不得使用被污染的运输工具或者包装材料运输粮食,不得与有毒有害物质混装运输。

释义:

本条是关于粮食运输要求的规定。

规定本条的主要目的是强化粮食运输管理,保障粮食运输过程中的数量和质量,避免粮食浪费。

粮食运输,是指利用各种运输工具和运输方式,把粮食由产地或集散地转移到加工或消费地区的活动。只有完成粮食的运输活动,商品粮才能满足消费者的需要。粮食运输有以下两种情况:

一是国有粮食系统计划内的粮食调拨,即按照国家粮食调拨计划确定的数量、品种、时间以及单位等,实现粮食在地区之间的移动,以解决地区之间的余缺调剂和品种调剂,从而保证全国粮食的总量平衡和地区平衡。20 世纪 90 年代中期以前,国有粮食系统组织的计划内调拨粮食数量大体占整个社会商品粮运输的 60% ~70% 。近年来,随着市场配置粮食资源的作用越来越明显,除在必要时实行有计划的运输调拨外,大部分粮食运输是在市场化条件下由企业自主进行的。

二是商品粮的运输还要坚持经济的原则。商品粮的运输是一项以经济核算为主的粮食流动,以“及时、准确、安全、经济”为原则,根据流通规模和合理流向,考虑粮食的特殊性质,科学选择运输路线、运输方式和运输工具,尽可能减少装卸次数,以最短的里程、最少的环节、最快的速度、最低的费用、最少的损耗和最佳的效益完成整个运输过程。由于粮食商品的特性,粮食在运输过程中,会耗费较大的人力、财力,产生较大的损失、损耗,这就需要科学组织运输,保证粮食的有效运转。

运输粮食应当严格执行国家粮食运输的技术规范,不得使用被污染的运输工具或者包装材料运输粮食,主要包括以下两个方面:

一是承运人使用的火车车皮、汽车的车厢、轮船的船舱,必须密闭良好,防止粮食在运输过程中从运输工具的缝隙中漏失。运输工具必须有良好的遮盖挡栏,防止粮食抛洒和雨水浸入。运输工具必须清理干净,防止残留的杂物混入粮食里,尤其要防止运输工具里残留的有毒物质混入粮食中,影响消费者的身体健康。运输工具本身必须是经交通管理部门检验合格的、允许投入运营的工具。承运人还必须注意交通安全、遵守交通规则,严禁超载,防止因为交通事故损坏运输工具造成粮食损失。在运输过程中,承运人要提高警惕、防止粮食被盗,更要严禁承运人监守自盗。运输途中如遇下雨下雪,承运人应及时进行遮盖,防止雨水浸入粮食,发生霉变。遮盖、铺垫的材料必须是无毒、无污染的。在粮食装卸时,承运人应文明操作,防止人为的包装破损,防止粮食抛洒。在包装粮堆码时,应当整齐和稳妥,防止粮垛倒塌,造成人员伤亡和粮食损失。承运人应按约定的运输路线运输,如运输路线有变化,应与托运人及时沟通,防止运错地点和丢失粮食。采用多种运输方式联合运输时,各承运人要做好交接手续,防止交接错误而造成粮食丢失。

二是粮食的承运人必须保证粮食的质量。需运输的粮食应进行初清,尽量降低粮食的含杂率,不得在粮食中掺入砂土、石块、秸秆、砖瓦碎片等杂物,更不得夹带危险品、贵重物品、鲜活物品和其他易腐物品、污染物品。承运人应采取必要措施,保证运输的粮食含水率在合理范围内,避免运输过程中的发霉变质。在对运输的粮食进行杀虫处理时,必须使用国家允许的药剂,且不得超量使用药剂,药剂的残渣要清理干净,严禁使用禁用的药剂和剧毒农药。承运人要保证粮食品种的单一性,不得将多品种的粮食混装,更不允许有意将质次等低的粮食混入其中。托运的粮食应进行准确计量,防止弄虚作假、短斤少两。承运人使用的粮食包装物,必须符合国家或行业标准,不得使用已装过农药、化肥的农药袋、化肥袋。另外,在总结《粮食质量安全监管办法》第二十一条规定的基础上,本条修订时增加了“不得与有毒有害物质混装运输”的规定,避免粮食与农药、化肥、煤炭等可能对粮食造成污染的有毒有害物质混装运输,避免粮食受到污染,进一步保障运输粮食质量安全。

需要注意的是,当前粮食运输属于高度市场化行为,托运人和承运方应通过委托合同,对双方在运输过程中确保粮食质量安全的责任划分和问题解决方式予以明确规定,以避免或减少纠纷。

第十五条

从事粮食的食品生产，应当符合食品安全法律、法规和标准规定的条件和要求，对其生产食品的安全负责。

国家鼓励粮食经营者提高成品粮出品率和副产物综合利用率。

释义：

本条是关于粮食的食品生产的规定。

规定本条的主要目的是明确粮食食品生产的相关要求和主体责任，鼓励粮食节损，提高成品粮出品率和副产物综合利用率。

本条分为两款。

第一款规定了粮食食品生产要求。粮食加工用途多样，可食用、可饲用，也可用于生产燃料乙醇等。大米、小麦粉、米线、馒头、食用油等食用粮食加工产品的质量安全，与广大人民群众的身体健康和生命安全密切相关，因此从事食用粮食加工的经营者，必须按照《食品安全法》的相关规定，具备相应的条件，履行相应义务。本款规定主要包括以下五个方面：

一是应当具备相关资质、具有保证食品安全必备的加工条件。从事食用粮食加工的经营者应按照《食品安全法》《食品安全法实施条例》《食品生产许可管理办法》等相关法律法规，依法取得食品生产许可，确保加工场所的环境条件、生产设备条件、人员条件等符合相关要求。根据《食品安全法实施条例》的规定，食品生产许可的有效期为5年，生产条件发生变化，不再符合食品生产要求的，应当立即采取整改措施，需要重新办理许可手续的，应当依法办理。

二是确保加工原料符合食品安全标准。食用粮食加工的经营者要依法查验粮食原料供货者的产品合格证明，无法提供合格证明的应当按照食品安全标准进行检验，严把进厂原料的质量安全关，不得采购或者使用不符合食品安全标准的原粮、副产品等进行加工，更不得为谋取利益而故意使用不符合食品安全标准的原粮、油料和副产品进行加工。所生产的粮油产品应符合强制性国家标准及相关标准的规定。

三是严格按照规定使用添加剂。在粮食加工过程中，可以针对加工工艺的需要合理使用添加剂，但应严格按照国家有关规定使用，不得超标准、超剂量、超范围使用，同时还应加强添加剂品种的管理。

四是确保包装材料符合食品安全标准。包装是粮食加工的最后一道工序,保证包装材料的卫生是防止粮食加工产品被污染的关键一环。包装粮食加工产品成品或盛装回机物料的包装物,均应符合食品接触用材料的食品安全标准的要求。

五是不得有影响食品安全的其他行为。包括加工成品必须专仓存放,加工用的配料必须符合国家规定,按要求建立健全质量管理制度等。

为保障人民身体健康,我国于 1995 年颁布了《食品卫生法》,对食品生产经营的卫生要求进行了规定。2009 年 6 月 1 日起,《食品安全法》正式实施,将原食用农产品质量安全标准、食品卫生标准、食品质量标准等予以整合,统一修改为食品安全标准;《食品卫生法》同时废止。因此,目前基本不再使用“食品卫生”的表述,而是相应表述为“食品安全”。

粮食食品安全历来备受关注。但当前我国粮食加工业还存在“小散乱”等问题。少数食用粮食加工经营者的质量安全意识不够强,个别地区、个别企业存在对加工原料把关不严,甚至出现滥用食品添加剂等现象,对广大人民群众的生命健康和社会稳定造成相当严重的影响。加之受环境污染、异常气候等因素影响,重金属、真菌毒素等有毒有害物质也对粮食加工产品造成一定污染,导致“镉大米”“毒面粉”等新闻时有报道。因此,必须加强对食用粮食加工质量安全的监管,确保全国 14 亿人民“舌尖上的安全”。

2004 年颁布的《条例》第十七条规定,不得使用发霉变质的原粮、副产品进行加工,不得违反规定使用添加剂,不得使用不符合质量、卫生标准的包装材料等。经讨论认为,鉴于此类要求属于食品生产的通用要求,在《食品安全法》中已有明确规定。为避免重复交叉,此次修订采用原则性的表述方式,不再细化表述各类禁止行为。

本条第二款规定了提高成品粮出品率和副产物综合利用率。推动成品粮出品率的提高和副产物综合利用意义重大,是保证粮食食品加工品有效供给的重要支撑,是解决环境污染问题的重要措施,是消除质量安全隐患的重要抓手,是提高企业效益和农民收入的重要来源。近年来,党中央、国务院多次强调要节粮减损,中共中央办公厅、国务院办公厅印发了《关于厉行节约反对食品浪费的意见》,强调要“切实解决粮油过度加工问题,提高成品粮出品率和副产物综合利用率”,《条例》遵循中央精神以及《民法典》绿色原则,鼓励粮食经营者提高成品粮出品率和副产物综合利用率。

第十六条

销售粮食应当严格执行国家粮食质量等有关标准,不得短斤少两、掺杂使假、以次充好,不得囤积居奇、垄断或者操纵粮食价格、欺行霸市。

释义:

本条是关于粮食销售的规定。

规定本条的主要目的是明确对粮食销售禁止行为的管理要求。

本条规定主要包括以下三个方面:

一是粮食销售质量要求。粮食销售包括原粮销售和成品粮销售。原粮销售可作为食用粮食销售,也可作为非食用粮食销售。销售粮食应遵守《产品质量法》《食品安全法》《粮食质量安全监管办法》等相关法律法规以及强制性标准的要求。(1)粮食销售应执行国家粮食质量等有关标准,依质论价、公平交易。卖方不得有短斤少两、掺杂使假、以次充好等损害买方利益的行为;买方要恪守合约精神,按照交易双方约定事项、实事求是确认交易粮食质量,验收检验结果与销售方检验结果的误差在国家标准允许范围内的,应当认可销售方的检验报告。交易双方如果对销售粮食质量存在争议,应协商解决,或共同委托第三方粮食质量安全检验机构检验确定。(2)粮食销售者应对所销售粮食的质量安全负责。销售原粮要严格落实出库检验制度,严把粮食出库的质量安全关,严禁将不符合食品安全标准的粮食销售给食品加工企业。销售成品粮要严格执行《食品安全法》的相关规定,生产者应当按照食品安全标准对所生产的成品粮进行检验,检验合格后方可出厂或者销售。(3)不符合食品安全标准的粮食,可以用于生产饲料或燃料乙醇等非食用用途,以充分合理利用粮食资源,但必须在销售凭证中明确标识用途。另外,按照国家相关规定实施定向销售的,还应按要求向买方当地粮食和储备行政管理部门报送粮食销售数据和基本情况。

当前,还有少部分粮食经营者质量安全主责意识不强,在销售粮食时未按要求严格落实出库检验制度,未严守粮食出库质量安全关;或是未严格按要求向买方提供检验报告,做到检验报告随货同行。个别不法经营者为谋取利润,隐瞒所销售粮食的质量安全问题,增加不符合食品安全标准的粮食流入口粮市场的风险。

二是粮食数量要求。粮食经营者销售粮食不得囤积居奇,也就是说,在粮食市场供求异常紧张的时候,粮食经营者不能再从市场购买粮食进行囤积,待高价再抛售粮食。《条例》规定，销售粮食不得囤积居奇，违反《条例》规定的，由市场监督管理部门依照有关法律法规的规定予以处罚。

三是粮食价格要求。《条例》第四条第一款明确，粮食价格主要由市场供求形成。粮食销售不应被少数粮食经营者垄断或操纵粮食市场价格，少数粮食经营者搞销售粮食价格联盟，或者设置销售粮食市场潜规则的门槛，对其他销售粮食的经营者进行排挤、打压等，都是《条例》不允许的。《条例》规定，销售粮食不得垄断或者操纵粮食价格、欺行霸市，明确违反本条规定的，由市场监督管理部门依照有关法律、法规的规定予以处罚。

第十七条

粮食储存期间，应当定期进行粮食品质检验，粮食品质达到轻度不宜存时应当及时出库。

建立粮食销售出库质量安全检验制度。正常储存年限内的粮食，在出库前应当由粮食储存企业自行或者委托粮食质量安全检验机构进行质量安全检验；超过正常储存年限的粮食，储存期间使用储粮药剂未满安全间隔期的粮食，以及色泽、气味异常的粮食，在出库前应当由粮食质量安全检验机构进行质量安全检验。未经质量安全检验的粮食不得销售出库。

释义：

本条是关于粮食储存检验制度和粮食出库质量安全检验制度的规定。

规定本条的主要目的是，建立储存粮食品质检验制度和销售出库质量安全检验制度，强化储存期间和销售出库环节粮食质量安全管理。

本条分为两款。

第一款规定的是储存粮食品质管理。一方面，粮食在储存过程中若保管不当会发生生霉等质量安全事故，要加强储存期间粮食质量管理，经常检查粮情，发现粮食出现发热、生霉、生虫等情况应及时采取有效措施处置。另一方面，粮食是有生命的有机体，随着储存时间延长，其质量品质和使用价值会逐渐下降，直至完全丧失。要定期开展粮食品质检验，发现粮食储存品质达到国家标准规定的“轻度不宜存”的情况时,应及时安排出库。

本款要求粮食经营者定期进行粮食品质检验,是因为粮食检验是保证粮食质量安全的重要举措。按照国家《粮油储藏技术规范》(GB/T 29890－2013)的规定,安全水分粮食、油料每季度应至少检测一次质量指标;半安全水分粮食、油料每月应至少检测一次质量指标;危险水分粮食、油料每月应根据粮温每3～5日检测一次质量指标,发现粮温升高时应随时扦样检测。储藏过夏的粮食、油料,应每年春、秋季各检测一次储存品质指标。2016年《粮食质量安全监管办法》第十五条规定,储存粮食应当按照《粮油仓储管理办法》《粮油储藏技术规范》等要求,定期进行粮情检查和品质检验,确保粮食储存安全。近年来,这些规定在保障粮食储存质量安全方面发挥了重要作用,这次《条例》修订将这些行之有效的措施予以总结,上升为法规规定。

本款要求粮食品质达到轻度不宜存时应当及时出库。根据粮食用途和使用价值,相关粮食储存品质判定规则国家标准将粮食储存品质分为"宜存"(储存品质良好,适宜继续储存)、"轻度不宜存"(储存品质明显下降,应尽快安排出库)、"重度不宜存"(储存品质严重下降,应立即安排出库)三类。小麦以色泽气味、面筋吸水量、馒头品尝评分值进行判定;稻谷和玉米主要按照色泽气味、脂肪酸值、品尝评分值等指标进行判定;大豆按照色泽气味、粗脂肪酸值、蛋白质溶解比例等指标进行判定。不同粮食品种因其化学组成、粮粒结构、用途、加工工艺要求等方面的差异以及储存条件的不同,其储存品质变化的速度和表现也各不相同。一般来说,小麦耐储性较好,但如储存时间过长或储存条件较差,其品质也会劣变,主要表现为小麦粉色泽灰暗、面团特性变差而不利于加工等。稻谷和玉米的耐储性相对较差,长时间储存后容易造成脂肪酸值上升较多,加工产品色泽气味不正常等情况,从而影响其使用价值。有研究结果显示,用作生猪养殖饲料的玉米,一般要求脂肪酸值不宜超过55(标准单位,下同);用于饲料厂作配料的玉米,一般要求脂肪酸值不宜超过62;用于深加工企业如淀粉提取或发酵工业用等的玉米,一般要求脂肪酸值不超过70。大豆和食用植物油耐储性更差,大豆储存时间较长容易造成蛋白溶解比例下降等,影响加工产品品质和可得率;食用植物油容易因脂肪分解而产生"哈喇味"等影响使用品质的问题。

第二款规定的是粮食销售出库质量安全检验制度。粮食销售出库是储存环节的最后一道关口,对于守住储存环节粮食质量安全底线至关重要。因此本条明确规定,无论是作为食用还是非食用用途,未经质量安全检验的粮食均不得销售出库。同时,为降低粮食企业检验成本,减轻企业负担,规定正常储存年限内(按照《粮油仓储管理办法》的规定,常规储存条件下,小麦正常储存年限为5年,稻谷玉米为3年,大豆和食用植物油为2年)的粮食,可以由粮食储存企业自行进行质量安全检验。但是对于超过正常储存年限的粮食,储存期间使用储粮药剂未满安全间隔期的粮食,以及色泽、气味异常的粮食,由于质量安全风险相对较高,为加强管理,切实保护消费者身体健康,此类粮食在出库前应当由粮食质量安全检验机构进行质量安全检验,以强化检验结果的客观公正性。

与2004年颁布的《条例》相比,本条主要修改如下:(1)删除了有关陈化粮的表述。2006年以来,相关国家标准中已陆续对粮食储存品质的判定进行了修订,取消了“陈化”的概念,因此删除相关表述。(2)增加了储存粮食定期品质检验和及时轮换的要求。既确保储存粮食质量良好,能够切实满足政策性粮食关键时候“用得上”的要求;同时指导各类粮食经营者加强技术管理,减少储存不当造成的粮食资源浪费。(3)增加了“未经质量安全检验的粮食不得销售出库”的规定,同时增加了出库检验应由粮食质量安全检验机构进行质量安全检验的适用范围。在原来“超过正常储存年限的粮食”的基础上,增加了“使用储粮药剂未满安全间隔期的粮食,以及色泽、气味异常的粮食”两种情形应由粮食质量安全检验机构进行质量安全检验,对质量安全风险较高的粮食出库,有针对性地加强质量管理,进一步压实粮食储存企业主体责任。粮食和储备行政管理部门近年来在组织开展的监督检查中,发现超过正常储存年限的粮食,在销售出库前没有经过粮食质量安全检验机构检验,而是由承储企业自行检验的问题,给销售出库的粮食带来一定质量安全风险。

第十八条

粮食收购者、粮食储存企业不得将下列粮食作为食用用途销售出库:

(一)真菌毒素、农药残留、重金属等污染物质以及其他危害人体健康的物质含量超过食品安全标准限量的;

(二)霉变或者色泽、气味异常的;

(三)储存期间使用储粮药剂未满安全间隔期的;

（四）被包装材料、容器、运输工具等污染的；

（五）其他法律、法规或者国家有关规定明确不得作为食用用途销售的。

释义：

本条是关于食用粮食销售的禁止性规定。

规定本条的主要目的是为进一步压实粮食收购者、粮食储存企业的质量安全主体责任，防止不符合食品安全标准的粮食流入口粮市场。

本条为新增条款，与2004年《条例》中"凡已陈化变质、不符合食用卫生标准的粮食，严禁流入口粮市场"相比，本条对禁止作为食用粮食销售的质量范围进一步进行了细化明确。

与粮食收购质量要求相同，国家逐步确立了食品安全的企业主体责任，不断健全粮食销售质量要求。由于粮食用途多样，可以食用、饲用，也可以用于生产燃料乙醇等化工产品。为充分合理利用粮食资源，国家逐步依法依规明确了粮食分类处置的原则，符合食品安全标准的粮食，可作为食用；符合饲料卫生标准的粮食，可作为饲用；不符合饲料卫生标准的粮食，可用于食用、饲用以外的其他用途，如生产有机酸、有机醇等化工产品。按照坚持以人民为中心的发展理念，为突出保护人民群众身体健康，本条重点规定了食用粮食销售的禁止性行为。《粮食质量安全监管办法》第十二条规定，霉变、色泽气味异常的粮食，禁止作为口粮销售；第十六条规定，施用过化学药剂且药剂残效期大于15天的粮食，出库时必须检验药剂残留量。这些规定近年来在保障粮食出库质量安全方面发挥了重要作用，此次修订将这些行之有效的措施在《条例》中转化为法规规定。

针对粮食销售中主要存在的问题，列举了5种粮食不得作为食用用途销售出库的情形：

一是真菌毒素、农药残留、重金属等污染物质以及其他危害人体健康的物质含量超过食品安全标准限量的。这主要是指在当前食品安全标准中有明确限量的危害物质，其在粮食中的含量如果超过标准限量，则该批粮食不得作为食用用途销售出库。目前，相关食品安全标准主要包括《食品安全国家标准　食品中真菌毒素限量》（GB 2761－2017）、《食品安全国家标准　食品中污染物限量》（GB 2762－2017）、《食品安全国家标准　食品中农药最大残留限量》（GB 2763－2019）、《食品安全国家标准粮食》(GB 2715－2016)、《食品安全国家标准　植物油》(GB 2716－2018)、《食品安全国家标准　食用植物油料》(GB 19641－2015)等(标准年代号应以修订后最新版本为准)。除常见的真菌毒素、农药残留、重金属外,上述食品安全标准中还规定了苯并[a]芘、小麦热损伤粒、霉变粒、单宁、氢氰酸、麦角、毒麦、曼陀罗属及其他有毒植物种子、酸价、过氧化值、极性组分、溶剂残留、游离棉酚等粮油中常见的有毒有害物质的限量。

二是霉变或者色泽、气味异常的。这主要是指如果整批粮食色泽、气味不正常,或者已经霉变,则该批粮食不得作为食用用途销售出库。需要指出的是:(1)《食品安全国家标准　粮食》明确将“色泽、气味”作为一项感官要求,要求“具有正常粮食的色泽、气味”。(2)按照相关国家标准规定,“霉变”,是指粮食籽粒表面明显生霉且已经伤及胚或胚乳或子叶、无食用价值的情况。如果仅是粮食籽粒表面轻微生霉,可在后续加工中采取清理、脱皮等技术去除有毒有害物质。

三是储存期间使用储粮药剂未满安全间隔期的。按照国家相关规定,粮食储存期间使用储粮药剂后,应经过足够的时间(安全间隔期),待药剂分解或挥发后才能正常使用。国家标准《粮油储藏技术规范》(GB/T 29890－2013)附录 D 表 D. 2 对常用储粮防护剂的安全间隔期进行了明确规定。《粮食质量安全监管办法》第十六条采用“药剂残效期大于 15 天”的表述,本条依据国家标准采取了储粮药剂“安全间隔期”的表述方式。

四是被包装材料、容器、运输工具等污染的。这主要是指如果在粮食储存、运输过程中管理不当,出现因运输工具清洗不彻底、包装材料不符合要求或密闭性不够、储存环节不符合要求等原因,造成粮食被农药、化肥、煤炭、砂石等污染的情况,则该批粮食不得作为食用用途销售出库。

五是其他法律、法规或者国家有关规定明确不得作为食用用途销售的。本项是设置的兜底条款。由于违反食品安全规定的行为在其他法律法规上也有规定,本项不可能穷尽,因此留有余地,除前四项规定的情形外,其他法律法规禁止的,也包括在内。比如,因气候等因素影响,造成部分地区粮食出现倒伏、生芽等情况,为保护种粮农民收益,国家或地方政府统一收购后,定向用于非食用用途的粮食;国家储存的政策性粮食中,为保障宏观调控定向销售用于非食用用途的粮食;含有相关食品安全标准规定以外的有毒有害物质(如国家明确禁用的农药、非法添加物等)的粮食;不符合国家检疫规定的粮食等。

需要说明的是，有专家对《条例》中关于禁止作为食用粮食销售的要求，提出与食用粮食加工质量要求相似的观点，认为《食品安全法》已有规定，《条例》中不需要再重复说明。最后，本条参照食用粮食加工质量要求的表述原则，食用粮食销售质量要求同样只规定重点要求。

另外，有专家提出，对于粮食经纪人将新收获粮食直接销售给粮食加工企业的行为，是否适用于本条。经讨论，认为本条禁止的行为是“销售出库”，对应第十七条销售出库检验制度。上述行为不适用本条，而是应由粮食加工企业按照《食品安全法》的规定和本法第十五条的规定，落实企业主体责任，对所采购原料进行质量安全把关，从而倒逼粮食经纪人在收购粮食时加强质量安全管理。

第十九条

从事粮食收购、加工、销售的规模以上经营者，应当按照所在地省、自治区、直辖市人民政府的规定，执行特定情况下的粮食库存量。

释义：

本条是关于特定情况下粮食库存量的规定。

规定本条的主要目的是明确省、自治区、直辖市人民政府在特定情况下，通过粮食库存量制度安排保证粮食流通正常秩序的规定。

本条为修订内容，其规定主要包括以下三个方面：

一是义务的履行条件。关于从事粮食收购、加工、销售的经营者义务，本条删除了2004年颁布的《条例》中“必须保持必要的库存量”表述。

二是义务的内容。“特定情况下”，一般包括粮食市场供求出现异常情况、突发事件等。粮食紧缺、市场供不应求、价格上涨较大的情况发生时，从事粮食收购、加工、销售的规模以上经营者的库存量不应高于省、自治区、直辖市人民政府规定的最高库存量。在粮食丰收、市场供过于求、价格下跌幅度较大的情况发生时，上述粮食经营者粮食库存量不能低于省、自治区、直辖市人民政府规定的最低库存量。地震等自然灾害和其他突发事件等情况发生时，上述粮食经营者粮食库存量应当满足国家紧急调度任务，应当执行省、自治区、直辖市人民政府规定的社会责任储备。从事粮食收购、加工、销售的经营者负有执行粮食库存量相关规定的义务。

三是执行义务的依据。按照属地管辖的原则，从事粮食收购、加工、销售的经营者履行特定情况下的粮食库存量相关义务，应当按照“所在地省、自治区、直辖市人民政府的规定”执行。

需要注意的是，考虑到我国地域辽阔，粮食主产区、主销区、产销平衡区粮食经营者的数量、规模、经营模式等存在较大差异，本条没有对特定情况下库存量具体标准进行“一刀切”规定，而是授权由省、自治区、直辖市人民政府规定具体标准。

第二十条

粮食经营者从事政策性粮食经营活动，应当严格遵守国家有关规定，不得有下列行为：

（一）虚报粮食收储数量；

（二）通过以陈顶新、以次充好、低收高转、虚假购销、虚假轮换、违规倒卖等方式，套取粮食价差和财政补贴，骗取信贷资金；

（三）挤占、挪用、克扣财政补贴、信贷资金；

（四）以政策性粮食为债务作担保或者清偿债务；

（五）利用政策性粮食进行除政府委托的政策性任务以外的其他商业经营；

（六）在政策性粮食出库时掺杂使假、以次充好、调换标的物，拒不执行出库指令或者阻挠出库；

（七）购买国家限定用途的政策性粮食，违规倒卖或者不按照规定用途处置；

（八）擅自动用政策性粮食；

（九）其他违反国家政策性粮食经营管理规定的行为。

释义：

本条是关于粮食经营者从事政策性粮食经营活动禁止性行为的规定。

规定本条的主要目的是明确粮食经营者从事政策性粮食经营活动时，不能存在或出现的行为,为后续从严监管提供制度遵循。

本条为新增条款,体现了国家进一步加强政策性粮食监管的趋势。《条例》第五十四条规定,政策性粮食,是指政府指定或者委托粮食经营者购买、储存、加工、销售,并给予财政、金融等政策性支持的粮食,包括但不限于政府储备粮食。在实际工作中,政策性粮食主要包括中央储备粮、最低收购价粮、国家临时存储粮、地方储备粮食等。政策性粮食是国家粮食安全战略的重要组成部分,事关国家、种粮农民和广大消费者利益。近年来,在政策性粮食监督检查中,部分粮食经营者在政策性粮食收储管理过程中,为攫取非法利益,通过各种方式手段,钻政策漏洞、违规经营。在执法实践中,因未明确具体禁止性行为,长期以来,仅能根据2004年颁布的《条例》第四十四条第一款第(五)项“接受委托的粮食经营者从事政策性用粮的购销活动未执行国家有关政策的”“由粮食行政管理部门责令改正,予以警告,可以处20万元以下的罚款;情节严重的,并由粮食行政管理部门暂停或者取消粮食收购资格”进行处罚,粮食经营者违规成本较低,执法活动存在被动。针对现实中存在的问题,本条对原条款作了进一步细化。

本条根据损害利益涉及的主体不同,规定禁止性行为主要包括以下四个方面:

一是粮食经营者在政策性粮食经营活动中不得损害国家利益。主要包括:虚报粮食收储数量;通过以陈顶新、以次充好、低收高转、虚假购销、虚假轮换等方式,套取粮食价差和财政补贴,骗取信贷资金;以政策性粮食为债务作担保或者清偿债务;利用政策性粮食进行期货实物交割;擅自动用政策性粮食等禁止性行为。

二是粮食经营者在政策性粮食经营活动中不得损害种粮农民利益。主要包括低收高转等禁止性行为。

三是粮食经营者在政策性粮食经营活动中不得损害其他经营者利益。主要包括:挤占、挪用、克扣财政补贴、信贷资金;在政策性粮食出库时掺杂使假、以次充好、调换标的物,拒不执行出库指令或者阻挠出库等禁止性行为。

四是粮食经营者在政策性粮食经营活动中不得损害消费者利益。主要包括:购买国家限定用途的政策性粮食后,违规倒卖或者不按照规定用途处置。

第二十一条

国有粮食企业应当积极收购粮食,并做好政策性粮食购销工作,服从和服务于国家宏观调控。

释义：

本条是关于国有和国有控股粮食企业服从和服务于国家宏观调控的规定。

规定本条的主要目的是强调国有粮食企业要在粮食购销中发挥主渠道作用，成为国家粮食宏观调控的重要载体。特别是粮食丰收时，国有粮食企业要带头入市收购农民售出的粮食，帮助解决农民“卖粮难”问题。粮食市场供求出现异常情况时，国有粮食企业要服从和服务于国家宏观调控，积极发挥保供稳市作用。

粮食储备在国家经济管理中占有重要地位，同时又对世界粮食市场的供给和稳定有较大影响。建立国家粮食储备的目的是，保护粮食生产、调节粮食供求、平抑粮价、救灾济贫、应对突发公共事件等。很多国家和地区的政府都把建立粮食储备作为国家粮食政策的重要内容。目前，我国建立了中央储备和地方储备，储备粮一方面为的是保障粮食安全；另一方面也是国家进行粮食宏观调控的物质手段。储备粮的吞吐、规模的调整、轮换的节奏都可以有效地对市场产生影响。在市场粮食供给过剩或供给不足时，可以通过储备粮的吞吐轮换发挥市场“调节器”作用。利用储备粮轮换对市场的影响也是调控的手段，先轮出后轮进、先轮进后轮出、边轮进边轮出等多种轮换方式的运用会对市场产生不同的影响，可以为国家的粮食调控目标服务。在粮食供应紧张的时候，国家可以通过政策性粮食的抛售和定点平价供应等方式调节粮食价格和供给量，维护市场稳定。

第二十二条

对符合贷款条件的粮食收购者，银行应当按照国家有关规定及时提供收购贷款。

中国农业发展银行应当保证中央和地方储备粮以及其他政策性粮食的信贷资金需要，对国有粮食企业、大型粮食产业化龙头企业和其他粮食企业，按企业的风险承受能力提供信贷资金支持。

政策性粮食收购资金应当专款专用，封闭运行。

释义：

本条是关于粮食收购资金的规定。

规定本条的主要目的是，明确银行在粮食收购中提供资金的责任，特别是中国农业发展银行在粮食收购中的作用，规定政策性粮食收购资金的管理方式，避免因收购资金问题发生“打白条”和“卖粮难”现象。

本条分为三款。

第一款规定了各类银行对符合条件的粮食收购者，应当按规定提供贷款。具备必要的粮食收购资金是粮食收购者开展粮食收购活动的基本条件，对粮食收购及后续经营意义重大。2015 年国家粮食局印发的《粮食收购资金筹集和兑付管理暂行办法》规定，从事粮食收购活动，要现款现结，不打白条。粮食收购者资金充足，有利于促进粮食收购活动顺利进行，防止出现向售粮农民“打白条”和“卖粮难”问题。粮食属于大宗商品，收购粮食所需资金一般都比较多，粮食收购者仅凭自有资金很难满足收购活动对资金的需求，因而向银行贷款解决收购资金问题，是粮食经营者获取收购资金的一种常态化方式。随着粮食收储制度改革深入推进，粮食收购主体以及收购资金供应主体不再是原来的单一格局，除政策性粮食仍由中国农业发展银行按照国家规定保障资金供应外，各类银行可以按照商业性原则为多元市场主体提供粮食收购贷款。本条对银行向符合条件的粮食收购者提供收购贷款作出规定，其意义既在于从宏观上保障粮食收购，搞活粮食流通；也从微观上保障粮食收购现款现结，防止向农民“打白条”和因资金问题出现“卖粮难”。

第二款规定了中国农业发展银行的作用。中国农业发展银行是我国唯一一家农业政策性银行，该行以国家信用为基础筹集资金，承担粮食等农产品收购、储备经营等相关政策性金融业务。本条明确了中国农业发展银行在粮食收购活动中所承担的贷款职责。(1)为中央和地方储备粮以及政府调控粮食和其他政策性粮食提供贷款。中国农业发展银行以粮权所属政府信用为基础，保证中央和地方储备粮以及政府调控粮食和其他政策性粮食的信贷资金需要，从资金方面支持保障了政策性粮食的收储。(2)服务重点对象。为促进粮食流通，支持粮食产业高质量发展，本条明确中国农业发展银行对国有和国有控股粮食企业、大型粮食产业化龙头企业和其他粮食企业，按其风险承受能力提供信贷资金支持。本条规定既有利于发挥相关企业在粮食流通中的重要作用，也有利于促进银企双赢，支持企业发展壮大和社会稳定。

第三款规定了政策性粮食收购资金的管理。在政策性粮食收购实践中，政策性银行在收购资金供应管理上实行“钱随粮走、购贷销还、库贷挂钩、封闭运行”。简言之，就是“收一斤粮，给一斤粮的钱；销一斤粮，收一斤粮的钱”。这种资金管理方式有利于防范资金被挤占挪用等道德风险，促进了政策性银行的良性运转。有关完善粮食储备体制机制相关文件中明确，政府储备贷款实行与粮食库存增减值挂钩、专户专款专用的封闭运行管理。政府储备收购、销售回笼资金在账户内核算，严禁体外循环。严禁套取价差，严禁骗取、挤占、截留、挪用财政补贴和贷款。本次《条例》修订，有利于严格政府储备等政策性粮食信贷资金管理，强化信贷资金风险防控。

第二十三条

所有从事粮食收购、销售、储存、加工的经营者以及饲料、工业用粮企业，应当建立粮食经营台账，并向所在地的县级人民政府粮食和储备行政管理部门报送粮食购进、销售、储存等基本数据和有关情况。粮食经营台账的保存期限不得少于3年。粮食经营者报送的基本数据和有关情况涉及商业秘密的，粮食和储备行政管理部门负有保密义务。

国家粮食流通统计依照《中华人民共和国统计法》的有关规定执行。

释义：

本条是关于粮食流通统计的规定。

规定本条的主要目的是明确粮食经营者及饲料、工业用粮企业报送数据、服从国家粮食流通统计制度的义务。

本条分为两款。

第一款规定了粮食经营者以及饲料、工业用粮企业履行粮食经营台账建立、保存及报送的义务；规定了粮食和储备行政管理部门的保密义务。粮食经营台账相关制度是实现粮食流通统计的数据基础。国家粮食和物资储备局2018年印发《国家粮食流通统计调查制度》《国家粮食流通统计调查制度实施细则》《关于防范和惩治粮食流通统计造假弄虚作假责任制规定（试行）》，结合以上制度及规定，理解国家粮食流通统计主要把握以下四个方面：

一是粮食流通统计的主要内容包括：粮食购销存流转统计、社会粮油供需平衡调查、粮食市场监测预警、粮食产业经济统计、粮食仓储设施和基础建设投资统计、粮食行业机构与从业人员统计、粮食科技统计等。

二是地方粮食和储备行政管理部门负责组织实施粮食流通统计调查，设立粮食统计机构或明确统计工作牵头单位，组织开展对统计人员的专业培训和职业道德教育。

三是各类粮食企业应当建立粮食经营台账，且保留期限不得少于 3 年。粮食企业及其他主体，按不同填报范围向地方粮食和储备行政管理部门填报的报表包括：单位基本信息年报表、粮食产业经济季(年)报表、粮油收购进度五日报表、粮食价格监测周报表、商品粮油收支平衡月报表、地方储备粮油收支平衡月报表、地方政策性粮油收支平衡月报表、社会粮油供需平衡调查表、城乡居民户粮油收支平衡基础调查表、粮油仓储设施统计年报表、粮食流通基础设施建设投资情况年报表、粮食从业人员情况年报表、粮油科技基本情况年报表等。

四是粮食和储备行政管理部门的保密义务。粮食经营者及饲料、工业用粮企业报送的基本数据中，不仅包含服务于监管与调控的统计数据，其中与生产经营密切相关的记录中也难免包含数据报送企业的商业秘密。粮食和储备行政管理部门及其工作人员在接收和处理相关企业报送的数据时，要有数据信息保护意识，严守保密要求，不得向第三方披露或允许第三方使用数据和有关情况中涉及商业秘密。

第二款规定了执行国家粮食流通统计的法律依据。粮食流通统计工作的特殊要求，已经在本条第一款明确规定。为了充分衔接《统计法》中对统计工作的普遍要求，本款以援引的方式进行表述。换言之，《条例》对国家粮食流通统计以独立条款进行规定，反映了国家粮食流通统计工作的重要性。统计工作是国民经济和社会发展中一项非常重要的基础性工作。政府公布的统计数字是国民经济和社会发展的“晴雨表”，是国家制定宏观调控政策的重要依据。粮食流通统计是粮食和储备行政管理部门组织管理的反映粮食商品流通活动和粮食行业基本情况的综合性部门统计，作为国民经济统计的重要组成部分，经过多年的不断发展完善，已经建立了比较健全的粮食统计体系，为国家粮食宏观调控政策的制定提供了重要依据。粮食流通统计对引导粮食合理有序流通、保持粮食市场基本稳定发挥了积极作用。违反国家粮食流通统计相关义务的，按《条例》第四十五条及《统计法》的规定承担责任。

需要说明的是，与 2004 年《条例》相比，粮食经营台账制度未作调整，但在修订过程中，曾将本条修改为“粮食经营台账的保存期限不得少于 5 年”，后有部门提出《统计法实施条例》第二十三条规定，“统计调查对象按照国家有关规定设置的原始记录和统计台账，应当至少保存 2 年”，对粮食经营台账保存期限不得少于 5 年过长。经综合考量，对原有的保存期限规定未作调整。

第二十四条

县级以上人民政府粮食和储备行政管理部门应当建立粮食经营者信用档案，记录日常监督检查结果、违法行为查处情况，并依法向社会公示。

粮食行业协会以及中介组织应当加强行业自律，在维护粮食市场秩序方面发挥监督和协调作用。

释义：

本条是关于加强对粮食经营活动信用管理和建立粮食经营信用档案执行主体的规定。

规定本条的主要目的是，在粮食流通领域构建信用监管为基础的新型监管机制。

本条有关粮食信用管理是新增内容，为建立健全粮食信用责任制度、开展粮食守信激励与失信惩戒提供了法律依据。

本条分为两款。

第一款规定的是粮食经营活动信用管理。加强对粮食经营者的信用管理是落实国务院文件的必然要求。2014 年 6 月，国务院印发了《关于印发社会信用体系建设规划纲要（2014—2020 年）的通知》（国发〔2014〕21 号）；2019 年 7 月，国务院办公厅印发《关于加快推进社会信用体系建设构建以信用为基础的新型监管机制的指导意见》（国办发〔2019〕35 号）等系列文件，要求各级政府、部门进一步加强社会信用体系建设，构建以信用监管为基础的新型监管机制，加强信用信息公开和共享，依法依规运用信用激励和约束手段，构建守信联合激励和失信联合惩戒机制，促进市场主体诚信经营，维护市场秩序。同时，建立粮食经营者信用档案，实施更加有效的信用管理，已成为适应形势发展、强化行政监管的必然选择。目前，正在开发粮食企业信用监管平台，平台建成后将对纳入系统的企业按照信用状况建立档案，为粮食和储备行政管理部门分级分类监管提供依据。

第二款规定的是行业自律及其监督协调作用。行业自律是同行业经营者的自我约束,其目的在于从行业共性出发规范经营行为,维护行业间的市场秩序,从而促进行业发展。行业协会及行业其他组织作为特定范围内行业成员自发设立的主体或集中交流的场所,应当对行业成员加强自律监督。粮食行业协会以及中介组织通过加强行业自律,在维护粮食市场秩序方面发挥监督和协调作用,有利于促进粮食行业的公平竞争,维护粮食经营者正当权益,推动粮食市场稳定和粮食行业发展。

第二十五条

国家鼓励和支持开发、推广应用先进的粮食储存、运输、加工和信息化技术,开展珍惜和节约粮食宣传教育。

县级以上人民政府粮食和储备行政管理部门应当加强对粮食经营者的指导和服务,引导粮食经营者节约粮食、降低粮食损失损耗。

释义:

本条是关于在粮食流通工作中落实创新驱动发展战略,促进节粮减损具体行为的规定。

规定本条的主要目的是鼓励在粮食流通工作中积极开发应用新技术、新成果,提高粮食流通效率、减少粮食损失,加大宣传教育,塑造高效、节约的粮食流通体系。本条为修订新增内容。

本条分为两款。

第一款强调了国家鼓励粮食科技创新促进粮食科技成果应用的态度,强调了开展节粮减损宣传工作的重点任务。当前,我国粮食损失浪费主要体现在两个方面:一是在生产、储存、运输、加工等环节存在损耗,主要由种植方式不当、操作技术不好、装具设施不佳、物流装备不匹配、加工工艺落后等原因造成。二是消费环节浪费,主要由不科学的消费心理和方式、精细化管理程度不够以及节俭意识不强等原因造成。党的十九届五中全会审议通过的《中共中央关于制定国民经济和社会发展第十四个五年规划和二〇三五年远景目标的建议》提出开展粮食节约行动,已将反对粮食浪费工作列为重要任务。《条例》明确了节粮减损的重要性,规范全链条系统布局解决粮食损失浪费问题的举措，推进加快建立珍惜粮食、反对浪费长效机制。

第二款规定了县级以上人民政府粮食和储备行政管理部门在节粮减损方面的责任，主要针对消费前的流通环节节粮工作，加强指导和服务，引导粮食经营者节约粮食，降低粮食损失损耗。一是促进储运减损，加强粮食产后服务体系和农户科学储粮建设指导，分区域品种加大储粮仓具研发和装备配备，因地制宜，提升仓储水平。二是提高加工转化效率，提升加工技术装备水平，引导水稻、小麦等口粮适度加工，提升稻壳米糠、麸皮胚芽等综合利用水平，推动循环利用、高值利用和梯次利用，实现转化增值。

第三章
宏观调控

第二十六条

国家采取政策性粮食购销、粮食进出口等多种经济手段和必要的行政手段，加强对粮食市场的调控，保持全国粮食供求总量基本平衡和市场基本稳定。

释义：

本条是关于粮食宏观调控手段和目标的规定。

规定本条的主要目的是通过实施必要的调控手段，实现粮食供求平衡和市场稳定。

国家宏观调控是为了防止在市场经济条件下市场失效和保证国民经济总体稳定运行，在市场发挥配置经济资源决定性作用的前提下，通过运用宏观经济政策工具来调节国民经济，以实现国家宏观经济目标的一整套运作过程。粮食是关系国计民生和经济安全的重要商品和战略物资，具有较强的不可替代性，消费需求弹性较小。同时，粮食的生产和流通受到一般商品生产和流通发展规律的制约。必须通过政府宏观调控，把政府“有形的手”与市场“无形的手”结合起来，才能克服市场的种种缺陷。本条规定主要包括以下两个方面：

一是粮食宏观调控的目标。粮食宏观调控作为国家宏观调控的重要组成部分，其目标的制定应服从和服务于国家宏观调控的总体目标。粮食宏观调控目标应与公众利益相一致,与国民经济发展战略目标和长远规划目标相适应。具体来看,就是保持全国粮食供求总量和品种结构基本平衡,保障粮食市场供应和价格基本稳定,保护农民生产积极性和利益,维护国家粮食安全。

二是粮食宏观调控的手段。粮食宏观调控的手段主要分为经济手段、行政手段和法律手段等。经济手段包括储备粮吞吐、保护性收购、政策性销售、粮食进出口等,行政手段是指制定相关政策和必要的价格干预等,法律手段是指制定相关的法律法规。在实际运用中,应以经济手段为主,辅之以法律手段和必要的行政手段,综合运用各种政策和措施,打好“组合拳”,发挥组合效应。近年来,我国采取的粮食宏观调控措施主要有:

(1)改革完善粮食收储制度,有效保护种粮农民利益。我国从 2004 年起陆续在主产区对稻谷、小麦实行最低收购价政策,2008 年起对玉米、大豆等品种实行临时收储政策,保护和调动了广大农民种粮积极性,促进了我国粮食生产稳定发展。2016 年以来,国家有关部门积极改革完善粮食等重要农产品价格形成机制,相继取消了大豆、油菜籽、玉米临时收储政策,完善稻谷和小麦最低收购价政策,购销节奏更加均衡平稳,优粮优价市场运行机制逐步健全。

(2)组织开展政策性粮食销售,保证了粮食市场供应和价格基本稳定。为加强粮食市场的宏观调控,国家有关部门制定了《国家临时存储粮食销售办法》,运用规范化的市场机制,对最低收购价粮、临时存储粮通过统一的国家粮食交易平台常年常时公开竞价销售,交易品种涵盖小麦、稻谷、玉米、大豆、植物油等大宗粮油。在安排国家政策性粮食销售过程中,把握好投放的力度和节奏,合理确定销售底价,充分发挥市场机制的作用,实现了以经济手段为主的间接调控,又使粮食市场价格在国家宏观调控下运行,确立了政府对粮食市场调控的主动权。在近几年国际市场粮价大幅剧烈波动的大背景之下,我国粮食市场保持了供应充足、价格基本稳定的良好局面。

(3)进一步健全中央和地方粮食储备体系,夯实宏观调控的物质基础。近年来,我国粮食储备调节体系逐步完善,宏观调控的物质基础显著增强。中央储备粮垂直管理体系进一步健全,通过直接收购、轮换补库、进口、移库等方式,充实了中央储备规模,地区布局和品种结构更趋合理。同时,地方储备体系建设得到加强,各地利用粮食连年丰收的有利时机,充实地方粮油储备。随着中央和地方粮油储备体系的不断完善,政府调控粮食市场的物质基础显著增强,应对突发事件的能力明显提高,储备粮在调控市场、救灾应急、保证供应、稳定粮价等方面发挥了积极作用,产生了较好的社会效益。

(4)建立全社会粮食供需平衡调查体系和粮油市场监测预警体系,为粮食宏观调控正确决策提供依据。从2004年起,开展社会粮食供需平衡调查,调查对象为粮食生产、流通和消费环节的单位和个人。2008年起,针对食用植物油市场的变化情况,开始对食用植物油进行供需平衡调查。目前,已建立城乡居民户固定调查点15万个,纳入日常统计范围的涉粮企业5万多家,每年对全国粮食、食用植物油及油料的供需平衡的现状以及未来发展趋势作出科学预测和客观分析。2006年起,建立了由300多个监测点构成的国家粮食市场监测体系,从粮食流通产业链条出发,科学设置原粮、成品粮、粮油加工副产品、深加工产品的监测价格类型和监测品种,同时对粮油进口完税价、港口销售价、期货主力合约成交价等信息进行实时监测。目前各类监测点数量已增至1000多个,形成了相对完整的粮食市场监测体系。

(5)合理利用国际国内两个市场两种资源,促进国内粮食供求平衡。近年来,国家有关部门在探索灵活运用进出口手段,充分利用两个市场、两种资源加强粮食宏观调控,促进粮食供需总量和结构平衡上,作了有益尝试。在国内粮食供求趋紧的情况下,采取有效措施,严格控制短缺品种的粮食出口,积极利用进口粮调剂国内供需;在国际市场粮价下降时择机进口部分粮食,以增加国内市场供给或补充库存,促进国内粮食市场供需基本平衡;在进口、走私数量剧增,冲击国内粮食市场时,规范大米边贸和边民互市管理,加大对粮食走私的打击力度,减少价低或质次粮食冲击国内市场。这种灵活的进出口调控政策,既保障了国家粮食安全,又稳定了国内市场,保护了种粮农民利益。

第二十七条

国家实行中央和地方分级粮食储备制度。粮食储备用于调节粮食供求、稳定粮食市场,以及应对重大自然灾害或者其他突发事件等情况。

政策性粮食的采购和销售,原则上通过规范的粮食交易中心公开进行,也可以通过国家规定的其他方式进行。

释义：

本条是关于粮食储备功能定位以及政策性粮食购销方式的规定。

规定本条的主要目的是充实粮食宏观调控物质基础，规范政策性粮食购销行为。

本条分为两款。

第一款规定了国家实行中央和地方两级粮食储备制度。政府粮食储备是国家粮食宏观调控的重要物质基础，用于调节粮食供求，稳定粮食市场，以及应对重大自然灾害或者其他突发事件等情况。1990 年国家建立专项粮食储备制度。2000 年设立专门企业负责中央储备经营管理。中央储备粮的储存规模、品种和总体布局方案以及收购、销售、轮换、动用等，依照《中央储备粮管理条例》的有关规定，实行严格的计划管理。由于我国幅员辽阔，各地区之间情况有较大差异，仅由中央一级储备难以顾及各个地方的需要。因此，各省（区、市）按照“米袋子”省长负责制要求，建立了一定的地方储备作为必要补充，对区域内粮食市场波动和年际间丰歉进行调节。各地参照《中央储备粮管理条例》，结合区域实际，制定地方储备粮管理办法，并配套完善相关管理制度，强化地方储备粮管理。

经过多年发展，政府粮食储备体系不断健全完善，储备规模逐步充实、品种结构不断优化，管理制度化规范化水平持续提升，与调控要求基本相适应。

第二款规定了政策性粮食采购和销售。政策性粮食释义详见《条例》第五十四条的规定。关于政策性粮食购销公开交易，考虑到政策性粮食具有公共属性，政策性粮食购销主要是服务国家粮食市场宏观调控，政府储备粮食轮换也是以推陈出新、保证存储粮食质量为目的，并不是企业单纯市场化行为。因此，有必要在坚持政府主导、市场配置的基础上，进一步明确政策性粮食购销原则上通过规范的粮食交易中心公开交易。政策性粮食购销公开交易，有利于充分发挥市场在资源配置中的作用，确保购销公平、公正、透明，促进降本增效。目前，全国各省（区）、市地方储备粮食轮换已经基本实行线上公开交易，企业参与积极性高，监督管理部门的市场监测预警能力有效提升，社会反响良好，成效显著。

本条第二款将 2004 年《条例》中“批发市场”的表述修改为“交易中心”，是由于随着历史发展粮食批发市场职能和定位已发生深刻变化，粮食批发市场服务国家宏观调控的作用已逐步由全国粮食交易中心体系替代。具体体现在以下三个方面：

一是粮食批发市场是20世纪90年代提出的概念。随着粮食市场化改革和发展,原有的粮食现货批发市场在新形势下功能定位和名称发生了深刻变化。现在的粮食批发市场通常是指摊位式粮食现货批发市场。目前,这些批发市场主要经营米面油等成品粮,面向城镇居民、农民、小型企业主和对成品粮需求较大的客户群体。摊位业主多为小企业和个体工商户,受仓储条件、销售对象、加工能力等限制,不具备小麦、稻谷、玉米等原粮的大批量加工、大宗采购和销售集散能力。

二是受到当前城市功能疏解以及互联网电子商务影响,现有的摊位式粮食现货批发市场的生存和发展受到严峻挑战,除部分市场能维持正常经营外,其他市场有的有场无市、惨淡经营,有的面临拆迁疏解。从当前状况来看,这些现货粮食批发市场难以承担各级政府委托的政策性原粮交易任务,无法满足政府引导市场价格、稳定市场供应的宏观调控需求。

三是自2006年以来,各省级政府在原省级大型批发市场的基础上陆续批准成立了以电子交易为主要交易方式的省粮食交易中心,各省粮食交易中心根据地方各级政府调控需要,向市、县延伸,建立区县交易中心,形成了全国粮食交易中心体系。目前,全国粮食交易中心体系已成为各级政府粮食宏观调控的重要载体和主要抓手,承担各级政府委托的政策性粮食大宗原粮的采购、轮换、销售任务,引导和稳定粮食市场价格,保障市场供应。

粮食交易中心作为政策性粮食购销载体,应当彰显国家稳定粮食市场、调节国内供给平衡的宏观调控意图,符合全国和区域布局要求,具备一定的市场影响力和社会公信力。粮食交易中心应当具备以下4项基本资质要求:(1)应当具备独立法人资格,保持公益性定位,是经政府批准设立的粮食交易中心;(2)应当按政府要求搭建统一交易平台,拥有完善的内部控制制度,财务会计管理规范;(3)应当具备大宗粮食现货电子交易资质,能够承担全国或区域性粮食宏观调控载体任务;(4)应当确保公平性、公正性,能够独立处理商务纠纷和协调粮食出(入)库。

第二十八条

国务院和地方人民政府建立健全粮食风险基金制度。粮食风险基金主要用于支持粮食储备、稳定粮食市场等。

国务院和地方人民政府财政部门负责粮食风险基金的监督管理,确保专款专用。

释义:

本条是关于粮食风险基金的规定。

规定本条的主要目的是明确粮食风险基金的建立、用途和管理。

本条分为两款。

第一款规定的是粮食风险基金的建立和用途。粮食风险基金由国务院和地方人民政府建立,地方政府包干使用,是稳定粮食市场、保护农民利益、确保粮食安全的重要经济手段。1994 年粮食风险基金制度建立以来,紧跟国家粮食政策走向,服务粮食生产流通,在推动粮食流通体制改革和粮食收储制度改革的每个时期,适应改革需要,从不同方面促进了改革目标的实现,为保障国家粮食安全提供了有力支撑。为调整完善农业补贴政策,2015 年经国务院同意,财政部和农业部联合印发《关于调整完善农业三项补贴政策的指导意见》(财农〔2015〕31 号,已失效),将粮食风险基金中的种粮农民直接补贴及相关工作经费,与农作物良种补贴、农资综合补贴合并成为农业支持保护补贴,相关资金也从粮食风险基金中分离出来,从而使粮食风险基金更加专注用于支持粮食储备和促进粮食流通。在本次《条例》修订时,相应删除了 2004 年《条例》粮食风险基金用途关于"对种粮农民直接补贴"的表述,使粮食风险基金使用范围的表述更加准确,更有利于精准支持相关粮食流通工作。

第二款规定的是粮食风险基金的管理。粮食风险基金是共同财政事权转移支付,由国务院和地方人民政府财政部门按照规范、安全和高效的原则具体负责管理。国家层面,财政部主要负责研究和制定完善指导性政策,按时拨付中央补助,监管资金的到位和使用等。国家粮食和物资储备局、中国农业发展银行等部门根据各自职能负责监督粮食风险基金的管理和使用。地方层面,各省(自治区、直辖市)人民政府主要负责在中央政策指导下制定本地区粮食风险基金的具体补贴范围、标准和方式,以及具体监督管理办法;确保地方粮食风险基金及时足额筹集到位;按时拨付粮食风险基金等。

第二十九条

为保障市场供应、保护种粮农民利益,必要时可由国务院根据粮食安全

形势，结合财政状况，决定对重点粮食品种在粮食主产区实行政策性收储。

当粮食价格显著上涨或者有可能显著上涨时，国务院和省、自治区、直辖市人民政府可以按照《中华人民共和国价格法》的规定，采取价格干预措施。

释义：

本条是关于政策性收储和价格干预措施的规定。

规定本条的主要目的是明确政策性收储启动的主体、条件、范围和目标，以及采取价格干预措施的主体和条件。

本条分为两款。

第一款规定的是政策性收储。政策性收储是粮食宏观调控的手段之一，在稳定市场预期、保护种粮农民利益等方面发挥重要作用。我国目前实行的政策性收储主要是小麦和稻谷最低收购价政策。2018 年印发的《小麦和稻谷最低收购价执行预案》(国粮发〔2018〕99 号)规定，小麦预案执行区域为河北、江苏、安徽、山东、河南、湖北 6 省，执行时间为当年 6 月 1 日至 9 月 30 日；早籼稻预案执行区域为安徽、江西、湖北、湖南、广西 5 省(区)，执行时间为当年 8 月 1 日至 9 月 30 日；中晚稻(包括中晚籼稻和粳稻)预案执行区域和时间为：江苏、安徽、江西、河南、湖北、湖南、广西、四川 8 省(区)为当年 10 月 10 日至次年 1 月 31 日，辽宁、吉林、黑龙江 3 省为当年 11 月 1 日至次年 2 月末。其他省(区)是否实行最低收购价政策，由省级人民政府自主决定。

第二款规定的是价格干预措施。稳定市场价格总水平是国家重要的宏观经济政策目标。为适应价格调控和管理的需要，政府价格主管部门应当建立价格监控制度，对重要商品、服务价格的变动进行监测。粮食是关乎国计民生的重要商品，我国《价格法》第二十九条明确规定："政府在粮食等重要农产品的市场购买价格过低时，可以在收购中实行保护价格，并采取相应的经济措施保证其实现。"

另外，《价格法》关于价格干预措施的规定还包括：

第三十条规定："当重要商品和服务价格显著上涨或者有可能显著上涨，国务院和省、自治区、直辖市人民政府可以对部分价格采取限定差价率或者利润率、规定限价、实行提价申报制度和调价备案制度等干预措施。省、自治区、直辖市人民政府采取前款规定的干预措施，应当报国务院备案。"

第三十一条规定:“当市场价格总水平出现剧烈波动等异常状态时,国务院可以在全国范围内或者部分区域内采取临时集中定价权限、部分或者全面冻结价格的紧急措施。”

第三十九条规定:“经营者不执行政府指导价、政府定价以及法定的价格干预措施、紧急措施的,责令改正,没收违法所得,可以并处违法所得五倍以下的罚款;没有违法所得的,可以处以罚款;情节严重的,责令停业整顿。”

第三十条

国务院发展改革部门及国家粮食和储备行政管理部门会同国务院农业农村、统计、市场监督管理等部门负责粮食市场供求形势的监测和预警分析,健全监测和预警体系,完善粮食供需抽查制度,发布粮食生产、消费、价格、质量等信息。

释义:

本条是关于加强粮食市场监测和预警的规定。

规定本条的主要目的是增强粮食市场监测和预警能力,提高工作的前瞻性预见性,为粮食宏观调控提供决策参考,合理引导市场预期。

本条规定主要包括以下四个方面:

一是健全粮食市场监测预警机制是加强粮食宏观调控、保障国家粮食安全的客观要求。无论是国家还是地方,都应该建立科学、正确、有效的粮食供求总量平衡和市场预警机制,制定粮食应急保障预案,确定粮食预警调控指标。切实加强对粮食有关数据的宏观分析,加强对多渠道粮食流通的动态监测,实行对全社会粮食生产、消费、价格等信息的定期发布制度。

二是有关部门的粮食市场监测和预警职责。国务院发展改革部门及国家粮食和储备行政管理部门承担粮食市场监测和预警的职责,与农业农村、统计、市场监督管理等部门共享信息数据、开展分析研判,运用大数据等科技手段,强化动态监控,提高防范化解风险能力,为保障国家粮食安全提供有力支撑。

三是在粮食市场容易波动的特殊时期,粮食监测预警、舆论引导工作显得尤为重要。2020 年新冠肺炎疫情发生之后,考虑各地疫情防控措施可能带来阶段性、区域性粮食供应偏紧问题，及时建立全国粮油市场监测日报告制度、重点企业保供协作机制和龙头骨干企业联系制度，密切跟踪全国粮油市场动态变化，全面掌握重点企业、超市、批发市场、农贸市场等粮油库存、销量、价格等情况，准确把握粮油市场变化趋势，增强了工作的主动性和前瞻性。同时积极开展正面宣传，强化舆情监测，防止借机炒作引发市场恐慌甚至抢购，切实增强人民群众对我国粮食供给保障的信心，保证粮食市场稳定。习近平总书记指出："这次新冠肺炎疫情如此严重，但我国社会始终保持稳定，粮食和重要农副产品稳定供给功不可没。"在这其中粮食市场监测预警、正确的舆论引导和及时舆情处置发挥了不可或缺的重要作用。

四是质量调查和品质测报是粮食市场监测的组成部分。2005 年国家粮食局印发《关于开展全国粮食质量调查和品质测报工作有关事项的通知》，要求各粮食主产省份和粮食产量比较大的平衡省份及销区省份，都要积极组织开展收获质量调查和品质测报。质量调查，是指对当年收获粮食一般质量等级状况的评价；品质测报，是指对各地推广种植的优质或优良粮食品种内在品质状况的综合评价。省级粮食和储备行政管理部门应组织开展辖区内的调查和测报工作，及时组织发布质量信息。多年来，各地粮食和储备行政管理部门持续开展质量调查和品质测报工作，在及时掌握当年新收获粮食质量状况、服务制定粮食宏观政策、推动粮食种植结构调整、提升优质粮食供给、推进优质粮食产销衔接等方面发挥了重要作用。

第三十一条

国家鼓励粮食主产区和主销区以多种形式建立稳定的产销关系，鼓励培育生产、收购、储存、加工、销售一体化的粮食企业，支持建设粮食生产、加工、物流基地或者园区，加强对政府储备粮油仓储物流设施的保护，鼓励发展订单农业。在执行政策性收储时国家给予必要的经济优惠，并在粮食运输方面给予优先安排。

释义：

本条是关于国家鼓励产销合作以及产购储加销一体化经营的规定。

规定本条的主要目的是，增强粮食产购储加销体系的整体性、系统性、协调性，强化各环节间的协同协作，提高粮食产业综合效益，提升国家粮食安全综合保障能力。

本条在2004年《条例》第三十条“鼓励建立产销一体化的粮食经营企业”的基础上，修改为“鼓励培育生产、收购、储存、加工、销售一体化的粮食企业”，从侧重产销环节向统筹产购储加销各环节转变，更加突出产购储加销协同作用，更加注重横向联动纵向贯通，更加注重协调发展平衡发展，加快构建链条优化、衔接顺畅、运转高效、保障有力的粮食产购储加销体系。

本条规定主要包括以下三个方面：

一是鼓励产销合作。我国粮食生产逐步向优势区域集中，跨省粮食流通量不断增加。进一步加强产销合作，既是创新完善宏观调控、促进区域平衡的现实需要，也是增加种粮农民收入、满足广大消费者需求的客观要求，对于推动粮食产区和销区经济社会发展具有重要意义。本条规定，“国家鼓励粮食主产区和主销区以多种形式建立稳定的产销关系”，主要是指加强各地政府层面的战略协作，开展区域性产销合作洽谈活动，支持产区企业到销区建立营销网络，销区企业到产区建立粮源基地、加工基地和仓储物流设施等。

二是鼓励产购储加销一体化。党的十九大报告指出，我国经济已由高速增长阶段转向高质量发展阶段，正处在转变发展方式、优化经济结构、转换增长动力的攻关期。从粮食产业来看，实现高质量发展，意味着产业体系完备，产品创新力、品牌影响力和市场竞争力强的绿色优质产品明显增加；意味着资源配置更趋优化，劳动力、资本、土地等要素使用效率提高，全要素生产率和产值利税率明显提升；意味着产购储加销顺畅有序衔接，各类主体充满活力，产能结构合理，运行保持稳中向好。为加快推动粮食产业高质量发展，本条规定，“鼓励培育生产、收购、储存、加工、销售一体化的粮食企业”，不断延伸产业链，将高质量发展要求贯穿到产业发展全过程、各环节。

三是支持建设粮食流通基础设施。党的十八大以来，习近平总书记对保障国家粮食安全作出了一系列重要指示，特别强调“以‘粮头食尾’、‘农头工尾’为抓手，推动粮食精深加工”，“延伸粮食产业链、提升价值链、打造供应链”，“做好粮食市场和流通的文章”。2018年党中央、国务院印发的《乡村振兴战略规划（2018—2022年）》，将粮食安全保障调控和应急设施建设专项列为农业综合生产能力提升五大工程之一。2020年党中央明确提出“保粮食能源安全”，并作为“六保”重要任务之一。

为深入贯彻习近平新时代中国特色社会主义思想和党的十九大精神，落实乡村振兴战略和国家粮食安全战略,国家发展改革委、国家粮食和物资储备局安排在中央预算内投资,大力支持地方和中央企业加强粮食仓储、物流和应急设施建设,重点支持集粮食仓储、物流、加工、交易等功能于一体的粮食物流基地或园区建设,辐射带动能力明显,对粮食物流效率提升、应急保障能力增强等发挥了积极作用。为更好发挥基地或园区的引领作用,在本条明确支持建设粮食生产、加工、物流基地或园区。

需要强调的是,为主动适应粮食收储制度和价格形成机制改革的新形势,推动粮食产销合作向纵深发展,切实提高粮食安全保障能力,根据国务院《关于建立健全粮食安全省长责任制的若干意见》(国发〔2014〕69 号)、国务院《关于建立粮食生产功能区和重要农产品生产保护区的指导意见》(国发〔2017〕24 号)、国务院办公厅《关于加快推进农业供给侧结构性改革大力发展粮食产业经济的意见》(国办发〔2017〕78 号),以及国务院关于完善粮食收储制度和粮食主产区利益补偿机制等有关文件要求,2018 年国家发展改革委、国家粮食和物资储备局等 9 部门联合印发《关于深化粮食产销合作提高安全保障能力的指导意见》(国粮发〔2018〕155 号),通过政府引导和政策支持,鼓励产销区发挥各自优势,建立长期稳定的产销合作长效机制,充分发挥粮食流通对生产的引导作用,促使粮食生产和消费有序衔接、顺畅流通,稳定主产区粮食生产能力,促进种粮农民增收,为主销区提供稳定可靠的粮源供给,提高国家粮食安全综合保障能力。

第三十二条

在重大自然灾害、重大疫情或者其他突发事件引起粮食市场供求异常波动时,国家实施粮食应急机制。

释义:

本条是关于国家实施粮食应急机制的规定。

规定本条的主要目的是加强粮食安全领域风险防范,有效有序处置各类突发事件或者其他原因引起的国内粮食市场异常波动,确保粮食市场供应和价格稳定,维护国家粮食安全和社会稳定。本条规定主要包括以下两个方面:

一是规定了粮食应急状态的情形。因重大自然灾害、重大疫情或者其他突发事件引起粮食市场供求异常波动的状况为粮食应急状态。从这个定义可以解读出粮食应急状态的3个特点:(1)突发性。外部因素是直接触发粮食应急状态的主要原因,尤其是系统外的其他各类公共突发事件,粮食应急状态属于派生型危机。比如,2003年由于受“非典”公共卫生事件影响,一些地方出现的抢购粮食事件;2008年因为雨雪冰冻灾害造成部分地区粮食供应紧张等。(2)突变性。即粮食流通中供应短缺、价格上涨,具体可以表现为大量抢购粮食、脱销断档、价格大幅上涨。(3)扩散性。从空间上看,粮食应急状态可以从县扩散到市,进而扩散到全国,甚至形成全世界的粮食危机。从领域上看,粮食应急状态可以发展成经济危机、进而发展成社会危机,甚至是政治危机。随着信息化社会的到来,粮食应急状态的扩散速度正变得越来越快。如果处置不及时、不果断,粮食应急状态可以在短时间内从低层级迅速跃升到高层级,影响国家粮食安全和社会稳定。

二是规定了在粮食应急状态下,国家实施应急机制。粮食应急状态的突发性、突变性和扩散性决定了粮食应急管理的紧急性。发生粮食应急状态时,需要及时动员各类行政应急资源,建立粮食应急处置工作的统一领导和综合协调机制。2005年制定印发的《国家粮食应急预案》,明确了对不同等级的粮食应急工作,由中央政府和地方人民政府按照中央和地方的粮食事权各负其责。当出现国家级粮食应急状态时,由国家粮食应急工作指挥部负责粮食应急处置工作。当出现省、市、县级粮食应急状态时,由各地粮食应急工作指挥机构负责粮食应急处置工作。

需要强调的是,粮食安全受耕地、水资源、气候、科技、人口、城市化、粮食流通和进出口政策等自然、技术和社会经济诸多方面因素制约,是一个复杂的系统工程。我国人口多、耕地少,水资源紧缺,农业基础设施脆弱,农户经营分散,集约化程度很低,自然灾害频繁,粮食生产抗风险能力较弱,加上人口增长、消费持续增加和耕地资源不断减少等因素,这都可能影响全国粮食的总量和品种平衡,从而引发粮食市场的剧烈波动。如果应急机制不健全,应急准备不充分,就会给粮食安全带来不利影响,甚至会影响经济持续发展与社会和谐稳定的大局,只有建立有效的粮食应急机制才能从容应对各种危机,把风险降到最低限度,确保国家粮食安全。

第三十三条

国家建立突发事件的粮食应急体系。国务院发展改革部门及国家粮食和储备行政管理部门会同国务院有关部门制定全国的粮食应急预案,报请国务院批准。省、自治区、直辖市人民政府根据本地区的实际情况，制定本行政区域的粮食应急预案。

释义：

本条是关于建立突发事件的粮食应急体系和制定各级粮食应急预案的规定。

规定本条的主要目的是明确应对突发事件的粮食应急预案制定机制。本条规定主要包括以下两个方面：

一是国家建立突发事件的粮食应急体系。我国粮食应急体系按区域层次可以分为国家体系和地方体系。对于各地区建立的粮食应急体系，全国粮食应急预案给予了指导性意见，各地区根据本地区特点建立粮食应急保障体系。2013 年国家就进一步健全和落实粮食应急网点等工作作出安排部署，要求用 5 年时间，形成布局合理、设施完备、运转高效、保障有力的粮食应急供应保障体系，确保每个乡镇、街道（社区）至少有 1 个应急供应点；36 个大中城市人口集中的社区，每 3 万人至少有 1 个应急供应点；实现应急供应网点城乡全面覆盖，辐射所有村和社区。经过多年建设，初步建立了符合我国国情的粮食应急体系。

需要强调的是，近年来，党中央、国务院出台了一系列涉粮政策、措施，积极推进粮食生产、储备、流通方面的改革和发展，积累了确保国家粮食安全行之有效的工作经验，形成了一整套比较成熟的政策、措施和办法。经过多年建设，我国已形成了较完善的粮食应急保障体系。新冠肺炎疫情发生以来，党中央、国务院提出“六保”任务要求，将“保粮食能源安全”作为重要保障工作任务，保障国家粮食安全提升到前所未有的重要程度。但随着经济社会的发展以及人口增加和人民生活水平的提高，粮食需求呈刚性增长，粮食供求紧平衡将是长期态势，保障粮食安全面临不少现实问题和挑战，存在不容忽视的安全风险隐患。全面加强粮食安全领域风险防范，必须健全统一指挥、上下联动、布局合理、设施完备、运转高效、保障有力的粮食应急保障体系，提高应急保障能力。

二是分级制定粮食应急预案。从粮食应急预案的种类来看，主要包括两类，即国家粮食应急预案和地方行政区域粮食应急预案。这两类粮食应急预案分别由不同的政府行政主管部门制定。国家粮食应急预案由国务院发展改革部门及国家粮食和储备行政管理部门会同国务院有关部门制定；省级人民政府制定本行政区域内的粮食应急预案。根据本条规定,制定粮食应急预案必须按照本条所规定的方式进行,应当遵循一定的法律程序。对于国家粮食应急预案来说,由国务院发展改革部门及国家粮食和储备行政管理部门在制定时,必须会同国务院有关部门制定,而不能单独制定;对于地方行政区域粮食应急预案,省级人民政府负责粮食行政管理工作的部门或者机构在制定时,也要会同有关部门制定,同时要参照国家粮食应急预案制定。

需要强调的是,制定粮食应急预案是应急准备乃至整个应急工作的核心内容。通过制定粮食应急预案,政府和社会能够有目的地做好粮食应急准备工作,保证高效、有序地开展粮食应急保障工作,最大限度地减少人员损失、经济损失。2003 年"非典"公共卫生事件发生后,广东、北京等地粮食市场出现波动,国家有关部门及时进行粮食市场调控,确保粮食市场供应和价格基本稳定,同时要求各地区结合本地需要,建立地方粮食应急体系,并制定地方粮食应急预案。2005 年国务院制定《国家粮食应急预案》,此后,各地又修订和完善了本地区粮食应急预案,逐步形成了涵盖中央、省、市、县的四级粮食应急预案体系。

第三十四条

启动全国的粮食应急预案,由国务院发展改革部门及国家粮食和储备行政管理部门提出建议,报国务院批准后实施。

启动省、自治区、直辖市的粮食应急预案,由省、自治区、直辖市发展改革部门及粮食和储备行政管理部门提出建议,报本级人民政府决定,并向国务院报告。

设区的市级、县级人民政府粮食应急预案的制定和启动,由省、自治区、直辖市人民政府决定。

释义:

本条是关于启动各级粮食应急预案相关程序的规定。

规定本条的主要目的是结合《国家粮食应急预案》的有关规定,明确对于不同级次的粮食应急工作,由中央和省级粮食应急机构按照职责分工、分级负责。

本条分为三款。

第一款规定的是全国粮食应急预案的启动程序。按照中央和地方政府粮食事权的划分,国家粮食应急工作由国家粮食应急工作指挥部统一指挥、负责。国家发展改革委及国家粮食和物资储备局会同有关部门负责全国粮食应急预案的制定、报批实施和监督检查。

第二款规定的是省级粮食应急预案的启动程序。省级粮食应急工作由各省粮食应急工作指挥部统一指挥、负责。省级人民政府成立相应的粮食应急工作指挥部,负责领导、组织和指挥辖区内粮食应急工作,建立完善粮食市场监测预警系统和粮食应急防范处理责任制,安排必要经费,保证粮食应急处理工作的正常进行。

第三款规定的是市、县级粮食应急预案的制定和启动。本款为《条例》修订新增内容,在原《条例》基础上作了细化,进一步明确相关部门职责,理顺工作程序,确保粮食应急体系有效运转。

近年来,在国家粮食应急预案的指导下,部分地区因重大自然灾害等启动了粮食应急预案,按照粮食应急预案的有关规定,各地政府和各级粮食和储备行政管理部门全力组织开展粮食保障和救灾工作,有效应对了各类突发事件,粮食应急实战能力得到了检验。

第三十五条

粮食应急预案启动后,粮食经营者必须按照国家要求承担应急任务,服从国家的统一安排和调度,保证应急的需要。

释义:

本条是关于粮食经营者服从应急预案统一安排的规定。

规定本条的主要目的是对粮食经营者承担应急任务的义务进行明确。

本条主要内容为粮食应急预案启动后,粮食经营者必须按照国家要求承担应急任务,服从国家的统一安排和调度,保证应急的需要。我国法律中对公众应急义务的规定散见在不同的法律中,主要有《宪法》《突发事件应对法》《防震减灾法》等,主要体现在两个方面:一是履行应急义务主体明确。我国《宪法》第五十四条规定,"中华人民共和国公民有维护祖国的安全、荣誉和利益的义务,不得有危害祖国的安全、荣誉和利益的行为",在根本大法中确定了公民维护祖国安全的义务。《突发事件应对法》第十一条第二款规定,“公民、法人和其他组织有义务参与突发事件应对工作”。《防震减灾法》第八条第一款规定,“任何单位和个人都有依法参加防震减灾活动的义务”。因此,在本条款中明确规定履行粮食应急义务的主体是粮食经营者。二是应急义务内容有原则性规定。《突发事件应对法》中要求获悉突发事件信息的公民、法人或者其他组织应当立即向所在地人民政府、有关主管部门或者指定的专业机构报告;突发事件发生地的公民应当服从人民政府、居民委员会、村民委员会或者所属单位的指挥和安排,配合人民政府采取的应急处置措施,积极参加应急救援工作,协助维护社会秩序。因此,本条款规定粮食应急预案启动后,粮食经营者必须按照国家要求承担应急任务,服从国家的统一安排和调度,保证应急的需要。

近年来,各地按照国家要求确定了应急供应网点、应急加工企业、应急配送中心和应急储运企业,涵盖加工、配送、储运、供应的粮油应急供应体系基本建立,网点布局更加合理,应急保障能力进一步增强,有很多粮食企业在应对突发事件粮油应急保供中发挥了重要作用,得到了各方面认可。为切实发挥粮食应急保障企业的作用,择优选定一批国家级粮食应急保障企业,通过统一授牌、任务引领、重点扶持、加强指导,强化责任和义务,充分发挥国有粮食企业的主渠道作用。各地结合实际情况,选定一批省级粮食应急重点保障企业,制订完善粮食应急保障企业管理办法,加强与企业的日常沟通和联系,指导企业完善应急设施,增强应急保障能力。

第三十六条

国家鼓励发展粮食产业经济,提高优质粮食供给水平,鼓励粮食产业化龙头企业提供安全优质的粮食产品。

释义:

本条是关于国家鼓励发展粮食产业经济和安全优质粮食产品供给的规定。本条为修订新增内容。

规定本条的主要目的是明确粮食产业经济在粮食流通宏观调控中的作用,鼓励粮食产业化龙头企业在农业供给侧结构性改革中发挥积极作用。具体可以从以下两个方面理解:

一是关于发展粮食产业经济和提高优质粮食供给水平。党中央、国务院高度重视粮食产业高质量发展。习近平总书记多次强调，要抓好“粮头食尾”和“农头工尾”，大力发展粮食精深加工；2019 年全国“两会”期间，习近平总书记在参加河南代表团审议时，明确指出，要打稳粮食安全这个重任，抓住粮食这个核心竞争力，延伸粮食产业链、提升价值链、打造供应链，不断提高农业质量效益和竞争力，实现粮食安全和现代高效农业相统一。李克强总理多次作出批示要求，加快推动我国从粮食生产大国向粮食产业强国迈进。粮食产业经济对粮食生产具有反哺激励和反馈引导作用，对粮食消费具有支撑培育和带动引领作用，是粮食供求的“蓄水池”和“调节器”。近年来，我国粮食产业结构性矛盾突出，精深加工能力不足，产业链条短、创新能力弱、产品附加值低。大力发展产业经济是加快新旧动能转换的有力举措，也是促进农民增收、满足居民消费需求的现实需要。

2016 年国家发展改革委、国家粮食局联合印发《粮食行业“十三五”发展规划纲要》（发改粮食〔2016〕2178 号），就粮食产业经济发展提出指导思路和目标。2016 年国家粮食局印发《粮油加工业“十三五”发展规划》，细化发展目标和主要任务，加快发展粮食产业经济，推进粮食加工业转型升级。2017 年国务院办公厅印发《关于加快推进农业供给侧结构性改革大力发展粮食产业经济的意见》（国办发〔2017〕78 号），明确了加快粮食产业经济发展的思路目标和政策举措。2019 年国家发展改革委、国家粮食和物资储备局先后联合印发关于创新完善粮食产购储加销体系的实施意见和加快建设现代化粮食产业体系的指导意见，指导各地全面开创粮食产业高质量发展新局面。2017 ~ 2019 年国家粮食和物资储备局先后在山东省滨州市、黑龙江省五常市、河南省漯河市召开现场经验交流会，以“连抓三年、紧抓三年”的劲头和力度，持续推动粮食产业高质量发展，取得了积极成效。

当前，我国鼓励发展粮食产业经济的主要政策措施有以下三个方面：（1）加大财税扶持力度。支持粮食仓储物流设施、国家现代粮食产业发展示范园区建设和粮食产业转型升级。统筹利用产粮产油大县奖励资金、粮食风险基金等支持粮食产业发展。新型农业经营主体购置仓储、烘干设备，可按规定享受农机具购置补贴。落实粮食加工企业从事农产品初加工所得按规定免征企业所得税政策和国家简并增值税税率有关政策。（2）健全金融保险支持政策。各类金融机构加大对粮食产业发展和农业产业化重点龙头企业的信贷支持。建立健全粮食收购市场化融资机制，支持粮食企业通过发行短期融资券等非金融企业债务融资工具筹集资金，支持符合条件的粮食企业上市融资或在“新三板”挂牌，以及发行公司债券、企业债券和并购重组等。鼓励和支持保险机构为粮食企业开展对外贸易和“走出去”提供保险服务。(3)落实用地用电等优惠政策。在土地利用年度计划中，对粮食产业发展重点项目用地予以统筹安排和重点支持。支持和加快国有粮食企业依法依规将划拨用地转变为出让用地。改制重组后的粮食企业，可依法处置土地资产。在用电方面，落实粮食初加工用电执行农业生产用电价格政策。

二是关于鼓励粮食产业化龙头企业提供安全优质的粮食产品。为遵照习近平总书记要把增加绿色优质农产品供给放在突出位置，狠抓农产品标准化生产、品牌创建、质量安全监管，推动优胜劣汰、质量兴农的重要指示精神，深入推进农业供给侧结构性改革，国家启动实施了优质粮食工程，聚焦“保障安全、提升品质、改善营养”，通过标准规范、品牌培育、宣传引导、试点示范打造消费者认可的“中国好粮油”，提高优质粮油的市场占有率和覆盖面。通过实施优质粮食工程，发挥企业示范带动作用，多措并举增品种、提品质、创品牌，推动延伸粮食产业链、提升价值链、打造供应链“三链协同”，推进优粮优产、优购、优储、优加、优销“五优联动”。通过构建新型粮食流通体系，有效引导绿色优质粮食生产和加工，扩大优质粮食收储规模，不断提升安全优质粮油产品的供给能力。实施优质粮食工程是落实乡村振兴战略和国家粮食安全战略，深化农业供给侧结构性改革的有力举措。启动以来，在增加绿色优质粮油产品供给，促进农民增收、企业增效、消费者得实惠等方面取得了积极成效。龙头企业充分发挥示范带动作用，立足产业链优势端，向前后两端延伸，推进优质粮食产购储加销“五优联动”，取得积极成效。“三链协同”趋势明显，“五优联动”紧密融合，满足市场需要的优质粮油产品不断增加，一批骨干企业做强做优，一批区域品牌知名度美誉度快速上升，为向更高水平迈进打下坚实基础。

第四章
监 督 检 查

第三十七条

国家建立健全粮食流通质量安全风险监测体系。国务院卫生健康、市场监督管理以及国家粮食和储备行政管理等部门，分别按照职责组织实施全国粮食流通质量安全风险监测；省、自治区、直辖市人民政府卫生健康、市场监督管理、粮食和储备行政管理等部门，分别按照职责组织实施本行政区域的粮食流通质量安全风险监测。

释义：

本条是关于粮食流通质量安全风险监测的规定。

规定本条的主要目的是建立健全粮食流通质量安全风险监测体系。

开展风险监测，前移风险管控关口，发现隐患问题及时处置，是强化粮食质量安全管理的重要举措和有效方法。2014 年国务院《关于建立健全粮食安全省长责任制的若干意见》（国发〔2014〕69 号）明确规定，加强监测预警，严防发生区域性、系统性粮食质量安全风险。2016 年《粮食质量安全监管办法》第七条规定，实行收购和储存环节粮食质量安全监测制度。另外，卫生健康、市场监管等部门依据有关法律法规规定，分别组织开展的食品和食用农产品质量安全风险监测工作中，也有与粮食质量安全相关的内容。此次修订将这些行之有效的措施在《条例》中转化为法规规定，新增本条，主要包括以下两个方面规定：

一是明确国家建立粮食流通质量安全风险监测体系。《食品安全法》第十四条规定了国家建立食品安全风险监测制度。2010 年卫生部等 5 个部门联合制定印发了《食品安全风险监测管理规定(试行)》,规范了国家食品安全风险监测计划的制定和实施。根据本条规定,国家建立健全有关粮食质量安全风险监测管理相关制度体系,将有利于有效指导各地粮食和储备部门开展风险监测工作。同时,本条明确省级人民政府应组织实施本行政区域的粮食流通质量安全风险监测。

二是明确粮食质量安全风险监测部门职责。按照当前部门分工,卫生健康、粮食和储备、市场监管等各部门,分别承担不同环节、不同内容的粮食质量安全风险监测职责。(1)《食品安全法》规定,国务院卫生行政部门会同国务院食品安全监督管理等部门,制定、实施国家食品安全风险监测计划。(2)国家市场监督管理总局"三定规定"明确,国家市场监督管理总局承担组织开展食品安全监督抽检、风险监测、检查处置和风险预警、风险交流工作职责;《食品安全抽样检验管理办法》第五十二条进一步明确,风险监测是指市场监督管理部门对没有食品安全标准的风险因素,开展监测、分析、处理的活动。(3)《国务院食品安全委员会工作规则》(食安委〔2020〕3号)明确,国家粮食和物资储备局承担组织开展收购、储存环节粮食质量安全监测工作职责。《粮食质量安全监管办法》第七条第一款和第二款规定,实行收购和储存环节粮食质量安全监测制度。国家粮食行政管理部门会同国务院有关部门,按照保障粮食质量安全、促进粮食品质优化的要求,制定和实施国家粮食质量安全风险监测计划。省级粮食行政管理部门参照国家计划,结合本地区的具体情况,制定和实施本行政区域的粮食质量安全风险监测计划。粮食质量安全风险监测的主要内容包括:质量等级、内在品质、水分含量、生芽、生霉等情况,粮食生产和储存过程中施用的药剂残留、真菌毒素、重金属及其他有毒有害物质污染等情况。

需要注意的是,粮食在收购、储存、运输、加工、销售等环节中由于外加因素影响,粮食组成成分、含量及形态发生变化,甚至可能产生有毒有害物质。如粮食霉变可能产生真菌毒素,不良杂质的混入,搬运过程中籽粒的破碎或受潮生霉,储存过程中脂肪酸值增加、熏蒸药剂残留,加工过程中不良工艺造成的污染或使用过量添加剂、溶剂残留超标,销售过程中掺杂使假、以次充好等,这些变化都将影响粮食的商用价值和食用价值,有的甚至直接威胁人们的身体健康。评价粮食质量的好与坏,需要根据不同目的和要求,对其进行质量指标、品质指标或食品安全指标的检测,才能作出综合评价。由于监测的目的和要求不同,监测的指标也不同。

第三十八条

粮食和储备行政管理部门依照本条例对粮食经营者从事粮食收购、储存、运输活动和政策性粮食的购销活动,以及执行国家粮食流通统计制度的情况进行监督检查。

粮食和储备行政管理部门在监督检查过程中,可以进入粮食经营者经营场所,查阅有关资料、凭证;检查粮食数量、质量和储存安全情况;检查粮食仓储设施、设备是否符合有关标准和技术规范;向有关单位和人员调查了解相关情况;查封、扣押非法收购或者不符合国家粮食质量安全标准的粮食,用于违法经营或者被污染的工具、设备以及有关账簿资料;查封违法从事粮食经营活动的场所。

释义:

本条是关于粮食和储备部门实施监督检查范围和事项,以及在实施监督检查活动中可以依法采取措施的规定。

规定本条的主要目的是,明确粮食和储备部门监督检查的范围和事项,在实施监督检查时可以采取的重要手段和措施。

本条分为两款。

第一款规定的是监督检查范围和事项。主要包括:(1)粮食和储备行政管理部门是《条例》的主要行政执法机关,应根据法定职责对粮食经营者执行粮食流通法规政策情况进行监督检查,以保障粮食流通市场秩序。因此,对粮食和储备行政管理部门监督检查的范围和事项作出明确规定,对于保证法律规定的有效实施,具有重要意义。(2)粮食和储备行政管理部门对粮食经营者执行《条例》的情况进行监督检查,既是法定权力,也是必须履行的职责。粮食和储备行政管理部门应当按照依法行政的要求,严格按照《条例》规定的程序和权限,履行监督检查职责。(3)政府行政主管部门在经济活动中开展监督检查活动,客观上会对经营者造成一定程度的负担,约束行政权力,将权力关进制度的笼子非常必要,确定粮食和储备行政管理部门监督检查范围有利于促进依法行政和保护经营者合法权益。

第二款规定的是实施监督检查的主要手段和措施。规定粮食和储备行政管理部门实施监督检查手段的主要目的是,限制检查权力滥用,防止执法人员在执法过程中出现乱执法甚至粗暴执法、野蛮执法的情况。因此,为防止行政权力滥用,规范执法行为,本条在规范粮食和储备行政主管部门执法权限的同时,仅赋予有限执法手段。《条例》修订后粮食和储备行政管理部门增加了查封、扣押等监督检查手段,主要考虑是,从前期的执法实践看,因检查手段不足,以致影响监督检查效能,为后续实现从严监管,《条例》修订时增加了查封、扣押等行政强制措施。

第三十九条

市场监督管理部门依照有关法律、法规的规定,对粮食经营活动中的扰乱市场秩序行为、违法交易行为以及价格违法行为进行监督检查。

释义:

本条是关于市场监督管理部门对粮食经营活动监督检查职责的规定。

规定本条的主要目的是明确粮食流通监督检查事项中市场监督管理部门的职责范围,是《条例》第六条、第七条中市场监督管理部门"在各自的职责范围内负责与粮食流通有关的工作"中关于监督检查事项的具体规定。

本条规定是新修订的内容,根据2018年3月《国务院机构改革方案》,将原国家工商行政管理总局的职责,原国家质量监督检验检疫总局的职责,原国家食品药品监督管理总局的职责,国家发展改革委的价格监督检查与反垄断执法职责,商务部的经营者集中反垄断执法以及国务院反垄断委员会办公室等职责整合,组建国家市场监督管理总局。具体到本条,规定了三个方面内容:

一是粮食经营活动中扰乱市场秩序行为。最常见的情形是,粮食经营者相互串通,合谋涨价,操纵市场价格;捏造、散布涨价信息,扰乱市场价格秩序,推动商品价格过快、过高上涨;经营粮油等产品批发、零售、收购业务的经营者,不得超出正常的储存数量或者储存周期大量恶意囤积;粮食经营者没有严格按照明码标价规定,做到标价内容完整、真实、准确、规范。各商场、超市、农贸市场等在开展促销活动中,不得虚构原价、虚假优惠折价;不得利用虚假或者使人误解的标价方式误导消费。比如,新型冠状病毒肺炎疫情发生以来,个别省份经营者借疫情防控之机,谣传消息导致部分地区出现抢购大米现象,就属于典型的扰乱市场秩序行为。

二是粮食经营活动中违法交易行为。属于市场监督部门依职责查处的常见情形是,粮食经营者掺杂使假、以次充好、囤积居奇等行为。比如,个别粮食经营者利用自身的独特地位或政策优势,限定企业经营者购买其指定的经营者的粮油产品;限制外地的粮油进入特定市场进行买卖,或者限制本地的粮油流向外地市场。又如,一些粮食经营者在销售粮食产品时,违背购买方的意愿,搭售其他商品或附加其他不合理条件的行为。另外,对于违法交易的"欺行霸市、强买强卖"行为,违反了《治安管理处罚法》第四十六条的规定,属于《条例》第五十三条由公安机关依法处罚的情形。

三是粮食经营活动中价格违法行为。违反《价格法》《价格违法行为行政处罚规定》《关于商品和服务实行明码标价的规定》《禁止价格欺诈行为的规定》等法律法规的行为。在粮食流通领域,一些常见的情形是,违反国家规定的小麦、稻谷最低收购价进行收购;收购时压级压价,或以提高水分、杂质,多扣车重、皮重等手段变相压级、压价、克扣农民售粮款;违反粮食质量标准有关规定,收购小麦、稻谷时对水分、杂质、不完善粒、整精米率等指标,不按规定实行增扣量、增扣价;违反明码标价规定,在收购场所未向售粮农民公示小麦或稻谷最低收购价格、质量标准、增扣量增扣价方式、结算方式和执行时间;在收购中擅自设立项目、自定收费标准乱收费,或代收代缴其他费用等价格违法行为。

需要注意的是,扰乱市场秩序行为、违法交易行为以及价格违法行为的监督管理,已有法律、行政法规作出了明确规定,本条通过衔接性说明的方式进行处理,不再展开。

第四十条

县级以上地方人民政府应当加强本行政区域粮食污染监控,建立健全被污染粮食收购处置长效机制,发现区域性粮食污染的,应当及时采取处置措施。

被污染粮食处置办法由国家粮食和储备行政管理部门会同国务院有关部门制定。

释义：

本条是关于被污染粮食处置的有关规定。

规定本条的主要目的是进一步明确县级以上地方人民政府对被污染粮食收购处置的属地管理责任。

粮食污染问题由来已久，成因复杂，出现被重金属、真菌毒素等污染的粮食，涉及环境污染、高本底土壤、异常气候、品种选育、田间管理、化肥使用等多方面的问题。如果食用被污染的粮食，就有可能影响消费者的身体健康，甚至造成隐患。因此，必须采取有效措施，持续做好被污染粮食的收购处置工作，严禁被污染粮食进入口粮加工环节或作为食品生产原料。我国地域辽阔，自然条件千差万别，由于土壤高本底、环境污染、异常气候等原因，导致我国部分地区粮食重金属、真菌毒素污染等问题时有发生。例如，我国长江中下游和黄淮小麦产区，在小麦生产期间时常遭遇连阴雨天气或台风等异常气候，出现生虫、生霉、倒伏等情况，产生真菌毒素；南方稻谷产区等土壤中重金属含量较高，或者粮田被企业排出的废水、废渣、废气等物质污染，粮食就可能出现重金属超标的情况，比如，媒体报道的个别地区出现的“镉大米”，也是近年来社会关注的热点问题。另外，粮食在生产过程中有可能出现病虫害，在一些地方需要使用农药来解决，个别地区存在的不规范用药、超剂量、超范围用药等问题，也可能造成粮食农药残留超标。

本条分为两款。

第一款规定的是县级以上地方政府关于粮食污染的职责。粮食污染事关食品安全和粮食安全，按照食品安全属地管理责任和粮食安全省长责任制的有关要求，明确了县级以上地方政府关于被污染粮食的管理职责。本款规定主要有以下三个方面：

一是食品安全属地管理责任。根据《食品安全法》第六条的规定，县级以上地方人民政府对本行政区域的食品安全监督管理工作负责，明确了食品安全属地管理责任的原则。2019 年 2 月中共中央办公厅、国务院办公厅印发了《地方党政领导干部食品安全责任制规定》要求，地方各级党委和政府对本地区食品安全工作负总责，进一步明确食品安全党政同责要求，强化食品安全属地管理责任。根据中共中央办公厅、国务院办公厅关于加强粮食储备安全管理的规定，地方政府对辖区内承储中央储备的企业，依法履行食品安全和安全生产属地管理责任；对承储最低收购价粮、临时存储粮等其他中央事权粮食的企业，依法履行属地监管责任。

二是粮食安全省长责任制相关规定。2014 年国务院《关于建立健全粮食安全省长责任制的若干意见》(国发〔2014〕69 号)规定,各省(区、市)人民政府必须切实承担起保障本地区粮食安全的主体责任,健全粮食质量安全保障体系,落实监管责任,要求加强对农药残留、重金属、真菌毒素超标粮食的管控,建立超标粮食处置长效机制,禁止不符合食品安全标准的粮食进入口粮市场,对地方政府建立健全被污染粮食收购处置长效机制,加强被污染粮食的管控提出明确要求。2020 年 12 月习近平在中央农村工作会议上强调,地方各级党委和政府要扛起粮食安全的政治责任,"米袋子"省长要负责,书记也要负责。首次明确粮食安全实行党政同责。

三是当前被污染粮食的具体处置措施。《小麦和稻谷最低收购价执行预案》(国粮发〔2018〕99 号)明确了被污染粮食的收购处置原则:(1)明确不符合食品安全指标的小麦和稻谷退出最低收购价执行预案,由各地按照粮食安全省长责任制和食品安全地方政府负责制的要求组织收购处置。(2)确定收储库点的单位,应牵头委托第三方粮食质量安全检验机构对最低收购价粮食食品安全指标进行检验。检验结果作为验收依据。(3)验收不合格的,由中储粮集团公司按要求汇总审核报国家有关部门和单位;国家有关部门和单位按照粮食安全省长责任制和食品安全地方政府负责制要求,划转给有关省级人民政府处置。对经验收合格入库的粮食,在库存检查、其他质量检查中或出库时发现超标的,由收储企业承担质量安全主体责任和相关经济损失,由当地政府按照国家有关要求组织处置和监管,不得流入口粮市场。(4)有关费用从本省粮食风险基金中列支,风险基金不足部分由省级财政负担并列入省级预算解决。

县级以上地方人民政府应按照有关要求,加强本行政区域粮食污染监控,建立健全粮食质量安全检验监测体系,开展粮食质量安全风险监测。建立健全被污染粮食收购处置长效机制,发现区域性粮食污染的,应当及时采取处置措施,加强源头治理,强化粮食生产管理,控制污染粮食增量。对于被污染的粮食,要合理确定用途,优化处置方式,合理利用被污染粮食资源。要完善监管责任和责任追究机制,明确销售出库、运输、加工转化等环节的监管部门和职责,确保问题可倒查、责任可追究。

第二款规定的是被污染粮食处置办法的制定。自 2019 年起,国家明确将制定发布当地被污染粮食收购处置管理办法作为粮食安全省长责任制的考核内容之一。通过两年努力,绝大多数省级人民政府或省级相关部门,已制定发布了本行政区域的管理办法,明确被污染粮食收购储存、销售出库、加工转化等环节的监管部门和职责。2020 年 11 月制定的《关于进一步加强国家政策性粮食销售出库和加工转化监管督查工作的通知》(国粮执法〔2020〕295 号),对相关部门政策性粮食销售出库和加工转化的监管职责进行了明确。下一步,国家有关部门将把建立健全被污染粮食收购处置长效机制,作为省级人民政府落实粮食安全省长责任制的重要考核内容;同时,国家粮食和物资储备局拟会同其他相关部门,充分吸收各地经验和成效,共同研究制定被污染粮食处置办法。

第四十一条

任何单位和个人有权对违反本条例规定的行为向有关部门检举。有关部门应当为检举人保密,并依法及时处理。

释义:

本条是关于检举、保密的规定。

规定本条的主要目的是保护检举人的合法权益。

本条既适用于对粮食经营者违反粮食流通行为的举报,也适用于对国家机关及其工作人员在粮食流通工作中的违法失职行为的控告或者检举。《条例》明确了单位和个人的举报权利,以及有关部门的责任,有利于畅通举报反馈渠道,保障公民、法人或者其他组织的合法权益,推动《条例》更好地落地。2018 年国家粮食和物资储备局开通了“12325”全国粮食和物资储备监管热线,面向全社会受理对涉嫌违反《条例》《中央储备粮管理条例》或其他粮食流通法规政策,以及国家战略物资储备相关政策等行为的举报。热线实行统一受理、分级负责、便民高效、公开公正的原则,由国家粮食和物资储备局负责统一管理,地方粮食和储备部门、国家粮食和物资储备局各垂直管理局,以及有关单位按照属地原则和管理职能负责承办查处举报线索等工作。

第五章
法 律 责 任

第四十二条

违反本条例规定,粮食和储备行政管理部门和其他有关部门不依法履行粮食流通管理和监督职责的,对负有责任的领导人员和直接责任人员依法给予处分。

释义:

本条是关于粮食和储备行政管理部门和其他有关部门及其相关责任人员在粮食流通管理和监督过程中,不依法履行法定职责应承担法律后果的规定。

规定本条的主要目的是强调负有管理和监督职责的有关部门应当依法履责,明确对负有责任的领导人员和直接责任人员依法给予处分。

近年来,粮食流通市场出现的问题,既有市场主体过度逐利,违反相关法律法规的因素,也有有关部门落实粮食流通管理和监督职责不到位的因素。《条例》明确了市场主体的权利和义务,也厘清了部门之间职责界限,科学划分了粮食和储备行政管理部门与卫生健康、市场监管等部门的职责,有利于形成有效监督合力,维护粮食流通秩序。

有权必有责,权力必须受到制约和监督。《条例》在赋予粮食和储备行政管理等部门粮食流通管理和监督职责的同时,也规定不依法履职的法律后果,体现了权责统一的原则,保证权力行使有监督和制约,确保权力不被滥用。本条规定主要包括以下三个方面：

一是依照本条规定，承担责任的主体为粮食和储备行政管理部门和其他有关部门。

二是承担责任的情形为违反《条例》规定，不履行法定职责。《条例》在总则中明确了有关部门在粮食流通管理中的职责分工，在具体制度中赋予了有关部门具体的管理职责。因此，不履行法定职责的，需要承担法律责任。

三是承担责任的形式上，违反《条例》规定，不履行法定职责的，对负有责任的领导人员和直接责任人员依法给予处分。例如，《公务员法》第六十一条规定，“公务员因违纪违法应当承担纪律责任的，依照本法给予处分或者由监察机关依法给予政务处分……”。《公职人员政务处分法》第三条第一款和第二款规定：“监察机关应当按照管理权限，加强对公职人员的监督，依法给予违法的公职人员政务处分。公职人员任免机关、单位应当按照管理权限，加强对公职人员的教育、管理、监督，依法给予违法的公职人员处分。”根据《公职人员政务处分法》第七条的规定，政务处分的种类为警告、记过、记大过、降级、撤职、开除。

第四十三条

粮食收购企业未按照规定备案或者提供虚假备案信息的，由粮食和储备行政管理部门责令改正，给予警告；拒不改正的，处2万元以上5万元以下罚款。

释义：

本条是对粮食收购企业备案法律责任的规定。

规定本条的主要目的是保证转变监管方式实现预期效果。

本次修订转变2004年《条例》对粮食收购企业的监督管理方式，从事前的收购资格许可转变为加强事中、事后监管。《条例》新增第九条规定了粮食收购企业应当向收购地的县级人民政府粮食和储备行政管理部门备案企业名称、地址、负责人以及仓储设施等信息，并保证备案信息的真实、准确，备案内容发生变化的，应当及时变更备案。对未按照规定备案或提供虚假备案信息的粮食收购企业，本条规定了粮食和储备行政管理部门的行政处罚职权，即“责令改正，给予警告；拒不改正的，处2万元以上5万元以下罚款”。

粮食收购者如从事粮油仓储的，还应当遵守《粮油仓储管理办法》第六条的规定，向所在地粮食行政管理部门履行备案义务；未在规定时间内向粮食行政管理部门备案，或者备案内容弄虚作假的，根据《粮油仓储管理办法》第二十八条的规定，由负责备案管理的粮食行政管理部门责令改正，给予警告；拒不改正的，处1万元以下罚款。

第四十四条

粮食收购者有未按照规定告知、公示粮食收购价格或者收购粮食压级压价，垄断或者操纵价格等价格违法行为的，由市场监督管理部门依照《中华人民共和国价格法》、《中华人民共和国反垄断法》的有关规定予以处罚。

释义：

本条是关于市场监督管理部门处罚粮食收购者价格违法行为法律责任的规定。

规定本条的主要目的是明确粮食收购者的价格违法行为由市场监督管理部门依照有关规定予以处罚。

与修订前的《条例》相比，本条增加《反垄断法》作为处罚依据，优化对粮食流通市场的监管。本条具体列举了市场监督管理部门对粮食收购价格和反垄断进行监管的法律依据，充分体现了法律法规之间的衔接。主要涉及的法律规定有：

一是《价格法》有关法律责任的规定。该法第四十二条规定，“经营者违反明码标价规定的，责令改正，没收违法所得，可以并处五千元以下的罚款”。该法第十四条第（一）项、第（六）项规定，经营者不得相互串通，操纵市场价格，损害其他经营者或者消费者的合法权益；不得采取压低等级手段收购商品，变相压低价格。该法第四十条规定，“经营者有本法第十四条所列行为之一的，责令改正，没收违法所得，可以并处违法所得五倍以下的罚款；没有违法所得的，予以警告，可以并处罚款；情节严重的，责令停业整顿，或者由工商行政管理机关吊销营业执照。有关法律对本法第十四条所列行为的处罚及处罚机关另有规定的，可以依照有关法律的规定执行”。

二是《反垄断法》有关法律责任的规定。该法第四十六条规定：“经营者违反本法规定，达成并实施垄断协议的，由反垄断执法机构责令停止违法行为，没收违法所得,并处上一年度销售额百分之一以上百分之十以下的罚款;尚未实施所达成的垄断协议的,可以处五十万元以下的罚款。经营者主动向反垄断执法机构报告达成垄断协议的有关情况并提供重要证据的,反垄断执法机构可以酌情减轻或者免除对该经营者的处罚。行业协会违反本法规定,组织本行业的经营者达成垄断协议的,反垄断执法机构可以处五十万元以下的罚款;情节严重的,社会团体登记管理机关可以依法撤销登记。”该法第四十七条规定:“经营者违反本法规定,滥用市场支配地位的,由反垄断执法机构责令停止违法行为,没收违法所得,并处上一年度销售额百分之一以上百分之十以下的罚款。”该法第四十八条规定:“经营者违反本法规定实施集中的,由国务院反垄断执法机构责令停止实施集中、限期处分股份或者资产、限期转让营业以及采取其他必要措施恢复到集中前的状态,可以处五十万元以下的罚款。”

粮食价格对农产品市场的影响举足轻重,粮食收购价格的监控,以市场调节为出发点和落脚点,以市场供求和竞争为中心,保护粮食生产者、消费者的合法权益,维护国家利益和社会公共利益。粮食收购者有未按照规定告知、公示粮食收购价格或者收购粮食压级压价,垄断或者操纵价格等价格违法行为的,处罚主体为市场监督管理部门。

第四十五条

有下列情形之一的,由粮食和储备行政管理部门责令改正,给予警告,可以并处20万元以下罚款;情节严重的,并处20万元以上50万元以下罚款:

(一)粮食收购者未执行国家粮食质量标准;

(二)粮食收购者未及时向售粮者支付售粮款;

(三)粮食收购者违反本条例规定代扣、代缴税、费和其他款项;

(四)粮食收购者收购粮食,未按照国家有关规定进行质量安全检验,或者对不符合食品安全标准的粮食未作为非食用用途单独储存;

(五)从事粮食收购、销售、储存、加工的粮食经营者以及饲料、工业用粮企业未建立粮食经营台账,或者未按照规定报送粮食基本数据和有关情况;

(六)粮食储存企业未按照规定进行粮食销售出库质量安全检验。

释义：

本条是对粮食经营者不履行法定义务行为的列举和行政处罚规定。

规定本条的主要目的是保护售粮农民、消费者的合法权益和国家利益，加强收购、储存、运输、加工、销售等各环节粮食质量的管理，明确各类粮食经营者质量责任和违法违规行为的法律责任，指导粮食经营者依法依规开展质量工作。

本条在修订中主要新增了如下内容：(1)加大了处罚力度，对于粮食收购未执行国家粮食质量标准的，处罚上限由20万元增加到50万元。(2)相应增加了新增违法行为的处罚。包括未按照国家有关规定进行质量安全检验，或者对不符合食品安全标准的粮食，未作为非食用用途单独储存等。

本条列举了6项粮食经营者在粮食流通秩序中未履行法定义务应予处理的情形。对于有下列行为的，由粮食和储备行政管理部门依法处理：

一是粮食收购者未执行国家粮食质量标准。主要是指粮食收购者在收购粮食时，未按照有关规定正确执行国家粮食质量标准，例如，未按照标准定等规定合理确定粮食的等级，未按照标准规定的术语和定义对粮食的类型、不完善粒、黄粒米、杂质等指标进行判定，未按照标准规定的检验方法进行检验，未按照标准规定合理确定检验批次等。特别是对政策性粮食收购，收购者未严格执行相关国家粮食质量标准、收购政策以及《关于执行粮油质量国家标准有关问题的规定》(国粮发〔2010〕178号)等有关规定，出现的压级压价、抬级抬价、拒收售粮者交售的合格粮食、违规增扣量等行为。

起草过程中有专家提出，对于市场化收购的商品粮食，收购者采取"一口价"的方式，是否违反此项规定。经讨论认为，商品粮食交易属于市场行为，交易双方有自行确定交易价格的权利和方式。虽然采取"一口价"的定价方式，但其本质上也是依据国家标准的相关规定，经双方协商后共同确定的价格，此类行为不违反本项规定。但是，如果粮食收购者在收购粮食时，采取欺骗的方式，例如，调整检验仪器设备，故意在检验结果上弄虚作假；不按照标准规定，故意将不属于生芽、霉变等的粮食籽粒判为生芽粒、霉变粒；违反标准规定，故意降低粮食等级判定结果等，都属于违反本项规定的行为。

二是粮食收购者未及时支付售粮款。主要是指粮食收购者在收购粮食后，应按双方议定价格、折扣标准、支付时间等，及时足额向售粮者支付相关款项。

三是粮食收购者违反《条例》的规定代扣、代缴税、费和其他款项。主要是指粮食收购者不能以代扣代缴税费和其他款项等理由,不足额支付双方议定或折算款项。

四是粮食收购者收购粮食,未按照国家有关规定进行质量安全检验,或者对不符合食品安全标准的粮食未作为非食用用途单独储存。主要是指:(1)未按照国家粮食质量标准规定进行检验,具体行为参见本条第一项规定。需要说明的是,虽然第一项和本项都有包括了粮食检验的要求,但是第一项对粮食检验要求的主要目的是保护农民和其他粮食生产者的利益;本项对粮食检验要求的主要目的在于加强收购粮食质量安全管理,保护消费者的身体健康和国家利益。(2)未按照当地省级人民政府规定的粮食收购入库必检项目进行检验。(3)最低收购价等政策性粮食收购者未按照收购政策的要求进行检验,政府储备粮食收购者未按照《政府储备粮食质量安全管理办法》(国粮发规〔2021〕30 号)等要求进行检验,包括检验指标不完整、检验方法和仪器设备不符合要求等问题。(4)收购检验发现不符合食品安全标准的粮食,未按规定单独储存,并明确标识作为非食用用途。收购时不得将不符合食品安全标准的粮食混入合格的粮食中。

五是从事粮食收购、销售、储存、加工的粮食经营者以及饲料、工业用粮企业未建立粮食经营台账,或者未按照规定报送粮食基本数据和有关情况。主要是指粮食经营者应按照《条例》第二十三条的规定报送相关数据和情况,并建立粮食经营台账。

六是粮食储存企业未按照规定进行粮食销售出库质量安全检验。主要是指:(1)正常储存年限内的粮食,在出库前粮食储存企业没有自行或者委托粮食质量安全检验机构进行质量安全检验。(2)超过正常储存年限的粮食,储存期间使用储粮药剂未满安全间隔期的粮食,以及色泽、气味异常的粮食,在出库前未经粮食质量安全检验机构进行质量安全检验。(3)委托的检验机构未按照国家有关规定取得资质认定,或检验资质已过期,或检验参数不在资质认定范围内等问题。(4)未经质量安全检验的粮食即销售出库。

需要注意的是,本条款对应的粮食经营者法定义务,《条例》中相衔接的条款有:

《条例》第十一条规定:“粮食收购者收购粮食,应当执行国家粮食质量标准,按质论价,不得损害农民和其他粮食生产者的利益;应当及时向售粮者支付售粮款,不得拖欠;不得接受任何组织或者个人的委托代扣、代缴任何税、费和其他款项。粮食收购者收购粮食,应当按照国家有关规定进行质量安全检验,确保粮食质量安全。对不符合食品安全标准的粮食,应当作为非食用用途单独储存。”

《条例》第十七条第二款规定:“建立粮食销售出库质量安全检验制度。正常储存年限内的粮食,在出库前应当由粮食储存企业自行或者委托粮食质量安全检验机构进行质量安全检验;超过正常储存年限的粮食,储存期间使用储粮药剂未满安全间隔期的粮食,以及色泽、气味异常的粮食,在出库前应当由粮食质量安全检验机构进行质量安全检验。未经质量安全检验的粮食不得销售出库。”

《条例》第二十三条第一款规定:“所有从事粮食收购、销售、储存、加工的经营者以及饲料、工业用粮企业,应当建立粮食经营台账,并向所在地的县级人民政府粮食和储备行政管理部门报送粮食购进、销售、储存等基本数据和有关情况。粮食经营台账的保存期限不得少于3年……”

《条例》第三十八条第一款规定,“粮食和储备行政管理部门依照本条例对粮食经营者从事粮食收购、储存、运输活动和政策性粮食的购销活动,以及执行国家粮食流通统计制度的情况进行监督检查”,对本违法行为实施处罚的主体为“粮食和储备行政主管部门”。

粮食和储备行政管理部门应当根据粮食收购企业违法违规事实和情节轻重情况及社会危害性给予相应的行政处罚。处罚类型有:责令改正,予以警告,可以并处20万元以下罚款;情节严重的,并处20万元以上50万元以下罚款。根据《行政处罚法》的有关规定,行政机关拟作出较大数额罚款的行政处罚之前,应当告知当事人有要求听证的权利。本条中涉及的罚款数额较大,粮食和储备行政管理部门应当依法告知相对人有听证的权利。

第四十六条

粮食收购者、粮食储存企业未按照本条例规定使用仓储设施、运输工具的,由粮食和储备行政管理等部门按照职责责令改正,给予警告;被污染的粮食不得非法销售、加工。

释义:

本条是对粮食收购者、粮食储存企业违反仓储设施和运输工具使用规定的罚则和被污染粮食的禁止性使用规定。

规定本条的主要目的是明确仓储设施、运输工具使用的监管职责，严格管控被污染的粮食。

本条规定主要包括以下两个方面：

一是仓储设施和运输工具的使用。关于粮食收购者、粮食储存企业使用仓储设施时应履行的义务，《条例》第十三条第一款规定，粮食收购者、粮食储存企业使用的仓储设施，应当符合粮食储存有关标准和技术规范以及安全生产法律、法规的要求，具有与储存品种、规模、周期等相适应的仓储条件，减少粮食储存损耗。根据《条例》第十四条的规定，运输粮食应当严格执行国家粮食运输的技术规范。为防止储存、运输的粮食被污染，《条例》第十三条第二款规定，粮食不得与可能对粮食产生污染的有毒有害物质混存，储存粮食不得使用国家禁止使用的化学药剂或者超量使用化学药剂；第十四条规定，不得使用被污染的运输工具或者包装材料运输粮食，不得与有毒有害物质混装运输。由于仓储、运输链条较长，过程环节由不同行政管理部门监管，本条规定粮食收购者、粮食储存企业违反前述义务或存在禁止性行为的，处罚主体不仅限于粮食和储备行政管理部门，有效衔接多维监管，保证粮食安全监管无死角，各行政管理部门按照职责根据《条例》责令违规者改正，给予警告。

二是被污染粮食的处理。为了保障粮食质量安全，粮食收购者、粮食储存企业在其所管理控制的粮食受到污染之后，应按照当地地方人民政府规定的处置办法及时对被污染的粮食采取合法适当的处置措施，不得非法销售作为食用用途，也不得非法自行用于食品生产。若被污染的粮食不符合饲料卫生标准，不得非法销售用于饲料生产，或自行用于饲料生产。

需要注意的是，本条所关联的《条例》条款有：

《条例》第十五条第一款规定："从事粮食的食品生产，应当符合食品安全法律、法规和标准规定的条件和要求，对其生产食品的安全负责。"

《条例》第十八条规定："粮食收购者、粮食储存企业不得将下列粮食作为食用用途销售出库：（一）真菌毒素、农药残留、重金属等污染物质以及其他危害人体健康的物质含量超过食品安全标准限量的；（二）霉变或者色泽、气味异常的；（三）储存期间使用储粮药剂未满安全间隔期的；（四）被包装材料、容器、运输工具等污染的；（五）其他法律、法规或者国家有关规定明确不得作为食用用途销售的。"

《条例》第四十条规定:“县级以上地方人民政府应当加强本行政区域粮食污染监控,建立健全被污染粮食收购处置长效机制,发现区域性粮食污染的,应当及时采取处置措施。被污染粮食处置办法由国家粮食和储备行政管理部门会同国务院有关部门制定。”

第四十七条

粮食收购者、粮食储存企业将下列粮食作为食用用途销售出库的,由粮食和储备行政管理部门没收违法所得;违法销售出库的粮食货值金额不足1万元的,并处1万元以上5万元以下罚款,货值金额1万元以上的,并处货值金额1倍以上5倍以下罚款:

(一)真菌毒素、农药残留、重金属等污染物质以及其他危害人体健康的物质含量超过食品安全标准限量的;

(二)霉变或者色泽、气味异常的;

(三)储存期间使用储粮药剂未满安全间隔期的;

(四)被包装材料、容器、运输工具等污染的;

(五)其他法律、法规或者国家有关规定明确不得作为食用用途销售的。

释义:

本条是对从事粮食收购、储存的经营者在粮食销售出库时,违反粮食相关质量和食品安全禁止性行为给予处罚的规定。

规定本条的主要目的是明确《条例》第十八条禁止性规定的罚则。

本条规定主要包括以下两方面内容:

一是没收违法所得。没收违法所得是行政机关或司法机关依法将违法行为人取得的违法所得财物,运用国家法律法规赋予的强制措施,对其违法所得财物的所有权予以强制性剥夺的处罚方式,是行政处罚的种类之一。《条例》第十八条明确规定了食用粮食销售的禁止性条款,粮食收购者、粮食储存企业违反上述规定,将受到相关行政处罚。

二是处以罚款。罚款是行政机关强制违法者缴纳一定数量的钱,是行政处罚的种类之一。本条明确了具体罚款的情形和处罚数额,即“违法销售出库的粮食货值金额不足1万元的,并处1万元以上5万元以下罚款,货值金额1万元以上的,并处货值金额1倍以上5倍以下罚款”。

第四十八条

从事粮食的食品生产,不符合食品安全法律、法规和标准规定的条件和要求的,由市场监督管理部门依照《中华人民共和国食品安全法》、《中华人民共和国食品安全法实施条例》等有关规定予以处罚。

释义:

本条是关于食品安全相关规定的引述,规范粮食的食品生产行为的规定。

规定本条的主要目的是明确从食品安全角度进行监管和处罚的主体为市场监督管理部门,明确了行政处罚的法律依据,加强法律、法规相关规定的衔接。本条为修订新增内容。

粮食的食品生产,既是粮食流通的环节之一,也是食品生产的重要组成部分。《条例》第十五条第一款规定,“从事粮食的食品生产,应当符合食品安全法律、法规和标准规定的条件和要求,对其生产食品的安全负责”。不符合前述条件和要求的,本条明确引述了《食品安全法》《食品安全法实施条例》作为处罚依据。

需要说明的是,由于《条例》为行政类法规,侧重规定行为主体的行政法律责任。消费者可以根据《食品安全法》和《民法典》“侵权责任编”的第四章“产品责任”主张粮食生产者承担民事责任。同时,随着《民法典》和最高人民法院《关于审理食品安全民事纠纷案件适用法律若干问题的解释(一)》相关政策、法律、司法解释等陆续出台,关于食品安全的民事公益诉讼和惩罚性赔偿制度的配套措施也将日臻完善,有效保障人民群众的餐桌安全。

第四十九条

从事政策性粮食经营活动,有下列情形之一的,由粮食和储备行政管理部门责令改正,给予警告,没收违法所得,并处50万元以上200万元以下罚

款；情节严重的，并处200万元以上500万元以下罚款：

（一）虚报粮食收储数量；

（二）通过以陈顶新、以次充好、低收高转、虚假购销、虚假轮换、违规倒卖等方式，套取粮食价差和财政补贴，骗取信贷资金；

（三）挤占、挪用、克扣财政补贴、信贷资金；

（四）以政策性粮食为债务作担保或者清偿债务；

（五）利用政策性粮食进行除政府委托的政策性任务以外的其他商业经营；

（六）在政策性粮食出库时掺杂使假、以次充好、调换标的物，拒不执行出库指令或者阻挠出库；

（七）购买国家限定用途的政策性粮食，违规倒卖或者不按照规定用途处置；

（八）擅自动用政策性粮食；

（九）其他违反国家政策性粮食经营管理规定的行为。

粮食应急预案启动后，不按照国家要求承担应急任务，不服从国家的统一安排和调度的，依照前款规定予以处罚。

释义：

本条是关于粮食经营者从事政策性粮食经营活动中未履行法律义务行为给予处罚的规定。

规定本条的主要目的是通过加强政策性粮食经营活动的监管，明确承担应急任务及有关违法行为的法律后果，确保政策性粮食储得进、管得好、调得动、用得上。

本条分为两款。

第一款规定的是对政策性粮食经营违法行为的处罚。应当注意把握四个方面的内容：(1)违法主体。根据本条规定，本违法主体为特定对象——从事政策性粮食经营活动的粮食经营者。(2)违法行为。《条例》第二十条规定，“粮食经营者从事政策性粮食经营活动，应当严格遵守国家有关规定，不得有下列行为：(一)虚报粮食收储数量；(二)通过以陈顶新、以次充好、低收高转、虚假购销、虚假轮换、违规倒卖等方式,套取粮食价差和财政补贴,骗取信贷资金;(三)挤占、挪用、克扣财政补贴、信贷资金;(四)以政策性粮食为债务作担保或者清偿债务;(五)利用政策性粮食进行除政府委托的政策性任务以外的其他商业经营;(六)在政策性粮食出库时掺杂使假、以次充好、调换标的物,拒不执行出库指令或者阻挠出库;(七)购买国家限定用途的政策性粮食,违规倒卖或者不按照规定用途处置;(八)擅自动用政策性粮食;(九)其他违反国家政策性粮食经营管理规定的行为"。因此,从事政策性粮食经营活动的粮食经营者未履行上述义务或执行相关规定的,即构成违法行为。(3)处罚主体。《条例》第三十八条第一款规定,"粮食和储备行政管理部门依照本条例对粮食经营者从事粮食收购、储存、运输活动和政策性粮食的购销活动,以及执行国家粮食流通统计制度的情况进行监督检查"。对本违法行为实施处罚的主体为"粮食和储备行政管理部门"。(4)处罚类型。粮食和储备行政管理部门应当根据从事政策性粮食经营活动的经营者违法违规事实和情节轻重情况及社会危害性给予相应的行政处罚。处罚类型有:责令改正,予以警告,没收违法所得,并处50万元以上200万元以下的罚款;情节严重的,并处200万元以上500万元以下的罚款。根据《行政处罚法》的规定,处较大金额罚款前应告知相对人听证的权利。

第二款规定的是对不按要求承担应急任务的,也按本条规定处罚。理解本款规定注意把握以下三个方面:

一是适用前提是在"应急预案启动后"。《条例》第三十二条至第三十五条对启动粮食应急机制作出了具体规定,应对突发事件引起粮食市场供应异常波动时,国家实施粮食应急机制。2020年《政府工作报告》将"保粮食能源安全"作为"六保"的重要内容之一。越是面对风险挑战,越要确保粮食安全。

二是违法主体和违法行为。粮食经营者应当遵守《条例》第三十五条的规定,粮食应急预案启动后,"必须按照国家要求承担应急任务,服从国家的统一安排和调度,保证应急的需要"。粮食经营者应当意识到,所经营的是关乎国计民生的特殊商品——粮食,在国家要求承担应急任务时,应当服从安排和调度,积极协同联动。

三是违法处罚。《条例》规定粮食经营者承担应急任务义务的同时,明确规定了违反义务的行政处罚责任,通过法的强制作用确保在应急状态下的粮食保供稳价。具体处罚类型已在前款说明。

第五十条

对粮食经营活动中的扰乱市场秩序、违法交易等行为，由市场监督管理部门依照有关法律、法规的规定予以处罚。

释义：

本条是关于市场监督管理部门对粮食经营活动中扰乱市场秩序、违法交易等行为实施行政处罚的规定。

规定本条的主要目的是明确市场监督管理部门的处罚权责。

本条与《条例》前文多处条款具有关联性，具体体现在以下三个方面：

一是《条例》总则中第六条、第七条规定了国务院市场监督管理部门和县级以上地方人民政府粮食和储备行政管理部门在各自职责范围内负责与粮食流通有关的工作。

二是粮食经营者应当遵守包括但不限于《条例》第十一条“应当执行国家粮食质量标准，按质论价”、《条例》第十六条“不得短斤少两、掺杂使假、以次充好，不得囤积居奇、垄断或者操纵粮食价格、欺行霸市”等交易行为相关准则。

三是《条例》第三十九条规定的市场监督管理部门对“粮食经营活动中的扰乱市场秩序行为、违法交易行为以及价格违法行为”的监督检查权。

出于立法的逻辑性和严谨性，本条规定与以上内容充分衔接，明确了市场监督管理部门的行政处罚权责。

第五十一条

从事粮食经营活动的企业有违反本条例规定的违法情形且情节严重的，对其法定代表人、主要负责人、直接负责的主管人员和其他直接责任人员处以其上一年度从本企业取得收入的1倍以上10倍以下罚款。

释义：

本条是关于违法情节严重的粮食经营企业相关责任人员的处罚规定。

规定本条的主要目的是督促粮食经营者、法定代表人、主要负责人、直接负责人等依法依规从事经营活动，切实履行《条例》规定的法定义务，为保障国家粮食安全履行应尽的义务。本条为修订新增内容。

本条对粮食流通管理违法行为“处罚到人”，是全面贯彻习近平总书记关于食品安全“四个最严”要求，加大食品领域执法力度的重要举措，也是《条例》修订的一大亮点。当从事粮食经营活动的企业发生违反《条例》规定的行为且情节严重时，增加将粮食经营企业的法定代表人、主要负责人、直接负责的主管人员和其他直接责任人员作为行政处罚对象，加强对粮食经营企业的监管和违法处罚，在明确经营主体责任的同时，压实相关人员责任。立案查处以后，除罚企业外，还要罚单位的法定代表人、主要负责人、直接负责的主管人员和其他直接责任人员。《条例》明确以责任人员上一年度从企业取得的收入为计算基数，处以 1 倍以上 10 倍以下罚款，罚款数额与被处罚责任人员所在企业状况、责任人员薪酬水平因素相关，具有特定性、针对性、科学性，对其所在企业其他人员也起到警示作用。

第五十二条

违反本条例规定，阻碍粮食自由流通的，依照《国务院关于禁止在市场经济活动中实行地区封锁的规定》给予处罚。

释义：

本条是关于阻碍粮食自由流通的违法处罚规定。

规定本条的主要目的是引述禁止市场经济活动中地区封锁行为的监管依据，明确有关部门职责。

粮食流通管理涉及的环节和部门较多，为确保粮食流通管理不出现冲突规定导致多头执法或规定不明确导致监管“缺位”，《条例》对现行法律、行政法规已有规定的内容，根据必要性采取衔接性的表述方式，援引相关规定。

地区封锁行为，是指单位或者个人违反法律、行政法规和国务院的规定，以任何方式阻挠、干预外地产品或者工程建设类服务进入本地市场的行为，或者对阻挠、干预外地产品或者服务进入本地市场的行为纵容、包庇，限制公平竞争。

构建稳定的粮食自由流通市场秩序，要培育和发展统一开放、竞争有序的粮食流通体系，遵循市场经济活动规律，打通市场运行堵点，坚决打击地方保护主义，严禁粮食流通区域性封锁。通过全国统一规范的粮食竞价交易系统的运行,加强粮食收购、批发和零售市场建设,规范粮食交易行为。

第五十三条

违反本条例规定,构成违反治安管理行为的,由公安机关依法给予治安管理处罚;构成犯罪的,依法追究刑事责任。

释义:

本条是关于治安管理处罚和追究刑事责任的规定。

规定本条的主要目的是明确粮食经营主体的违法成本,起到违法警示作用,加强与治安管理处罚、追究刑事责任的衔接。本条为修订新增内容。

法律责任包括民事责任、行政责任和刑事责任。根据《治安管理处罚法》的规定,扰乱社会秩序,妨害公共安全,侵犯公民人身权利,侵犯公私财产,根据《刑法》的规定构成犯罪的,依法追究刑事责任;尚不构成犯罪,但构成违反治安管理行为的,依照《治安管理处罚法》给予治安管理处罚。治安管理处罚是公安机关依法实施的行政执法行为。

根据罪刑法定原则,刑事犯罪及刑事责任认定的法律依据为《刑法》,《条例》规定"构成犯罪的,依法追究刑事责任",明确了行政责任与刑事责任的衔接。

第六章
附　则

第五十四条

本条例下列用语的含义是:

粮食收购,是指向种粮农民、其他粮食生产者或者粮食经纪人、农民专业合作社等批量购买粮食的活动。

粮食加工,是指通过处理将原粮转化成半成品粮、成品粮以及其他食用或者非食用产品的活动。

政策性粮食,是指政府指定或者委托粮食经营者购买、储存、加工、销售,并给予财政、金融等方面政策性支持的粮食,包括但不限于政府储备粮。

粮食经纪人,是指以个人或者家庭为经营主体,直接向种粮农民、其他粮食生产者、农民专业合作社批量购买粮食的经营者。

技术规范,是指尚未制定国家标准、行业标准,国家粮食和储备行政管理部门根据监督管理工作需要制定的补充技术要求。

释义:

本条是关于《条例》出现的相关概念的解释。

本条解释的概念主要包括粮食收购、粮食加工、政策性粮食、粮食经纪人和技术规范。其中,政策性粮食除条文的定义外,还有更广泛的外延,具体来说,政策性粮食是国家粮食宏观调控的重要物质基础，其收购、销售和库存管理等均有明确的政策要求，政策性粮食的所有权属于中央和地方各级人民政府。目前，我国的政策性粮食主要分为以下几类：

中央储备粮，是指中央人民政府储存的用于调节全国粮食供求总量，稳定粮食市场，以及应对重大自然灾害或者其他突发事件的粮食和食用油。

最低收购价粮，是指国家根据最低收购价政策收购的粮食，粮权属于国务院。

国家临时存储粮，是指国家根据有关政策，通过收购、进口、划转等方式形成的粮食，粮权属于国务院。

地方储备粮，是指地方人民政府储存的用于调节辖区内粮食供求总量，稳定辖区内粮食市场，以及应对重大自然灾害或者其他突发事件的粮食和食用油，主要分为省级、市级和县级储备粮，粮权属于各级地方人民政府。

地方政策性粮，是指根据有关政策通过收购、划转等方式形成的粮食，粮权属于地方各级人民政府。

第五十五条

大豆、油料和食用植物油的收购、销售、储存、运输、加工、进出口等经营活动，适用本条例除第九条第二款以外的规定。

粮食进出口的管理，依照有关法律、法规的规定执行。

释义：

本条是关于其他适用范围的规定。

规定本条的主要目的是明确大豆、油料和食用植物油相关经营行为及粮食进出口管理的《条例》适用问题。

本条分为两款。

第一款规定了关于大豆、油料和食用植物油的经营管理。从《条例》内容看，《条例》第二条规定的本《条例》适用的粮食范围，包括小麦、稻谷、玉米、杂粮及其成品粮；因此，《条例》第二条至第五十四条中的“粮食”不包括大豆、油料和食用植物油。本条明确了大豆、油料和食用植物油的经营活动适用《条例》，但不实行《条例》第九条规定的收购备案管理。

第二款规定了粮食进出口管理。粮食进出口是国家进行粮食余缺和品种调剂，促进国内粮食供求基本平衡的重要手段之一。从事将粮食进口到中华人民共和国关境内或者将粮食出口到中华人民共和国关境外的贸易活动，应当遵守《对外贸易法》《海关法》《货物进出口管理条例》《进出口关税条例》《条例》《农产品进口关税配额管理暂行办法》等有关法律、行政法规，《条例》对现行法律、行政法规已有规定的内容，不再重复规定，明确援引予以衔接。

第五十六条

本条例自 2021 年 4 月 15 日起施行。

释义：

本条是关于《条例》施行日期的规定。

规定本条的主要目的是明确《条例》修订之后的正式生效和开始施行的日期。

法律法规的施行日期即生效日期，是指法律法规从该日期正式具有法律效力。我国行政法规对施行日期的规定，目前一般有 3 种主要方式：一是直接规定施行日期；二是规定在公布之日起施行；三是规定生效日期取决于另一部法律或法规的实施日期。《条例》属于第一种方式。

关于《条例》的溯及力，即《条例》是否适用于施行前的事件和行为的问题：根据《立法法》第九十三条的规定，行政法规一般不溯及既往，特别规定除外。2021 年 4 月 15 日新修订后的《条例》正式施行。

专题解读

全面提高粮食流通依法治理水平*

张务锋

2021年2月15日，李克强总理签署第740号国务院令，公布修订后的《粮食流通管理条例》（以下简称《条例》），自2021年4月15日起施行。《条例》是维护粮食流通秩序、实现粮食流通现代治理的重要法律制度保障。各级粮食和物资储备部门要深入学习贯彻习近平法治思想，认真学习新修订的《条例》，全面贯彻立法精神和主要内容，切实增强依法行政意识和能力，提高粮食流通治理现代化水平，用强大的法治力量坚决维护国家粮食安全。

一、立足新形势，充分认识《条例》修订实施的重要意义

党的十八届四中全会通过的《中共中央关于全面推进依法治国若干重大问题的决定》明确提出："法律是治国之重器，良法是善治之前提。"习近平总书记深刻指出："实践是法律的基础，法律要随着实践发展而发展。"这次《条例》修订，坚持落实中央要求、立足问题导向、反映改革成果、引领改革方向、完善基本制度的立法思路，作出全面、系统、有针对性的修订完善，以行政法规形式明确了适应新时代要求的粮食流通管理制度框架，是粮食安全保障法律体系建设的重要立法成果，对粮食流通改革发展具有十分重要的引领、保障和推动作用。

第一，《条例》修订实施，提高站位、对标看齐，体现了将粮食安全作为头等大事、国之大者的战略定位。对《条例》的修订，是深入贯彻习近平总书记关于国家粮食安

---

* 本文为国家发展改革委党组成员，国家粮食和物资储备局党组书记、局长张务锋同志于2021年5月20日在《条例》贯彻实施培训会上的讲话，有部分删节、改动。

全重要论述精神、“做好粮食市场和流通的文章”的有力举措，是落实党中央、国务院领导同志重要指示和批示精神，及时查找漏洞、补齐短板弱项、加强制度建设的重要举措。这次修订，着眼“产购储加销”协同保障，对重点领域和关键环节作出制度安排。《条例》明确粮食安全实行党政同责的要求，首次在行政法规中确立粮食安全省长责任制的制度规范，压实各地保障国家粮食安全的政治责任；针对政策性粮食管理中易发多发问题作出禁止性规定，大幅提高涉粮违法行为的处罚力度；结合疫情防控保供稳市的实践，对健全监测预警体系、提高粮食收储调控能力提出明确要求。这些制度措施，有利于固根本、稳预期、利长远，增强防范化解粮食领域风险挑战的能力，在更高层次上端牢14亿中国人的饭碗。

第二，《条例》修订实施，守正创新、与时俱进，体现了粮食流通治理现代化的时代要求。国务院2004年颁布实施的《条例》，对于理顺粮食价格形成机制、完善粮食宏观调控、规范粮食经营活动、维护粮食流通秩序、保障国家粮食安全发挥了重要作用。随着形势发展变化，粮食流通市场化程度大幅提高，市场主体日益多元，利益关系日趋复杂，粮食宏观调控和监管难度明显增大。这次修订，在系统总结实践经验的基础上，将粮食流通管理中成熟的政策制度法治化。坚持正确处理政府和市场关系，丰富了行政执法手段，强化了法律责任，力求把该管的事管好、管到位，把该放的权放足、放到位。这些制度举措，有利于更好地规范粮食市场秩序、守住管好“天下粮仓”、保持粮食市场总体稳定，加快形成粮食流通依法治理新格局。

第三，《条例》修订实施，践行宗旨、坚守初心，体现了以人民为中心的发展思想。坚持以人民为中心是新时代坚持和发展中国特色社会主义的基本方略之一，让老百姓过上好日子是我们一切工作的出发点和落脚点。2021年4月，习近平总书记在广西桂林考察调研时强调指出，让人民生活幸福是“国之大者”；5月在河南省考察调研时，习近平总书记临时下车，察看小麦长势，体现了对粮食安全的高度重视。《条例》坚持“为耕者谋利、为食者造福、为业者护航”，进一步明确粮食收购按质论价、及时支付售粮款、对重点粮食品种实行政策性收储等支持保护措施，为健全粮食流通质量安全管理机制，提供了长期稳定可预期的制度环境。这些制度措施，将有力地保护和调动农民种粮积极性，守住老百姓“舌尖上的安全”，进一步优化粮食流通营商环境，让广大人民群众和市场主体真切感受到粮食流通改革发展成果。

二、把握新要求，高标准高质量推进《条例》贯彻实施

习近平总书记深刻指出："法律的生命力在于实施。如果有了法律而不实施，或者实施不力，搞得有法不依、执法不严、违法不究，那制定再多法律也无济于事。"我们要全力抓好《条例》学习宣传贯彻，强化法治思维，树立法治权威，坚守法治底线，加快实现监管理念的现代化转变、监管机制的科学化转变、监管手段的信息化转变、监管格局的协同化转变，切实维护粮食流通正常秩序，坚决扛稳保障国家粮食安全的政治责任。总体而言，要把握好以下四个方面。

（一）坚持权责法定，持续深化观念、职能、方式"三个转变"

长期以来，我们更加熟悉和习惯用计划和行政的办法进行粮食流通管理。在全面推进依法治国的大背景下，需要牢固树立依法行政的理念，提升依法治理的能力和水平，从原来主要依靠计划、开会等方法，转向既要依靠计划、政策的方法手段，更要依靠法治的方法手段，善于在法治框架内调整市场主体的利益关系。《条例》完善了粮食安全责任体制机制，强化了粮食流通监管部门职权。要坚持法定职责必须为、法无授权不可为，牢固树立守土有责、守土尽责意识，准确把握《条例》赋予的职权和责任，不折不扣抓好落实，决不能出现履责"空挡"和"越位""错位"现象。需要强调的是，按照"放管服"改革精神，这次《条例》修订，取消了已实施 17 年的粮食收购资格行政许可。国家粮食和物资储备局已经专门发出通知，对取消事先审批后，加强粮食收购事中、事后监管作出部署。各级粮食和物资储备部门要认真落实《条例》相关规定，不得以任何理由、任何形式变相保留行政许可。取消行政许可后，不能对粮食收购活动"一放了之"，要统筹运用、严格执行主体备案、情况报告、活动规范、监督检查等监管措施，加大违法违规行为处罚力度，切实维护好粮食收购正常秩序。同时，创新为农、为企服务方式，不断提高服务水平，充分激发市场活力。

（二）坚持执法从严，切实维护《条例》的权威性和执行力

执法是把"纸面上的法律"变为现实生活中"活的法律"的关键环节。近年来，全国各级粮食和物资储备部门切实履行职能职责，通过开展"大快严"检查、粮食库存大清查、中储粮年度考核、涉粮问题整改"回头看"等专项行动，查处整治了一批粮食流通领域的违法违规问题。新修订的《条例》适应粮食流通管理形势需要，在原有进入经营场所、检查仓储设施设备、调查了解情况等现场检查手段的基础上，明确设定

查封、扣押等行政强制措施,从制度上解决粮食流通执法手段不足的问题。要按照严格规范公正文明执法的要求,明确执法流程,规范执法裁量,严格执法程序,提高行政执法整体水平。要更加注重创新执法方式,充分运用“双随机”抽查系统,加强跨区域交叉执法检查、专项检查和突击抽查,完善“12325”粮食监管热线运行机制。对涉粮违法行为要坚持“零容忍”态度,严格检查、严肃处罚,发现一起、查处一起,用“长牙齿”的措施,维护好粮食流通秩序。经国家局党组研究决定,从 2021 年 6 月开始,在全国范围内开展为期半年的粮食流通“亮剑 2021”专项执法行动。总体要求是,坚持有法必依、执法必严、违法必究,聚焦重点环节、关键时点、重点问题,严肃查处违法违规案件,适时曝光重大典型案例,迅速营造“大国粮仓”强监管的浓厚氛围,显著增强执法监管的震慑力,加快提高执法队伍的执行力,形成知法用法、依法监管和守法诚信经营的良好局面。

(三)坚持问题导向,坚决守住政策性粮食管理安全底线

政策性粮食是保障国家粮食安全的重要物质基础。对于历史上就极易出问题且又难管的“天下粮仓”,我们要有清醒的认识,既要看到取得的成效,更要充分估计涉粮问题的复杂性和敏感性。近年来,全系统认真贯彻落实党中央、国务院领导同志重要指示和批示精神,在国家发展改革委党组的精心指导和大力支持下,打出来一套有力有效的“组合拳”,政策性粮食管理水平明显提高。但同时也要看到,执行政策不够严格现象仍有发生,个别库点存在亏库问题,有的粮食质量达标率较低,有的存在安全储粮风险,还有的屡屡引发负面舆情。为补齐政策性粮食监管的短板弱项,《条例》修订强化了“五个严”,即严肃落实政策目标;严把质量等级标准;严明出库管理责任;严格粮食购销动用程序;严厉追究违法责任。这是《条例》修订的重点,也是亮点。“徒法不足以自行。”要准确把握政策性粮食的管理主体责任和监管责任,紧盯收购、储存、销售、出库等环节,严肃查处“转圈粮”、“以陈顶新”、压级压价、“打白条”等行为,依法治理各种形式的“出库难”,严防不符合食品安全标准的粮食流入口粮市场,确保政策性粮食库存数量真实、质量良好和储存安全,确保关键时刻拿得出、调得快、用得上。

(四)坚持系统观念,全力保障《条例》贯彻实施效果

粮食流通涉及多个环节和各类主体,要精心组织,协同发力,精准把握,实现政治效果、法律效果、社会效果相统一。一要统筹完善配套规章制度。国家粮食和物资储

备局详细梳理了需要制修订的配套制度建设任务，分类确定了责任主体，明确了具体工作要求。地方各级粮食和物资储备部门也要抓紧推动出台地方性法规，做好现行规章制度、规范性文件的全面梳理和“立改废”工作，确保《条例》得到统一、正确实施。二要统筹推进执法和普法。按照“谁执法，谁普法”要求，坚持普法工作与执法实践相结合，坚持系统内普法与社会普法并重，明确宣传重点，抓住关键节点，注重以案释法，把《条例》修订的精神讲清楚，把主要制度内容讲清楚，把鼓励性和禁止性规定讲清楚，切实增强普法的针对性和实效性。《条例》修订后，国家粮食和物资储备局精心组织策划，积极协调争取，在有关部门单位的大力支持下，加强了普法宣传。国务院新闻办公室举办政策例行吹风会，《人民日报》、新华社、中央广播电视总台、《光明日报》、《经济日报》、《中国日报》、中国新闻社等中央主流媒体，通过要闻、快讯、消息等多种形式，以及“新闻联播”、《新闻和报纸摘要》、“焦点访谈”等核心栏目，进行了高频率、多角度、分层次的宣传解读，创造了良好的社会舆论环境。下一步，要紧紧围绕主题，不断创新方式，持续释放鲜明信号。三要统筹各方协同联动。近年来，各级粮食和物资储备部门积极探索跨部门、跨区域协同监管，取得了明显成效。要认真总结经验做法，主动争取支持，健全与有关部门的协作机制，完善系统内的协同机制，创新全社会共同参与机制，进一步整合资源、增强合力。

三、用好新契机，全面提高粮食和物资储备部门依法行政水平

习近平总书记多次强调，“不断提高运用法治思维和法治方式深化改革、推动发展、化解矛盾、维护稳定、应对风险的能力”。要以《条例》修订实施为重要契机，在全系统大力弘扬社会主义法治精神，加强法治机关建设，锻造一支忠诚干净担当的高素质专业化执法队伍，全面增强依法管粮管储能力。

一要强化法治思维。认真学习领会习近平法治思想，吃透精神实质，把握核心要义，明确实践要求，并贯彻落实到粮食和物资储备工作的全过程各领域。要紧密结合学习型机关建设，把法治教育作为各类培训的重要内容，大力推进法治文化建设，引导广大干部将法治思维厚植于心，使依法行政成为一种自觉、一种习惯、一种常态。要抓住“关键少数”，落实法治机关建设第一责任人责任，带头尊崇法治、敬畏法律，带头营造办事依法、遇事找法、化解矛盾靠法的法治环境。

二要提高专业素养。粮食和物资储备工作专业性强，关联领域较多，形势发展变化较大，急需专业思维、专业素养、专业方法的支撑保障。要坚持以事择人、人岗相适,优先将政治强、业务精、作风硬的干部充实到依法行政岗位,把年富力强、具有专业资格和实践经验的干部安排到执法监管一线。要坚持干什么学什么、缺什么补什么,有针对性地开展专题培训、轮岗交流、跟班学习,落实法律专业人员“以岗代训”制度,尽快弥补经验空白和知识盲区,从速提高政策水平和业务能力。要加强法治工作机构和队伍建设,保证力量,优化机制,完善法律顾问、合法性审查等制度,切实提高依法决策水平。

三要发扬斗争精神。斗争,就是奔着矛盾问题、风险挑战去的。执法监管是为国家粮食和物资储备安全守防线的,如果失之于“宽、松、软”,法律规定成了“橡皮泥”“稻草人”,必然要出问题、捅娄子。严字当头,动真碰硬,在法律和政策问题上绝不能含糊,在违法违规问题查处上决不能变通“放水”。要认真落实行政执法责任,建立完善执法责任追究机制,做到执法有保障、有权必有责、用权受监督、违法受追究、侵权须赔偿,充分彰显法治的权威。同时,正确处理监管和被监管的关系,该监管的要监管到位,该服务的要服务到位,各尽其责,共保安全。

四要严明纪律作风。“打铁还须自身硬”,要坚守正道,秉公用权,完善工作流程和内控机制,严格按照法律、政策、程序办事,坚决防止不作为、乱作为现象。要坚持以公开促公正、以透明保廉洁,加大政务公开力度,严肃查处违纪违法行为,让“暗箱操作”没有空间,让腐败行为无处藏身。要自觉接受社会监督、舆论监督,全面加强巡视监督、纪律监督,形成风清气正的依法行政氛围。

贯彻落实《条例》意义深远、责任重大。我们要更加紧密地团结在以习近平同志为核心的党中央周围,认真落实总体国家安全观和国家粮食安全战略,以《条例》修订实施为契机,积极作为、强化监管,全面提高粮食流通依法治理水平,为保障国家粮食安全和战略应急物资储备安全做出新的更大贡献。

深入理解和贯彻《粮食流通管理条例》切实维护粮食市场秩序*

张晓强

国务院公布修订后的《粮食流通管理条例》(以下简称《条例》),提出严格政策性粮食管理,强化粮食收购、储存等环节质量安全监管,明确防止和减少粮食损失浪费,加大违法行为惩处力度等措施。《条例》的修订出台,为进一步维护粮食生产经营者和消费者合法权益,维护粮食流通秩序提供了法律依据。

一、《条例》的修订出台恰逢其时、意义重大

当今世界正经历百年未有之大变局,2020 年以来新冠肺炎疫情冲击全球,国际形势日趋复杂,粮食安全的重要性进一步凸显。习近平总书记强调,要"做好粮食市场和流通的文章"。李克强总理指出,深化和完善粮食流通管理,既要毫不放松抓好政策性收储,发挥其托底作用;又要保持粮食市场应有的活跃度,切实保护和调动广大农民种粮积极性。根据党的十九届四中全会关于推进国家治理体系和治理能力现代化的精神,新形势下要积极加强粮食流通管理,搞活粮食流通,迫切需要加快实现从政策治理到法治治理的根本转变,实现粮食治理制度化。

在此背景下,《条例》的修订出台可谓恰逢其时,既是既往政策的延续,又是适应新时期粮食流通形势新变化、新特点、新要求的现实需要,标志着我国粮食流通工作

* 本文于 2021 年 4 月 7 日在国家粮食和物资储备局网站发布,作者为国家粮食安全政策专家咨询委员会主任委员,中国国际经济交流中心常务副理事长、执行局主任张晓强同志。

进入更加规范化、法治化的轨道,对提升粮食流通治理能力和治理水平,对维护粮食生产经营者和消费者合法权益、维护粮食市场和价格稳定、保障国家粮食安全具有重要意义。

二、准确理解和把握《条例》修订的重点和亮点

此次修订出台的《条例》,围绕当前粮食流通管理的短板、弱项,聚焦重点问题、突出问题,提出了若干新举措,有很多新亮点。

(一)重点规范粮食流通管理的短板和弱项

作为我国规范粮食流通管理的专门行政法规,此次修订出台的《条例》,具有以下几个特点。一是明确管理主体。对国家发展改革委、国家粮食和物资储备局、市场监督管理以及卫生健康等部门的粮食流通监督管理职责进一步明确,避免职能交叉,也防止出现监管的"真空地带"。二是细化管理对象。对所有从事粮食收购、销售、储存、加工的经营者及饲料、工业用粮企业,根据其不同的市场行为,确定了科学、实用的管理办法。三是丰富管理内容。围绕粮食流通中的重点领域和关键环节,进一步规范粮食经营者的经营活动行为,严格政策性粮食管理,强化粮食质量安全监管,增加减少粮食损失浪费的规制内容。四是完善管理方式。健全市场监测和预警体系,建立粮食经营者信用档案,进一步加大违法行为的惩处力度,提高粮食经营者守法、诚信意识。同时,对禁止性行为进一步明确,规范相应法律责任。

(二)进一步严格政策性粮食管理,稳住粮食安全"压舱石"

近年来,政策性粮食违法违纪案件时有发生,进一步反映出加大政策性粮食管理仍任重道远、时刻不能放松。《条例》进一步严格政策性粮食管理,明确粮食经营者在从事政策性粮食经营活动中的禁止性行为,明确政策性粮食的采购和销售方式,强化了政策性粮食流通管理各个环节中的监督检查制度,规定了严格、具体的法律责任,持续改进、优化政策性粮食管理,全面提升粮食安全保障能力。

(三)进一步优化粮食市场监管,为市场主体撑起"保护伞"

在粮食市场全面放开和粮食市场主体多元化的条件下,容易出现无序竞争的现象,在粮食供求失衡时,一些粮食经营者违规收购或者囤积居奇,不利于粮食市场的稳定,损害种粮农民和消费者的利益。《条例》深入落实国务院"放管服"的改革精神,加强事中、事后监管,建立粮食经营者信用档案,明确粮食和储备行政管理部门、市场监督管理部门的监管措施,进一步规范买卖双方的交易行为,有效维护粮食市场的良好秩序,营造公平竞争的良好环境,促进粮食市场的健康有序发展。

(四)进一步强化质量安全监管,让群众吃上"放心粮"

影响我国粮食质量安全的风险隐患较多,既有粮食源头影响质量的因素,如土地、水资源污染和重金属超标等,也有仓储、加工环节的管理不善,以及物流、运输方式的不科学等因素。《条例》进一步强化粮食质量安全监管,建立健全粮食流通质量安全风险监测体系,加强粮食收购、运输、存储、出库等环节监管,确保人民群众"舌尖上的安全",进一步满足人民群众"吃得好""吃得营养""吃得健康"的诉求。

(五)进一步防止和减少粮食损失浪费,耕好节粮减损的"无形良田"

习近平总书记强调,"尽管我国粮食生产连年丰收,对粮食安全还是始终要有危机意识,今年全球新冠肺炎疫情所带来的影响更是给我们敲响了警钟"。树立粮食危机意识,减少粮食损失和浪费,是保障我国粮食安全的重要举措,是深入实施国家粮食安全战略的必然要求。《条例》将防止和减少粮食损失浪费作为粮食经营活动的原则要求,明确了防止和减少粮食储存损耗、运输损耗等环节的各项措施,鼓励经营者提高成品粮出品率和副产物综合利用率,大力开展宣传教育等,进一步提高节粮减损工作实效,建设"无形良田",增加粮食有效供给。

(六)进一步加大违法行为惩处力度

《条例》提出要强化监管责任,明确有关监管部门不依法履行粮食流通监管职责的法律责任。加大违法行为惩处力度,对粮食收购企业未按规定备案或提供虚假备案信息、未按国家规定进行质量安全检验,粮食储存企业未按规定进行粮食销售出库质量安全检验等行为,处以警告或罚款等,提高粮食经营主体违法成本。加强行政处罚与追究刑事责任的衔接,提升监管威慑力,在更高水平上维护粮食生产者、经营者和消费者的合法权益,规范生产经营活动,促进粮食市场健康运行。

三、贯彻落实《条例》,保障粮食市场健康发展

为确保《条例》顺利贯彻实施,切实发挥《条例》在完善粮食宏观调控、规范粮食经营活动、维护粮食流通秩序、保障国家粮食安全方面的作用,还需在以下几方面做好工作,保障粮食市场健康发展。

(一)出台配套政策措施,完善以《条例》为主体的粮食市场管理制度体系

要以《条例》的修订出台为契机,推动各地各部门建立健全规范和促进粮食流通以及粮食产业发展的制度体系,尤其是《条例》中修订的各项制度要形成切实可行的

落实措施，并进一步细化、具体化，如政策性粮食管理指导意见等。同时，重新梳理现有规章制度，与《条例》不符的内容应及时修订或废止，确保《条例》中的各项规定得以有效落实。

（二）加强粮食市场预警体制机制建设，为贯彻落实《条例》创建必要条件

开展原粮收储流通动态监测、成品粮监测摸底，对影响粮食安全水平的各种因素进行实时监控，及时报告信息，密切跟踪市场动态，全面准确掌握市场行情，及时发现苗头性、倾向性、潜在性问题，确保监测预警工作的全面性、时效性、准确性，为政府决策提供支撑，为消费者、企业等提供信息推送和预警等服务。通过构建基于全产业链的一体化监测预警体系，增强相关监管部门信息共享、业务联动。

（三）强化粮食市场监管，确保《条例》落到实处

要强化完善粮食安全省长责任制考核，充分发挥考核"指挥棒"作用，增强粮食市场宏观调控能力。建立多部门联合执法机制，强化粮食市场监管，推进依法管粮，维护公平竞争的市场环境，坚决防止出现压级压价、"打白条"等坑农、害农现象，坚决打击囤积居奇、欺行霸市等扰乱市场秩序的行为，依法维护粮食流通市场秩序，确保中央强农惠农富农政策落到实处。

（四）加强《条例》培训和普法宣传，提高全民懂法守法维权意识

把《条例》中的重点内容、关键措施等，通过编写通俗易懂的读物，制作消费者喜闻乐见的视频，借助电视、广播、网络、杂志、报纸等，通过多渠道、多平台、多形式，让基层干部和粮食生产经营各主体熟悉新政策、了解新办法，确保政策能够不折不扣落地、扎扎实实到位，使全民尊法学法守法用法意识有效增强，有效维护粮食市场秩序，促进粮食市场健康有序发展。

用法治思维和法治方式构建粮食流通新秩序*

黄　炜

新修订的《粮食流通管理条例》(以下简称《条例》)已于2021年4月15日起施行。《条例》健全完善了粮食流通管理的制度框架,全面充实了粮食流通管理的制度内容,是对粮食流通众多经验的系统总结,是对粮食流通监管政策的全面反映,标志粮食流通进入了全面依法治理的新阶段。在深入推进全面依法治国的大背景下,《条例》的修订出台,对粮食流通监管部门自觉运用法治思维和法治方式,切实履行依法监管职责,着力构建粮食流通新秩序提出了新的更高要求。

一、准确把握《条例》的制度定位

(一)从法律的渊源看

正确理解法律渊源,掌握《条例》在我国法律体系中的地位,是我们做好《条例》贯彻实施工作的基础和前提。中国特色社会主义法治体系是推进全面依法治国的总抓手。2011年3月,时任全国人大常委会委员长吴邦国在第十一届全国人大四次会议第二次全体会议上宣布,2010年年底中国特色社会主义法律体系已经形成,总体上解决了有法可依的问题,是我国社会主义民主法制建设的重要里程碑。党的十八大以来,立法工作进程不断加快,中国特色社会主义法律体系更加科学完备、统一权

* 本文为国家粮食和物资储备局副局长黄炜同志2021年5月20日在《条例》贯彻实施培训会上的授课内容,有部分删节、改动。

威。中国特色社会主义法律体系由法律、行政法规、地方性法规等多个层次的法律规范构成。《条例》作为行政法规,对整个粮食流通活动进行规范,是我国粮食流通领域的基本法规制度,是中国特色社会主义法律体系的重要组成部分。

用法律渊源和法律体系的全局观念理解粮食流通管理的法律规范,对于做好《条例》贯彻实施的具体工作具有十分重要的意义。一是要有上位法的观念。关于粮食流通管理,还有一系列国家法律的规定,如《农业法》《食品安全法》《农产品质量安全法》《标准化法》《价格法》等,以及将要出台的粮食安全保障法。二是要有平行法的观念。涉及粮食流通管理事项的还有《粮食风险基金管理暂行办法》《食品安全法实施条例》《标准化法实施条例》《价格管理条例》等,以及将要制定出台的粮食储备安全管理条例。三是要有下位法的观念。包括大量的关于粮食流通的规章和行政规范性文件,如《粮油仓储管理办法》《粮食质量安全监管办法》等。

(二)从制度的属性看

按照通行的分类方法,法律规范总体上有3种类型。一是民商事法律规范,是调整平等主体的自然人、法人和非法人组织之间的人身关系和财产关系的法律;二是刑事法律规范,是通过刑罚手段惩治犯罪行为的法律;三是行政法律规范,是规范行政主体与行政相对人之间发生的各种关系的法律。

《条例》针对粮食流通外部性引致的种粮农民利益保护、粮食供应稳定、粮食质量安全、粮食损失和浪费等问题,系统规定了粮食收购管制、粮食质量安全管理、政策性粮食管理、粮食宏观调控、粮食应急、粮食损失和浪费规制等一系列粮食行政管理专门的措施和手段,是粮食流通行政管理的制度集成。除粮食流通行政管理的专门制度规范外,《条例》还对粮食和物资储备部门履行粮食流通管理职责,行使粮食流通行政管理职权所必需的管理制度、行政强制、行政处罚、行政指导、诚信监管等共同行政行为范畴的问题进行了系统规范,由此形成了粮食流通行政管理的制度规范体系。

因此,《条例》是典型的粮食流通行政法规,是国家行政法律制度体系的重要组成部分。正确认识《条例》的制度属性,对于正确理解具体规范内容,避免在实践中不适当、无依据地介入民事和刑事法律领域,严格规范行政管理和行政执法行为,以便真正做到依法行政,具有十分重要的意义。

（三）从制度范畴看

准确理解《条例》的制度范畴，有利于全面有效开展粮食流通监管活动，依法规范履行粮食流通监管职责，实现好《条例》的立法目的。按粮食流通标的分，《条例》规范小麦、稻谷、玉米、杂粮及其成品粮。按粮食流通环节分，《条例》规范粮食收购、销售、储存、运输、加工、进出口等活动。粮食进出口活动，由于国家有专门法律规范，《条例》在附则中明确了“粮食进出口的管理，依照有关法律、法规的规定执行”。按粮食流通类型分，《条例》规范政策性粮食和商品性粮食。政策性粮食，是指政府指定或者委托粮食经营者购买、储存、加工、销售，并给予财政、金融等方面政策性支持的粮食，包括但不限于政府储备粮。加强粮食流通监管，既要重视政策性粮食的监管，也不能放松对商品性粮食的监管。

二、准确把握《条例》的制度价值

（一）有利于保护种粮农民利益

我国的粮食安全不仅需要满足居民粮食需求，而且事关农民生计安全。习近平总书记反复强调稳定发展粮食生产，一定要让农民种粮有利可图。农民愿不愿意种粮、愿意种多少粮，关键看种粮能给农民带来多少收益。李克强总理在国务院常务会议审议时专门强调，凡涉及农民利益的法规文件修订，一定要尊重农民意愿，慎之又慎仔细斟酌，切实维护农民的切身利益。《条例》开宗明义地将保护粮食生产者积极性、促进粮食生产作为立法目的之一，明确规定了采取政策性粮食购销等措施在内的一系列保护农民利益的措施，充分体现了人民至上的执政理念和以人为本、立法为民的法治理念，有利于进一步保护种粮农民合法权益、调动粮食生产积极性、促进粮食生产、保障国家粮食安全。

（二）有利于加强政策性粮食管理

政策性粮食是中央和地方政府直接掌控在“手中”的粮食，是为国为民保障粮食安全的物质基础，是粮食安全“中国之治”的重要制度安排。《条例》针对政策性粮食管理中存在的问题，特别是近年来发生的有关涉粮案件暴露出来的突出问题，以及近年来“两项考核”、库存检查中发现的问题隐患，明确规定了政策性粮食经营活动中的禁止性行为，并设立了严格的法律责任，补上了政策性粮食监管的制度短板，对于管好政策性粮食库存、实现政策性粮食目的，更好地发挥政策性粮食“定海神针”的作用具有十分重要的意义。

（三）有利于更好地实现粮食保供稳价

粮食涉及每个人的生活，粮价是百价之基。为实现粮食生产和需求在时间和空间上的匹配，必须通过粮食流通保障市场供应。2020 年 4 月 8 日，习近平总书记主持召开中共中央政治局常务委员会会议，强调要加强粮食市场价格监测和监管，保障市场供应和价格基本稳定。2020 年 5 月 23 日，习近平总书记在看望参加全国政协会议的经济界委员时特别指出："这次新冠肺炎疫情如此严重，但我国社会始终保持稳定，粮食和重要农副产品稳定供给功不可没。"《条例》结合新冠肺炎疫情防控粮食保供稳价工作实践，完善粮食保供稳价的各项措施和宏观调控手段，健全制度措施，对于提升粮食市场保障能力，确保粮食流通平稳运行具有重要保障作用。

（四）有利于更好地保障高品质粮食供给

加强粮食质量安全管理是推动粮食高质量发展、更好满足人民日益增长的美好生活需要的必然要求。《条例》着眼粮食产业创新发展、转型升级、提质增效的目标，立足"高品质粮食供给"和"高质量粮食供给"，针对粮食质量安全保障的特殊问题和专门要求，围绕粮食质量监测监控、出入库检验、库存质量管控、运输过程质量管理以及被污染粮食处置等作出有针对性的制度安排，在粮食流通各个环节"层层设防"，确保"吃得放心""吃得安全"，守护老百姓"舌尖上的安全"。

（五）有利于更好地防止和减少粮食损失浪费

《条例》遵照习近平总书记关于"要加强立法，强化监管，采取有效措施，建立长效机制，坚决制止餐饮浪费行为"的重要指示精神，围绕节粮减损重点领域、重点环节作出了特别规定，将防止和减少粮食损失浪费作为粮食经营活动的原则要求，明确部门职责分工，规范储存、运输、加工利用等重点环节，强化技术研发应用与宣传教育，对于在全社会营造"爱惜粮食、反对浪费"的浓厚氛围、更好地传承中华民族传统美德提供了重要的法治引领。

三、准确把握《条例》的修订思路

《条例》修订的总体思路是：以习近平新时代中国特色社会主义思想为指导，认真贯彻落实党中央、国务院决策部署，坚持总体国家安全观，立足保障国家粮食安全的政治站位，着眼构建更加科学、规范、有效的粮食流通管理制度体系，在总结实践经验和改革成果的基础上，聚焦短板和弱项，有针对性地完善制度设计。

（一）全面加强党对粮食工作的统一领导

党的十九大把“坚持党对一切工作的领导”确立为新时代坚持和发展中国特色社会主义基本方略的第一条。党的领导是实现粮食安全治理能力现代化的根本保证，只有坚持党对粮食工作的领导，才能保证粮食安全保障工作沿着正确的方向前进；只有依靠法治治理，才能将粮食安全问题全面纳入法治化轨道。《条例》旗帜鲜明地体现了党对粮食工作的领导，明确规定“省、自治区、直辖市应当落实粮食安全党政同责，完善粮食安全省长责任制，承担保障本行政区域粮食安全的主体责任”。

（二）切实保护种粮农民利益的目标导向

为耕者谋利，是粮食流通工作的重要使命之一。《条例》将保护粮食生产者积极性、促进粮食生产作为立法目的之一，规定了一系列保护种粮农民利益的制度措施，对“打白条”等坑农害农行为规定了严厉的法律责任，是坚持人民至上执政理念、不断增强人民群众获得感、幸福感、安全感的生动体现。

（三）系统反映粮食流通体制改革的实践经验

党的十八大以来，粮食流通领域体制机制改革不断深化，形成了一整套政策制度措施，积累了丰富的粮食流通管理经验。《条例》系统总结实践做法经验，将粮食流通管理中成熟的政策制度法治化，是落实中央确定的加快完善粮食安全法律制度的重要成果。

（四）着力解决粮食流通领域的突出问题

《条例》坚持问题导向，适应粮食流通管理新的形势要求，针对粮食流通领域暴露出来的现实问题和粮食流通监管存在的短板弱项，进行了系统化的制度完善，着力以法治的方式解决粮食流通存在的矛盾和问题。

（五）始终坚持粮食流通现代治理的转型要求

《条例》主动适应粮食流通法治治理的要求，改变原来粮食收购活动中管主体、管门槛、管资格的前端管理模式，向管行为、管规则、管公平竞争的事中、事后监管方式转变，从原来主要依靠计划、行政、政策等方法，转向既要依靠计划、行政、政策的方法手段，更要依靠法治、规则的方法手段，坚持在法治框架内调整市场主体的利益关系，加强对市场主体行为的监管。

四、准确把握《条例》的制度体系

(一)收购管理制度

粮食收购是粮食流通活动的起点,是连接种粮农民和储存、加工环节的桥梁,是国家掌握粮源的关键所在,同时,也是保护种粮农民利益,调动粮食生产积极性的重要工作。《条例》对粮食收购活动的事中、事后监管作出了系统性的制度安排:一是明确了收购企业的备案要求。从事粮食收购的企业,应当向收购地县级人民政府粮食和物资储备部门备案企业名称、地址、负责人以及仓储设施等信息。二是明确了收购情况的报告制度。粮食收购企业应当向收购地的县级人民政府粮食和物资储备部门定期报告粮食收购数量等有关情况,跨省收购的,还应当向企业所在地的县级人民政府粮食和物资储备部门报告情况。三是明确了收购行为的规范要求。从事收购活动,应当履行品种、质量标准、收购价格的告知公示义务;执行国家粮食质量标准,按质论价,不得损害种粮农民和其他粮食生产者的利益;及时向售粮者支付售粮款,不得拖欠;不得代扣代缴任何税费和其他款项;按照国家有关规定进行质量安全检验。

此次《条例》修订,重点围绕落实国务院"放管服"改革精神,适应粮食收购市场化大趋势,取消了粮食收购资格行政许可,充分激发市场主体活力和创造力。需要说明的是,取消许可不等于取消监管和弱化服务,绝不是简单的"一放了之";相反,要充分运用法治方式和方法,加强事中、事后监管,更好提升监管效率、维护市场秩序。

(二)质量安全管理制度

质量安全是粮食安全的重要内容。《条例》立足粮食质量安全保障的特殊性和专门要求,将质量安全管理要求贯穿粮食流通各环节,作出有针对性的制度安排:一是粮食流通质量安全风险监测制度。建立健全粮食流通质量安全风险监测体系,组织实施粮食质量安全风险监测。二是粮食出入库质量安全检验制度。粮食收购入库和销售出库,都要按规定进行质量检验。未经质量安全检验的粮食不得销售出库。三是库存质量管控制度。粮食储存期间要定期进行品质检验,品质达到轻度不宜存的要及时出库,粮食不得与可能对粮食产生污染的有害物质混存,不得使用国家禁止使用的化学药剂,不得超量使用化学药剂。四是粮食运输质量管控制度。不得使用被污染的运输工具或者包装材料运输粮食,不得与有毒有害物质混装运输。五是食用用途粮食销售出库管理制度。明确了不得作为食用用途销售出库的粮食情形。六是被污染粮食处置制度。县级以上地方人民政府建立长效机制,加强监控、及时处置。

此次《条例》修订，重点突出粮食质量安全检验要求，一是收购粮食应当按照国家有关规定进行质量安全检验，不符合食品安全标准的粮食应当作为非食用用途单独储存。二是粮食储存期间应当定期进行品质检验，粮食品质达到轻度不宜存时应当及时出库。三是强化销售出库检验制度，正常储存年限内的粮食，出库前应当由粮食储存企业自行或者委托粮食质量安全检验机构进行质量安全检验；超过正常储存年限等3类粮食，出库前必须由粮食质量安全检验机构进行质量安全检验。未经质量安全检验的粮食不得销售出库。另外，增加了粮食流通质量安全风险监测和被污染粮食处置规定，明确粮食不得与有毒有害物质混装运输。

（三）政策性粮食管理制度

管好用好政策性粮食，有利于端牢中国饭碗、有利于保护种粮农民利益、有利于保障粮食市场供应、有利于支持粮食产业高质量发展。《条例》全面总结了政策性粮食管理经验，针对实践中暴露出来的突出问题，进行了系统化制度安排：一是明确了实行政策性粮食收储制度。明确为保障市场供应、保护种粮农民利益，必要时可由国务院根据粮食安全形势，结合财政状况，决定对重点粮食品种在粮食主产区实行政策性收储。二是明确了国有粮食企业义务要求。国有粮食企业应当积极收购粮食，并做好政策性粮食购销工作，服从和服务于国家宏观调控。三是明确了政策性粮食的金融支持和政策要求。中国农业发展银行应当保证中央和地方储备粮以及其他政策性粮食的信贷资金需要。政策性粮食收购资金应当专款专用，封闭运行。四是明确了政策性粮食经营主体行为规范。明确了政策性粮食经营主体不得从事的9类行为。五是明确了政策性粮食交易方式。政策性粮食的采购和销售，原则上要通过规范的粮食交易中心公开进行，也可以通过国家规定的其他方式进行。

此次修订，重点强化了以下内容：一是明确了政策性粮食经营主体9类禁止性行为规范。明确相关经营主体不得虚报粮食收储数量；不得套取粮食价差和财政补贴，骗取信贷资金；不得挤占、挪用、克扣财政补贴、信贷资金；不得以政策性粮食为债务作担保或者清偿债务；不得利用政策性粮食违规进行商业经营；不得在出库时掺杂使假、以次充好、调换标的物，拒不执行出库指令或者阻挠出库；不得违规倒卖或者不按照规定用途处置；不得擅自动用政策性粮食等。这些规定主要目的是确保国家粮食政策的全面有效执行，确保政策性粮食的数量、质量和储存安全，确保在需要时调得动、用得上,确保国家利益和社会公众利益、种粮农民利益不受侵害。二是完善了政策性粮食交易方式。总结近年来国家政策性粮食销售实践经验,为确保交易公平公正透明,从而有效引导市场预期、调控市场供需,规定政策性粮食原则上在规范的粮食交易中心公开交易。

(四)宏观调控制度

宏观调控是粮食流通管理的重要手段,是市场经济条件下确保粮食供应和价格基本稳定的关键一环。《条例》在原有制度基础上,结合新的形势发展需要,完善了粮食宏观调控制度措施:一是粮食总量平衡和中长期规划制度。明确国家发展改革及粮食和物资储备部门负责全国粮食总量平衡、宏观调控和重要粮食品种的结构调整以及粮食流通的中长期规划,压实地方政府在国家宏观调控下负责本区域粮食总量平衡的职责。二是市场供求形势监测和预警分析制度。明确健全粮食市场供求形势监测和预警体系,完善粮食供需抽查制度,发布粮食生产、消费、价格、质量等信息。三是中央和地方分级储备制度。明确国家实行中央和地方分级粮食储备制度。四是粮食风险基金制度。明确国务院和地方政府建立健全粮食风险基金制度,主要支持粮食储备、稳定粮食市场。五是粮食市场价格干预制度。明确特殊情况下国务院和省级人民政府可以依法采取价格干预措施。六是产销合作制度。明确国家鼓励粮食主产区和主销区建立产销合作关系,鼓励培育"产购储加销"一体化企业,支持建设生产、加工、物流基地或者园区,加强政府储备粮油仓储物流设施保护等。

此次《条例》修订,重点作了以下修改:一是根据国家粮食收储制度改革情况,将原有的"最低收购价""委托收购"等表述进一步规范为"政策性收储",为今后国家调控留出空间。二是突出强调了健全监测和预警体系,这是政府宏观调控的基础性工作,有利于宏观决策的及时性、科学性和精准性。三是强调了产销合作,进一步促进区域粮食供需平衡。

(五)应急管理制度

应急管理是应对市场失衡、失态等突发事件情况下的紧急干预措施。为及时有效处置突发事件,控制、减轻和消除突发事件引发的社会危害,需要赋予政府必要的处置权力,由政府依法组织动员各种资源加以应对。同时,有关市场主体也必须依法履行相应的义务,服从政府安排。基于以上考虑,《条例》建立了专门的粮食应急管理制度,重点围绕粮食应急的体系和机制建设,明确了以下三方面的制度:一是应急预案制度。明确全国粮食应急预案、省级粮食应急预案的制定程序。二是应急预案启动程序制度。对启动全国、省、市、县粮食应急预案的建议、批准实施等程序作出具体规定。三是应急义务制度。明确粮食经营者在应急预案启动后,服从统一安排和调度,保证应急需要等义务要求。

此次《条例》修订,增加了"设区的市级、县级人民政府粮食应急预案的制定和启动,由省、自治区、直辖市人民政府决定"的规定,进一步完善了覆盖国家、省、市、县四级粮食应急预案制度。

(六)粮食节约减损制度

节约粮食相当于开发无形良田。《条例》修订贯彻落实习近平总书记重要指示、批示精神,增加了节粮减损制度规范,要求粮食经营活动应当防止和减少粮食损失浪费,并在粮食流通重点环节,有针对性地作了制度安排:一是节粮减损政策指导制度。明确县级以上人民政府粮食和物资储备部门应当加强对粮食经营者的指导和服务,引导粮食经营者节约粮食、降低粮食损失损耗;国家鼓励和支持开发、推广应用先进的粮食储存、运输、加工和信息化技术。二是减少储存损耗管理制度。规定粮食仓储设施应当符合有关标准、技术规范和法律法规要求,具有与储存品种、规模、周期相适应的储存条件。三是减少运输损耗管理制度。要求粮食运输应当严格执行国家粮食运输的技术规范。四是减少加工损耗管理制度。鼓励粮食经营者提高成品粮出品率和副产物综合利用率。五是节粮减损宣传制度。提出开展珍惜和节约粮食宣传教育。

(七)监管执法制度

丰富的监督执法手段,为粮食市场有效监管提供有力保障。此次《条例》修订,在原有监管措施基础上,进一步完善了相关制度:一是监管职责制度。明确了地方党委政府保障区域粮食安全责任。分别规定了粮食和物资储备、卫生健康、市场监督管理等部门对粮食经营活动的监管职责。二是监管职权制度。明确粮食和物资储备部门可以进入粮食经营者经营场所,查阅有关资料、凭证,检查粮食数量、质量和储存安全情况;检查粮食仓储设施、设备是否符合有关标准和技术规范;向有关单位和人员调查了解相关情况;查封、扣押非法收购或者不符合国家粮食质量安全标准的粮食,用于违法经营或者被污染的工具、设备以及有关账簿资料;查封违法从事粮食经营活动的场所。三是监督检查制度。粮食和物资储备部门应当根据《条例》赋予的监管职责,组织开展日常检查和专项检查、现场检查和书面检查等监督执法活动,依法履行市场监管职责。四是信用监管制度。粮食和物资储备部门应当建立粮食经营者信用档案,记录日常监督检查结果、违法行为查处情况,并依法向社会公示。五是自律监管制度。粮食行业协会以及中介组织应当加强行业自律,在维护粮食市场秩序方面发挥监督和协调作用。

此次《条例》修订,重点强化了以下内容:一是赋予粮食和物资储备部门新的监管职权,特别是查封、扣押的行政强制措施,为有效加强市场监管提供了有力保障。二是建立信用档案制度,顺应社会信用体系建设的趋势要求,创新监管方式,加强信用监管,提高监管效率。

(八)法律责任制度

没有"长牙齿"的措施,将使法律失去强制力和权威性;只有义务规定,没有责任追究,法律将成为一纸空文。《条例》修订立足强化违法责任追究,有效震慑违法行为,健全完善了法律责任制度:一是行政处分制度。明确对不依法履行粮食流通管理和监督职责人员依法给予处分。二是行政处罚制度。根据粮食经营违法行为的类型、违法主体、危害程度等,设定警告、罚款、没收违法所得等行政处罚。三是责令改正制度。明确对违反粮食收购、储存、运输以及粮食质量安全、政策性粮食管理等要求的违法行为可以责令改正。四是治安处罚制度。明确违反《条例》规定,构成违反治安管理行为的,由公安机关依法给予治安管理处罚。五是行刑衔接制度。明确违反《条例》规定,构成犯罪的,依法追究刑事责任。

此次《条例》修订,重点在以下三个方面进行了完善:一是提高违法行为的惩处力度。比如,将涉及政策性粮食的违法行为的最高罚款额度从 20 万元提高到 500 万元,将涉及粮食收购等违法行为的最高罚款额度从 20 万元提高到 50 万元,大幅增加违法成本,充分发挥震慑和预防违法的作用。二是突出企业相关责任人员的个人违法责任。违反《条例》规定且情节严重的行为,对企业法定代表人、主要负责人、直接负责的主管人员和其他责任人员处以其上一年度从企业取得收入的 1 倍以上 10 倍以下罚款。三是明确有关法律责任适用指引。明确粮食经营者的价格违法行为,依照《价格法》《反垄断法》的规定处罚;食品安全有关违法行为,依照《食品安全法》《食品安全法实施条例》等规定处罚;阻碍粮食自由流通的行为,依照国务院《关于禁止在市场经济活动中实行地区封锁的规定》处罚。

五、准确把握《条例》的时代特征

（一）确立了粮食安全“国之大者”的管理新体制

习近平总书记反复强调，我国是个人口众多的大国，解决好吃饭问题始终是治国理政的头等大事。保障国家粮食安全是一个永恒课题，任何时候这根弦都不能松。中国人的饭碗任何时候都要牢牢端在自己手上，我们的饭碗应该主要装中国粮。《条例》贯彻落实习近平总书记重要指示、批示精神，特别是在中央农村工作会议上关于粮食安全要“实行党政同责，‘米袋子’省长要负责，书记也要负责”的讲话要求，在全面总结粮食安全省长责任制做法经验的基础上，第一次在行政法规中明确规定省、自治区、直辖市应当落实粮食安全党政同责，完善粮食安全省长责任制，承担保障本行政区域粮食安全的主体责任，从法律层面进一步压实地方党委、政府的粮食安全责任。

（二）体现了总体国家安全观的根本要求

党的十八大以来，以习近平同志为核心的党中央高度重视国家安全，创造性地提出了总体国家安全观，把我们党对国家安全规律的认识提升到了新的高度，实现了党在国家安全理论上的历史性飞跃，为新时代维护和塑造中国特色大国安全提供了强大的思想武器和科学的行动指南。粮食安全关系国家安全大局，是“一场输不起的战争”。做好粮食安全工作，要认真贯彻总体国家安全观，坚持战略思维、系统思维、底线思维、创新思维，增强风险意识和忧患意识，把粮食安全工作放在国家发展大局中谋划考虑，统筹国内国际两个市场、两种资源，不断创新工作方式方法，坚持用法治思维、法治方式牢牢守住国家粮食安全底线。

（三）体现了符合市场化方向的管制新要求

近年来，粮食市场主体更加多元，粮食购销活动明显活跃，基本形成了“市场化收购是主体、政策性收购来托底”的新格局，客观上需要进一步激发市场活力、促进市场竞争、改进市场服务。《条例》适应粮食流通市场化发展的实践需要，落实国务院“放管服”改革要求，按照放松管制、加强监管的法治理念和要求，取消了粮食收购资格行政许可，强化了粮食流通事中、事后的监管措施，加快实现粮食流通从主体监管到行为监管、门槛要求到规范要求、准入管制到日常监管、事前监管到事中事后监管的转变，为进一步优化营商环境、实现粮食流通的有效监管建构起了新的模式。

(四)体现了适应高质量发展要求的粮食质量安全管理新要求

习近平总书记指出:“新时代新阶段的发展必须贯彻新发展理念,必须是高质量发展。”推动高质量发展是“十四五”时期经济社会发展的主题。当前,我国社会主要矛盾已经转化为人民日益增长的美好生活需要和不平衡不充分的发展之间的矛盾。我国已实现由“吃不饱”到“吃得饱”进而“吃得好”的历史性转变。目前,粮食供求结构性矛盾仍较突出,一些地方粮食产业质量效益不够高,发展不平衡不充分问题在粮食流通领域均有不同程度的体现,必须切实提高高品质、高质量的粮食供给。《条例》立足于更好地满足人民美好生活对粮食供给的新要求,明确提出鼓励发展粮食产业经济,提高优质粮食供给水平;针对粮食质量安全保障的特殊问题和专门要求,对粮食流通各环节质量安全管理要求进行明确规范。

(五)明确了监管法治化要求的粮食流通治理新模式

党的十九届四中全会对坚持和完善中国特色社会主义制度、推进国家治理体系和治理能力现代化作出了重大部署。坚持全面依法治国是中国特色社会主义国家制度和国家治理体系的显著优势。法治治理是现代治理的根本方向。坚持依法行政、实现监管法治化,要求行政执法必须符合规范性、确定性、公开性、预期明确性、程序正当性等要求,对粮食和物资储备部门依法监管提出了更高要求。修订后的《条例》,对部门职责职权更加明确,市场主体权利义务更加具体,监督管理措施更加规范,法律责任要求更加严格,为提高粮食流通现代化治理水平提供了重要的制度支撑。

六、准确把握粮食流通现代治理的模式转型

(一)要树立全面依法治理的观念

一方面,政府的行为要全面纳入法治轨道,防止权力任意扩张。党的十八届四中全会作出《中共中央关于全面推进依法治国若干重大问题的决定》,强调各级政府必须坚持在法治轨道上开展工作。政府活动涉及经济社会生活方方面面,与基层、与老百姓密切联系,在全面依法治国的大背景下,行政行为的主体、权限、依据和程序都要严格遵守法律规范,不仅法律赋予的行政检查、行政调查、行政强制、行政处罚等要严格依法开展,宏观调控、计划管理、重大决策、行政指导等行政活动也要于法有据、依法而行,做到不越权、不滥权。另一方面,要全面履行政府法定职能。经济调节、市场监管、社会管理、公共服务、生态环境保护等方面职能都要履职到位,做到该管的事一定要管住管好,该提供的公共服务提供到位,做到不缺位、不失职。

树立全面依法治理的观念,一个重要的问题是必须正确处理政策和法律的关系。党的政策是国家法律的先导和指引,是立法的依据和执法的指导;国家法律是党的政策的定型化,实施法律就是贯彻党的意志,必须发挥好政策和法律的各自优势,不能把依法治理和执行政策对立起来、割裂开来。政策的制定和执行同样也要遵守法律规定。

(二)要树立职权法定的观念

习近平总书记强调:"法律是治国理政最大最重要的规矩。"党的十八届四中全会提出,推进机构、职能、权限、程序、责任法定化。一是法无授权不可为。职权法定是依法全面履行政府职能的基础。应当依法规范行政机关的职权和权限,行政权力要严格实行"授予原则",无论履行哪一项职能,从行为到程序、从内容到形式、从决策到执行都必须符合法律法规规定,没有法律法规依据不得作出减损公民、法人和其他组织合法权益或者增加其义务的决定。二是法定职责必须为。要依照法治的精神主动作为,积极依法履行职责,切实落实好依法作出的各项决策,维护好、实现好法律体现的意志和利益要求,不能只是被动履职或者消极行政,甚至不作为。

(三)要树立尊重权利的观念

习近平总书记指出,要充分发挥市场在资源配置中的决定性作用,更好发挥政府作用,激发各类市场主体活力。市场主体的活力源于法律对权利的充分保护,将市场主体参与市场活动的权利通过法律明确下来,营造稳定、公平、透明、可预期的法治化营商环境。一是要坚持权力不能越界。全部法律关系的本质是对市场主体权利义务的合理配置和安排,立足于社会管理的需要,设立义务规范,提出规范要求;同时,也明确法律赋予行政相对人的权利。通常而言,法律赋予行政相对人的权利,也就是行政执法的边界,不能随意逾越,对公民权利的限制必须严格依照法律的规定。二是对权利的限制要公平合理。在行政管理活动中,要充分尊重法律赋予行政相对人的权利,行政行为要符合立法意图和精神。这就要求,制订科学合理的行政裁量权标准,根据过罚相当原则,切实避免"同案不同罚、同事不同处",确保不同主体、不同阶段、不同环境处罚原则的一致性、公平性,防止出现"选择性执法""倾向性执法"。

(四)要树立程序正当的观念

习近平总书记强调,要把权力关进制度的笼子里。要用法治给行政权力定规矩、划界限。严密的执法程序是规范、约束执法的重要基础，是执法公平公正的重要保障。一是要确保程序的中立性、合理性、公开性，确保社会公正参与性，并能够确保提高行政行为的效率。二是要严格规范执法流程，明确执法标准，建立裁量基准，建立合法性审查程序，按照标准化、流程化、精细化的要求，重点围绕行政许可、行政处罚、行政强制、行政检查等执法行为，对具体环节和有关程序作出具体规定，不断严密执法程序，强化执法指引，规范执法行为。粮食和物资储备部门要高度重视行政执法程序，推行行政执法"三项制度"和"双随机一公开"抽查制度，全面规范行政执法流程、公开执法标准、规范执法裁量，健全案件线索发现、立案调查、处罚决定、案卷归档等一整套工作制度，以程序规范带动执法能力和水平的提升。

（五）要树立权责对等的观念

坚持权责对等观念，就是要树立有权必有责、用权受监督、违法受追究、侵权须赔偿的观念。粮食流通行政执法工作直接面对市场主体，违法行政不仅会影响粮食市场主体合法权益，影响《条例》的权威性，还会因违法行政给行政机关带来被复议、诉讼的风险，行政执法人员也会因此受到责任追究。《条例》明确规定了不依法履行粮食流通管理和监督职责的法律责任。各级粮食和物资储备部门要建立健全对违法或者不当执法行为的内部责任追究机制，建立健全投诉举报、情况通报等机制，坚决纠正"不作为、乱作为"行为，在全系统牢固树立权责对等的理念，通过追责手段，倒逼行政执法人员切实担当起依法监管的职责。

依法强化粮食质量安全监管*

翟江临

粮食质量安全制度的关键是粮食质量监管。新修订的《粮食流通管理条例》(以下简称《条例》)落实党中央、国务院决策部署,针对近年来粮食流通质量安全问题,突出围绕粮食流通活动中质量安全监管的薄弱环节,对粮食流通质量安全监管措施进行了系统化完善,是粮食安全保障法律体系建设的重要立法成果,对落实监管责任、维护市场秩序提供了坚实保障。强化质量安全监管,重点需要从以下几个方面加深对《条例》的理解,认真贯彻落实《条例》。

一、明确粮食经营者质量安全主体责任,为规范市场提供制度保障

《条例》明确规定,粮食收购者收购粮食,应当按照国家有关规定进行质量安全检验,对不符合食品安全标准的粮食,应当作为非食用用途单独储存;未经质量安全检验的粮食不得销售出库;污染物超标、霉变或色泽气味异常、储藏期间使用药剂未满安全期、被包装材料、容器、运输工具等污染的粮食不得作为食用用途销售出库。《条例》的实施,对夯实粮食经营者质量主体责任,规范粮食收购市场,强化粮食收储环节质量安全管理提供了重要的制度保障。

二、明确粮食质量安全保障和监管职责,为依法履责提供重要依据

《条例》明确规定,县级以上地方人民政府应当加强本行政区域粮食污染监控,建立健全被污染粮食收购处置长效机制,发现区域性粮食污染的,应当及时采取处置

---

* 本文于2021年4月7日在国家粮食和物资储备局网站上发布,作者为国家粮食和物资储备局总工程师翟江临同志。

措施。在实施过程中,各地各部门应切实落实属地责任。《条例》明确和强化部门监管职责,有利于切实加强监督、指导和协调,为担负监管职责提供重要依据。

三、明确国家建立健全粮食流通质量安全风险监测体系,为激发市场主体创造力提供有力保障

《条例》提出,国务院和省级人民政府相关部门按职责组织实施全国及省级行政区域的粮食流通质量安全风险监测。建立健全粮食流通质量安全风险监测体系,既是对现行监管执法手段和措施的重要补充和完善,也是对在粮食质量安全监管实践中一系列有效做法的充分肯定。近年来,国家和地方粮食和储备部门开展收获粮食质量安全监测,指导排查和追溯污染粮食源头,有利于有针对性地阻止被污染粮食扩散,指导粮食收购者加强质量安全把关;开展库存粮食质量安全监测,发现问题及时处置,切实守护大国粮仓。在《条例》实施过程中,应进一步在提升监测的时效性、代表性、针对性和实用性等方面着力,注重完善部门间的信息沟通机制,加强检验监测机构的体系建设和能力建设,建立健全监测排查快速反应机制,健全粮食流通质量安全风险预警信息发布机制等,为监管部门和粮食企业提供精准有效的质量安全风险信息服务,切实发挥国家监测体系的作用,为激发市场主体的创造力提供有力保障。

四、进一步加大粮食质量安全违法行为的处罚力度,为保护市场主体合法权益提供法律支撑

《条例》明确规定,对粮食经营违法行为可以查封、扣押非法收购或者不符合国家粮食质量安全标准的粮食,用于违法经营或者被污染的工具、设备以及有关账簿资料等。粮食收购者收购粮食,未按照国家有关规定进行质量安全检验,或者对不符合食品安全标准的粮食未作为非食用用途单独储存,以及粮食储存企业未按照规定进行粮食销售出库质量安全检验的,除责令改正,予以警告外,可以并处20万元以下罚款,情节严重的,并处20万元以上50万元以下罚款。将不符合《条例》规定的粮食作为食用用途销售出库的,最高可处货值金额5倍以下的罚款。《条例》的实施,将对粮食流通质量安全违法行为起到有效的警示和震慑作用,为保护粮食生产者、经营者和消费者合法权益提供重要的法律支撑。

把握《粮食流通管理条例》的基本规范*

韩继志

一、《条例》修订的原则

《粮食流通管理条例》(以下简称《条例》)2004 年 5 月 26 日发布实施以来,我国粮食流通管理工作不断加强,在完善粮食宏观调控、规范粮食经营活动、维护粮食流通秩序、保障国家粮食安全等方面发挥了重要作用。随着经济社会的发展,粮食流通形势发生了较大变化,原《条例》的一些规定已不适应实践需要,有必要对其进行修改完善。

这次《条例》修订的指导原则是:以习近平新时代中国特色社会主义思想为指导,认真贯彻习近平总书记关于保障国家粮食重要论述、批示指示精神,认真落实党中央、国务院关于国家粮食安全的新战略新部署新要求,牢牢把住粮食安全主动权,守住管好"天下粮仓",确保口粮绝对安全;紧紧围绕党中央、国务院关于粮食流通管理方针政策,统筹考虑中央和地方粮食安全责任,健全粮食流通管理体制机制,完善粮食流通管理制度,强化各方责任。

一是适应改革需要。在总结粮食流通管理成功经验的基础上,注重将党中央、国务院关于粮食流通管理体制改革成果以法律形式固定下来。

二是坚持问题导向。紧紧围绕粮食流通管理中存在的突出问题,对政策性粮食流通管理亟待加强、政府监管措施和手段新要求、粮食流通质量安全问题凸显、粮食

---

* 本文为国家粮食和物资储备局法规体改司司长韩继志同志 2021 年 5 月 21 日在《条例》贯彻实施培训会上的授课内容,有部分删节、改动。

流通环节粮食损失和浪费现象比较突出等实践难题,运用法治思维和法治方式破解,健全法律制度。

三是坚守粮食安全底线。确保粮食价格基本稳定、粮食不脱销断档,急用时调得动、用得上,有效发挥保供稳市救灾作用。

四是协调处理与其他法律关系。比如,对粮食的质量安全、安全生产、进出口管理,已有法律、行政法规作了明确规定,《条例》原则上不重复规定现行法律、行政法规已有规定的内容,确有必要的,通过衔接性和实施性安排的方式处理。

这次《条例》主要作了以下方面的修改:一是进一步强化省级党委和政府保障粮食安全责任;二是进一步严格政策性粮食管理;三是进一步优化市场监管措施;四是进一步强化质量安全监管;五是进一步防止和减少粮食损失浪费;六是进一步加大违法行为惩处力度。此外,还对发展改革、粮食和储备、市场监督管理、卫生健康等部门的粮食流通监督管理职责予以进一步明确。

二、《条例》规定的主要内容

《条例》共6章56条,分别是总则、粮食经营、宏观调控、监督检查、法律责任和附则。

(一)立法宗旨

《条例》明确了立法目的:保护粮食生产者的积极性,促进粮食生产,维护经营者、消费者的合法权益,保障国家粮食安全,维护粮食流通秩序(第一条)。

(二)适用范围

《条例》明确了适用范围,对粮食经营活动、粮食作了规定。

1. 粮食经营活动

《条例》规定,在中华人民共和国境内从事粮食的收购、销售、储存、运输、加工、进出口等经营活动,应当遵守本条例。大豆、油料和食用植物油的收购、销售、储存、运输、加工、进出口等经营活动,适用《条例》除第九条第二款以外的规定。大豆、油料和食用植物油的收购,不实行收购备案管理(第二条第一款、第五十五条)。

2. 粮食含义

从《条例》内容看,《条例》第一条的粮食概念范畴属于广义概念,包括小麦、稻谷、玉米、杂粮及其成品粮,大豆、油料和食用植物油。第二条至第五十四条中的粮食概念,属于狭义概念,即第二条第二款所指的定义,也就是指小麦、稻谷、玉米、杂粮及其成品粮。

(三)关于粮食市场化改革

根据粮食流通体制改革和“放管服”改革的精神,《条例》尽可能体现凡是能发挥市场作用的,要交给市场,政府要减少干预,优化市场监管措施。《条例》规定,国家鼓励多种所有制市场主体从事粮食经营活动,促进公平竞争,严禁以非法手段阻碍粮食自由流通。粮食价格主要由市场供求形成。粮食行业协会以及中介组织应当加强行业自律,在维护粮食市场秩序方面发挥监督和协调作用。与2004年颁布实施的《条例》相比,2021年施行的《条例》取消粮食收购资格行政许可,从事前的收购资格许可转变为加强事中、事后监管,建立粮食经营者信用档案(第三条第一款、第四条第一款、第九条、第二十四条)。

(四)关于粮食收购管理

粮食收购是整个粮食流通的关键环节,也是放开粮食收购市场后最容易出现问题的环节。《条例》重点对从事粮食收购的经营者的能力条件、备案和其应承担的义务作了规定。关于能力条件,《条例》规定粮食收购者应当具备与其收购粮食品种、数量相适应的能力。关于企业备案,《条例》规定粮食收购企业应当向收购地的县级人民政府粮食和储备行政管理部门备案企业名称、地址、负责人以及仓储设施等信息,备案内容发生变化的,应当及时变更备案。粮食经营者以及饲料、工业用粮企业应当建立粮食经营台账,向粮食和储备行政管理部门报送粮食购进、销售、储存等基本数据和有关情况。跨省收购粮食,应当向收购地和粮食收购者所在地的县级人民政府粮食和储备行政管理部门定期报告粮食收购数量等有关情况。县级以上地方人民政府粮食和储备行政管理部门应当加强粮食收购管理和服务,规范粮食收购活动(第九条至第十二条、第二十三条第一款)。

《条例》特别强调国有粮食企业要在粮食购销中发挥主渠道作用。《条例》规定,国有粮食企业应当转变经营机制,提高市场竞争能力,在粮食流通中发挥主渠道作用,带头执行国家粮食政策,积极收购粮食,做好政府委托的粮食收购和政策性粮食的购销工作,服从和服务于国家宏观调控(第三条第二款、第二十一条)。

(五)关于严格政策性粮食管理

政策性粮食是维护国家粮食安全的重要物质基础。近年来,多次发生政策性粮食严重违法违纪案件,例如,违规进行商业经营牟利,搞“转圈粮”或者以陈顶新套取骗取收购费用和财政补贴等,对国家粮食安全带来威胁和隐患。2021 年修订颁布的《条例》进一步严格政策性粮食,明确粮食经营者在从事政策性粮食经营活动中的禁止行为、违法责任,要求政策性粮食的采购和销售原则上通过规范的粮食交易中心公开进行。《条例》规定,严禁虚报收储数量,严禁以陈顶新、以次充好、低收高转、虚假购销、虚假轮换、违规倒卖等;严禁挤占、挪用、克扣财政补贴和信贷资金;严禁以政策性粮食为债务作担保或者清偿债务;严禁擅自动用政策性粮食等。从事政策性粮食经营活动违反《条例》规定的,由粮食和储备行政管理部门责令改正,给予警告,没收违法所得,并处 50 万元以上 200 万元以下罚款;情节严重的,并处 200 万元以上 500 万元以下罚款。从事粮食经营活动的企业有违反《条例》规定的违法情形且情节严重的,对其法定代表人、主要负责人、直接负责的主管人员和其他直接责任人员处以其上一年度从本企业取得收入的 1 倍以上 10 倍以下罚款。政策性粮食的采购和销售原则上通过规范的粮食交易中心公开进行(第二十条、第二十七条第二款、第四十九条、第五十一条)。

(六)关于强化粮食质量安全监管

为了保护消费者的合法权益,必须加强收购、储存、运输、加工、销售等各环节粮食质量安全的管理,建立健全粮食流通质量安全风险监测体系。《条例》规定,粮食收购者收购粮食,应当执行国家粮食质量标准,按照国家有关规定进行质量安全检验;对不符合食品安全标准的粮食,应当作为非食用用途单独储存。粮食经营者使用的粮食仓储设施,应当符合粮食储存有关标准和技术规范的要求;粮食不得与可能对粮食产生污染的有毒有害物质混存,储存粮食不得使用国家禁止使用的化学药剂或者超量使用化学药剂。运输粮食应当严格执行国家粮食运输的技术规范;不得使用被污染的运输工具或者包装材料运输粮食,不得与有毒有害物质混装运输。从事粮食的食品生产,应当符合食品安全法律、法规和标准规定的条件和要求。销售粮食应当严格执行国家粮食质量等有关标准,不得短斤少两、掺杂使假、以次充好。粮食储存期间,应当定期进行粮食品质检验;建立粮食销售出库质量安全检验制度,超过正常储存年限的粮食,储存期间使用储粮药剂未满安全间隔期的粮食,以及色泽、气味异常的粮食,在出库前应当由粮食质量安全检验机构进行质量安全检验;未经质量安全检验的粮食不得销售出库。真菌毒素、农药残留、重金属超标或者霉变、色泽和气味异常等粮食不得作为食用用途销售出库(第十一条、第十三条至第十八条)。

为保障“舌尖上的安全”,《条例》规定,国家建立健全粮食流通质量安全风险监测体系。加强区域性粮食污染监控。从事粮食经营的有违反《条例》粮食质量安全规定的,由粮食和储备行政管理部门予以处罚。从事粮食的食品生产,不符合食品安全法律、法规和标准规定的条件和要求的,由市场监督管理部门依照《食品安全法》《食品安全法实施条例》等有关规定予以处罚(第三十七条、第四十条、第四十五条至第四十八条)。

(七)关于粮食宏观调控

在市场经济条件下,要确保粮食供应和价格基本稳定,加强和改善宏观调控至关重要。《条例》对宏观调控的目标、手段,粮食储备制度,粮食风险基金制度,国家在必要时对重点粮食品种在粮食主产区实行政策性收储和采取价格干预措施的制度,粮食市场供求形势的监测和预警分析以及信息发布制度,国家鼓励粮食主产区和主销区以多种形式建立稳定的产销关系等,作了规定(第二十六条至第三十一条)。

粮食是关系国计民生的特殊商品,建立应对突发事件等引起粮食市场供求异常波动的应急机制,十分必要。《条例》对实施粮食应急机制的条件、程序,以及粮食应急预案启动后经营者应承担的义务等,作了规定(第三十二条至第三十五条)。

(八)关于构建粮食安全保障体系

为构建更高层次、更高质量、更有效率、更可持续的粮食安全保障体系,中央和地方要共同负责,各级地方党委政府要自觉承担维护国家粮食安全责任;粮食生产者、经营者、消费者要履行社会责任,树立粮食安全人人有责意识,建设爱粮节粮型社会。《条例》规定,省、自治区、直辖市应当落实粮食安全党政同责,完善粮食安全省长责任制,承担保障本行政区域粮食安全的主体责任,在国家宏观调控下,负责本行政区域粮食的总量平衡和地方储备粮等的管理(第七条第一款)。

为了防止粮食丰收、粮食价格下跌时粮食经营者不收购、存储粮食,粮食减产、粮食价格上涨时粮食经营者囤积居奇、垄断或者操纵粮食价格等,《条例》规定,从事粮食收购、加工、销售的规模以上经营者,应当按照所在地省、自治区、直辖市人民政府的规定,执行特定情况下的粮食库存量(第十九条)。特定情况的库存量,包括但不限于:一是防止粮食丰收、粮食价格下跌时粮食经营者不收购、不存储粮食,执行粮食最低库存量;二是防止粮食减产、粮食价格上涨时粮食经营者囤积居奇、垄断或者操纵粮食价格,执行粮食最高库存量;三是应对重大自然灾害、重大疫情或者其他突发事件引起粮食市场供求异常波动,执行企业社会责任储备。

为实现从“吃得饱”到“吃得好”的转变,满足人民日益增长的美好生活需要,国家鼓励粮食产业高质量发展。《条例》规定,国家鼓励发展粮食产业经济,提高优质粮食供给水平,鼓励粮食产业化龙头企业提供安全优质的粮食产品(第三十六条)。

减少粮食损失浪费已成为保障粮食安全的重要组成部分,要重视粮食生产、仓储、运输、加工等环节的节粮减损工作,加强管控,减少消费前各环节损失浪费。《条例》规定,将防止和减少粮食损失浪费作为粮食经营活动的原则要求。国家鼓励粮食经营者提高成品粮出品率和副产物综合利用率。国家鼓励和支持开发、推广应用先进的粮食储存、运输、加工和信息化技术,开展珍惜和节约粮食宣传教育。县级以上人民政府粮食和储备行政管理部门应当加强对粮食经营者的指导和服务,引导粮食经营者节约粮食、降低粮食损失损耗(第五条、第十五条第二款、第二十五条)。

(九)关于粮食流通管理的职责分工

粮食流通管理涉及的环节和部门较多。按照2018年党和国家机构改革方案,此前分别承担粮食流通有关管理职责的工商行政管理、产品质量监督、卫生、价格等部门,机构和职能进行了整合,管理职责也有较大变化。为确保粮食流通管理不出现“缺位”和“多头执法”、职责不清的问题,《条例》按照权责一致的原则,明确了有关部门的职责:

国务院发展改革部门及国家粮食和储备行政管理部门负责全国粮食的总量平衡、宏观调控和重要粮食品种的结构调整以及粮食流通的中长期规划。粮食和储备行政管理部门负责粮食流通的行政管理、行业指导;依照《条例》对粮食经营者从事粮食收购、储存、运输活动和政策性粮食的购销活动,以及执行国家粮食流通统计制度的情况进行监督检查;按照职责组织实施粮食流通质量安全风险监测。国务院市场监督管理、卫生健康等部门在各自职责范围内负责与粮食流通有关的工作。卫生健康、市场监督管理等部门,分别按照职责组织实施粮食流通质量安全风险监测。市场监督管理部门依照有关法律、法规的规定,对粮食经营活动中的扰乱市场秩序行为、违法交易行为以及价格违法行为进行监督检查(第六条、第三十七条、第三十八条第一款、第三十九条)。

三、《条例》确立的主要制度

这次《条例》修订进一步体现了为耕者谋利、为业者护航、为食者造福,为构建更高层次、更高质量、更有效率、更可持续的粮食安全保障体系提供法治支撑。具体来讲,《条例》确立的主要制度包括以下方面。

(一)粮食安全党政同责制度

《条例》规定,省、自治区、直辖市应当落实粮食安全党政同责,完善粮食安全省长责任制,承担保障本行政区域粮食安全的主体责任,在国家宏观调控下,负责本行政区域粮食的总量平衡和地方储备粮等的管理(第七条第一款)。

(二)粮食收购企业备案制度

《条例》规定,粮食收购企业应当向收购地的县级人民政府粮食和储备行政管理部门备案企业名称、地址、负责人以及仓储设施等信息,备案内容发生变化的,应当及时变更备案。未按照规定备案或者提供虚假备案信息的,由粮食和储备行政管理部门给予行政处罚(第九条第二款、第四十三条)。

(三)保护售粮农民和其他粮食生产者利益制度

《条例》规定,粮食收购者应当告知售粮者或者在收购场所公示粮食的品种、质量标准和收购价格。应当执行国家粮食质量标准,按质论价,不得损害农民和其他粮食生产者的利益;应当及时向售粮者支付售粮款,不得拖欠;不得接受任何组织或者个人的委托代扣、代缴任何税、费和其他款项。违反《条例》规定的,由市场监督管理部门、粮食和储备行政管理部门给予行政处罚(第十条、第十一条第一款、第四十四条、第四十五条)。

(四)重点粮食品种政策性收储制度

《条例》规定,为保障市场供应、保护种粮农民利益,必要时可由国务院根据粮食安全形势,结合财政状况,决定对重点粮食品种在粮食主产区实行政策性收储(第二十九条第一款)。

(五)粮食收购质量安全检验处置制度

《条例》规定,粮食收购者收购粮食,应当按照国家有关规定进行质量安全检验,确保粮食质量安全。对不符合食品安全标准的粮食,应当作为非食用用途单独储存。违反《条例》规定的,由粮食和储备行政管理部门给予行政处罚(第十一条第二款、第四十五条)。

(六)粮食销售出库质量检验制度

《条例》规定,建立粮食销售出库质量安全检验制度。正常储存年限内的粮食,在出库前应当由粮食储存企业自行或者委托粮食质量安全检验机构进行质量安全检验;超过正常储存年限的粮食,储存期间使用储粮药剂未满安全间隔期的粮食,以及色泽、气味异常的粮食,在出库前应当由粮食质量安全检验机构进行质量安全检验。未经质量安全检验的粮食不得销售出库。违反本条例规定的,由粮食和储备行政管理部门给予行政处罚(第十七条第二款、第四十五条)。

(七)禁止特定粮食作为食用用途销售出库制度

《条例》规定,粮食收购者、粮食储存企业不得将下列粮食作为食用用途销售出库:真菌毒素、农药残留、重金属等污染物质以及其他危害人体健康的物质含量超过食品安全标准限量的;霉变或者色泽、气味异常的;储存期间使用储粮药剂未满安全间隔期的;被包装材料、容器、运输工具等污染的;其他法律、法规或者国家有关规定明确不得作为食用用途销售的。违反《条例》规定的,由粮食和储备行政管理部门给予行政处罚(第十八条、第四十七条)。

(八)严格政策性粮食管理制度

《条例》规定,粮食经营者从事政策性粮食经营活动,不得有下列行为:虚报粮食收储数量;通过以陈顶新、以次充好、低收高转、虚假购销、虚假轮换、违规倒卖等方式,套取粮食价差和财政补贴,骗取信贷资金;挤占、挪用、克扣财政补贴、信贷资金;以政策性粮食为债务作担保或者清偿债务;利用政策性粮食进行除政府委托的政策性任务以外的其他商业经营;在政策性粮食出库时掺杂使假、以次充好、调换标的物,拒不执行出库指令或者阻挠出库;购买国家限定用途的政策性粮食,违规倒卖或者不按照规定用途处置;擅自动用政策性粮食;其他违反国家政策性粮食经营管理规定的行为。从事政策性粮食经营活动违反本条例规定的,由粮食和储备行政管理部门责令改正,给予警告,没收违法所得,并处50万元以上200万元以下罚款;情节严重的,并处200万元以上500万元以下罚款。从事粮食经营活动的企业有违反《条例》规定的违法情形且情节严重的,对其法定代表人、主要负责人、直接负责的主管人员和其他直接责任人员处以其上一年度从本企业取得收入的1倍以上10倍以下罚款。政策性粮食的采购和销售,原则上通过规范的粮食交易中心公开进行(第二十条、第二十七条第二款、第四十九条、第五十一条)。

(九)粮食储备制度

《条例》规定,从事粮食收购、加工、销售的规模以上经营者,应当按照所在地省、自治区、直辖市人民政府的规定，执行特定情况下的粮食库存量。国家实行中央和地方分级粮食储备制度。粮食储备用于调节粮食供求、稳定粮食市场，以及应对重大自然灾害或者其他突发事件等情况（第十九条、第二十七条第一款）。

（十）粮食应急制度

《条例》规定，在重大自然灾害、重大疫情或者其他突发事件引起粮食市场供求异常波动时，国家实施粮食应急机制。国家建立突发事件的粮食应急体系。启动粮食应急预案后，粮食经营者必须按照国家要求承担应急任务，服从国家的统一安排和调度，保证应急的需要。不按照国家要求承担应急任务，不服从国家的统一安排和调度的，依照规定予以处罚（第三十二条、第三十三条、第三十五条、第四十九条第二款）。

（十一）节粮减损制度

《条例》规定，将防止和减少粮食损失浪费作为粮食经营活动的原则要求。具有与储存品种、规模、周期等相适应的仓储条件，减少粮食储存损耗。国家鼓励粮食经营者提高成品粮出品率和副产物综合利用率。粮食储存期间，应当定期进行粮食品质检验，粮食品质达到轻度不宜存时应当及时出库。明确国家鼓励和支持开发、推广应用先进的粮食储存、运输、加工和信息化技术，开展珍惜和节约粮食宣传教育。引导粮食经营者节约粮食、降低粮食损失损耗（第五条、第十三条、第十五条、第十七条第一款、第二十五条）。

（十二）粮食自由流通制度

《条例》规定，国家鼓励多种所有制市场主体从事粮食经营活动，促进公平竞争。依法从事的粮食经营活动受国家法律保护。严禁以非法手段阻碍粮食自由流通。粮食价格主要由市场供求形成。对粮食经营活动中的扰乱市场秩序、违法交易等行为，由市场监督管理部门依照有关法律、法规的规定予以处罚。违反《条例》规定，阻碍粮食自由流通的，依照国务院《关于禁止在市场经济活动中实行地区封锁的规定》给予处罚（第三条第一款、第四条第一款、第五十条、第五十二条）。

（十三）粮食经营基本数据报告制度

《条例》规定，所有从事粮食收购、销售、储存、加工的经营者以及饲料、工业用粮企业，应当建立粮食经营台账，并向所在地的县级人民政府粮食和储备行政管理部门报送粮食购进、销售、储存等基本数据和有关情况。粮食经营台账的保存期限不得少于3年。粮食经营者报送的基本数据和有关情况涉及商业秘密的，粮食和储备行政管理部门负有保密义务。违反《条例》规定的，由粮食和储备行政管理部门给予行政处罚（第二十三条第一款、第四十五条）。

（十四）粮食供需抽查制度

《条例》规定，国务院发展改革部门及国家粮食和储备行政管理部门会同国务院农业农村、统计、市场监督管理等部门负责粮食市场供求形势的监测和预警分析，健全监测和预警体系，完善粮食供需抽查制度，发布粮食生产、消费、价格、质量等信息（第三十条）。

（十五）粮食风险基金制度

《条例》规定，国务院和地方人民政府建立健全粮食风险基金制度。粮食风险基金主要用于支持粮食储备、稳定粮食市场等（第二十八条第一款）。

（十六）粮食行业协会监督和协调制度

《条例》规定，粮食行业协会以及中介组织应当加强行业自律，在维护粮食市场秩序方面发挥监督和协调作用（第二十四条第二款）。

（十七）粮食经营企业和人员违法责任制度

《条例》规定，县级以上人民政府粮食和储备行政管理部门应当建立粮食经营者信用档案，记录日常监督检查结果、违法行为查处情况，并依法向社会公示。《条例》对从事粮食经营活动的企业有违反《条例》规定的违法情形规定粮食经营企业违法责任制度，包括对粮食经营企业责令改正、给予警告、没收违法所得、罚款等行政处罚，对粮食经营企业违法责任人员予以罚款处罚，以及构成犯罪的依法追究刑事责任。从事粮食经营活动的企业有违反《条例》规定的违法情形且情节严重的，对其法定代表人、主要负责人、直接负责的主管人员和其他直接责任人员处以其上一年度从本企业取得收入的1倍以上10倍以下罚款（第二十四条第一款、第四十三条至第五十三条）。

（十八）粮食流通管理行政部门违法责任制度

《条例》规定，违反《条例》规定，粮食和储备行政管理部门和其他有关部门不依法履行粮食流通管理和监督职责的，对负有责任的领导人员和直接责任人员依法给予处分（第四十二条）。

粮食流通和调控制度体系与规范要求*

秦玉云

粮食是人类赖以生存的必需品，是人类发展的物质基础，是关系国计民生和经济安全的重要商品和战略物资。习近平总书记反复强调，解决好吃饭问题始终是治国理政的头等大事；要依靠自己保口粮，集中国内资源保重点，做到谷物基本自给、口粮绝对安全，把饭碗牢牢端在自己手上。粮食问题不仅是一个重要的经济问题，而且还是一个关系政局稳定、社会安定的重要政治问题。

粮食进入流通领域后，具有“一般商品”和“特殊商品”两种属性。作为“一般商品”，粮食必然会受到一般商品生产和流通发展规律的制约；而粮食的特殊性在于“民以食为天”，其使用价值具有较强的不可替代性，消费需求弹性较小，生产和市场供应必须保持较高的稳定性。由于粮食处于整个商品流通链的底层，生产和流通的比较效益低，这就和“特殊性”所要求的粮食供应的稳定性发生了冲突。当今世界正经历百年未有之大变局，新冠肺炎疫情持续蔓延，多国限制粮食等农产品出口，全球供应链受到冲击，在此背景下，新修订的《粮食流通管理条例》（以下简称《条例》）出台，突出体现了保障国家粮食安全的立法导向，为落实保障实施国家粮食安全战略、进一步做好国家粮食宏观调控提供了重要制度保障。

一、粮食流通

粮食流通，是指粮食商品生产出来以后，通过交换，实现从生产领域向消费领域

* 本文为国家粮食和物资储备局粮食储备司司长秦玉云同志 2021 年 5 月 20 日在《条例》贯彻实施培训会上的授课内容，有部分删节、改动。

(包括生产消费和个人生活消费)转移的全部过程。粮食流通在国民经济和整个社会商品流通中有不可替代的重要地位和作用。

(一)粮食流通的形式和环节

1. 粮食流通的形式

粮食流通通常表现为两种形式:一种是价值流通的形式,即粮食商流;另一种是实物流通的形式,即粮食物流。商流是以货币为媒介,开展同商品价值转移有关的活动,即在商品交换中发生的购销行为,买方向卖方支付商品的价值,商品所有权让渡给买方。物流,是指商品使用价值的让渡,即粮食实体的转移活动。

商流和物流的差别表现在二者可以独立流通,并且流通的具体途径和时间可以不一致。粮食无论储存在什么地方,粮食的购销活动都是可以进行的,即商流活动不受商品实体所在地的空间范围限制。粮食销售后尚未出库,就没有发生物流;中央储备粮的移库、集并等活动,只发生物流而不发生商流。

2. 粮食流通的环节

粮食流通的一般过程是:生产者→粮食批发商→零售商→消费者,这一过程包含一系列相互关系、互相影响的环节,每一个流通环节既是独立的经营活动,又共同构成完整的粮食流通过程。《条例》第二条把粮食流通环节划分为收购、销售、储存、运输、加工、进出口 6 种经营活动,其中:收购是起点,销售是终点,运输和储存是联结购销的中间环节,加工(包括深加工和精加工)则是粮食收购后销售前改变粮食形态、将粮食由初级产品变为最终产品的重要环节;进出口本质上也是收购和销售,主要是通过国际市场调剂国内品种余缺,满足市场供应。

这些环节在粮食流通中的地位和职能各不相同,但总是互相联系、互相制约。粮食的生产和消费在时间和空间上是存在矛盾的,从时间上看,粮食生产是季节性的,而粮食消费则是常年性的;从空间上看,粮食生产集中在农村,而消费则集中在城镇。在粮食流通过程中,从收购进来到销售出去,总要经过运输和存储过程。而且粮食收购进来的基本是原粮,而城镇消费的主要是成品粮以及粮食转化产品,原粮只有经过加工转化后,才能满足消费者的需求。

因此,我们对粮食流通的管理,不能仅限于购销环节,而要对所有环节进行严格管理;同时,还要科学组织这些环节,保证每个环节的顺畅,这样才能顺利地完成粮食流通过程,维护正常的粮食流通秩序,保证市场供给,更好地为社会生产和人民生活服务,保障国家粮食安全。

(二)粮食收购

1. 粮食收购的概念

粮食收购,是指直接向种粮农民或者其他粮食生产者批量购买粮食的活动。根据《国家粮食流通统计制度》,在粮食流通统计上,企业从农村从事粮食收购活动的粮食经纪人购买的粮食,视同粮食收购。企业向其他企业法人采购的粮食,以及企业通过竞价拍卖的方式,从交易市场上购买的粮食(包括政策性粮食),均不属于粮食收购。

粮食收购是粮食流通环节的起点,自收购环节开始,粮食被赋予了商品属性。《条例》中涉及粮食流通中收购环节的内容,主要包括第九条至第十二条。

2. 粮食收购者应具备的条件

《条例》第九条第一款规定:"从事粮食收购的经营者(以下简称粮食收购者),应当具备与其收购粮食品种、数量相适应的能力。"这里面主要包括资金能力、仓储能力、保管能力和质量安全检验能力等。资金能力方面,粮食收购者要有与其粮食收购规模相适应的经营资金。仓储能力方面,粮食收购者要具备与其收购粮食规模相适应的仓储设施,且符合国家有关粮食仓储设施的技术规范和要求。而粮食从收购到储存,再到加工或销售等环节,须保障粮食质量的稳定,因此需要具备相应的保管和质检能力。

3. 粮食收购企业备案制度

《条例》第九条第二款规定:"从事粮食收购的企业(以下简称粮食收购企业),应当向收购地的县级人民政府粮食和储备行政管理部门备案企业名称、地址、负责人以及仓储设施等信息,备案内容发生变化的,应当及时变更备案。"将粮食收购资格许可由审批改为备案,是此次《条例》修订的一项重大变动。对此,可从以下几个方面进行理解。

(1)粮食收购许可制度的渊源。2004 年《条例》第九条第一款明确规定:"取得粮食收购资格,并依照《中华人民共和国公司登记管理条例》等规定办理登记的经营者,方可从事粮食收购活动。"根据该条例规定,原国家粮食局会同原国家工商总局研究制定了《粮食收购资格审核管理暂行办法》(国粮政〔2004〕121 号,已失效),对粮食收购资格申请、审核、监督检查等提出明确要求。各地结合实际,制定出台了粮食收购许可的具体条件和管理办法,各级粮食行政管理部门依照规定受理、审核、发放粮食收购许可。粮食收购资格许可制度实施以来,在维护粮食市场秩序、保护种粮农民利益和保障粮食质量安全等方面发挥了积极作用。据2019年统计,全国具有粮食收购资格的经营者57,000家左右。

(2)改革考虑。随着“放管服”改革持续深化和粮食购销市场形势的不断变化,粮食收购许可制度亟须进一步加快改革。一方面,根据国务院“放管服”改革精神和行政审批制度改革要求,原则上“能放尽放、宽进严管”,对于“市场机制能有效调节的经济活动不再保留审批和许可”。另一方面,粮食收储制度改革深入推进,粮食购销市场由“政策市”向“市场市”加快转变,亟须为各类市场主体松绑,引导多元主体积极入市,搞活市场流通,有效发挥市场机制作用。

考虑粮食收购事关农民利益、市场稳定和粮食安全,既要加快推进改革,又要把握好改革的节奏和力度。按照问题导向、底线思维的原则和积极稳妥、逐步推进的思路,将粮食收购资格许可由审批改为备案。与此同时,《条例》对县级以上地方人民政府粮食和储备行政管理部门在粮食收购活动中的法定职责进行了规定,第九条第三款规定:“县级以上地方人民政府粮食和储备行政管理部门应当加强粮食收购管理和服务,规范粮食收购活动。具体管理办法由省、自治区、直辖市人民政府制定。”

(3)下一步保障措施。在简政放权的同时,需要在“管”和“服”上下功夫,创新和加强事中事后监管,切实提升服务水平,优化营商环境。一方面,严格执法监管。全面推行“双随机、一公开”监管,加快推进粮食企业信用体系建设,强化社会监督,严肃查处各类违法违规行为,切实维护收购市场秩序。另一方面,优化收购服务。督促各地严格落实粮食安全省长责任制,加强收购资金、仓容、运力等保障,组织多种形式的粮食产销合作活动;及时发布粮食生产、价格、供求、收购进度等信息,稳定市场预期。

4. 粮食收购者的行为规范

《条例》第十条规定:“粮食收购者收购粮食,应当告知售粮者或者在收购场所公示粮食的品种、质量标准和收购价格。”这是对售粮者知情权的保护。粮食收购者应当在收购场所显著位置公布粮食收购政策信息和“12325”粮食监管热线宣传海报,公示粮食收购品种、质量要求、量(价)折扣规则等相关信息,做到标准上榜、价格上墙、样品上台,让粮食生产者在充分掌握有效信息的基础上交“明白粮”,有权利自主决定卖什么、卖给谁和卖多少。

《条例》第十一条第一款规定："粮食收购者收购粮食，应当执行国家粮食质量标准，按质论价，不得损害农民和其他粮食生产者的利益；应当及时向售粮者支付售粮款，不得拖欠；不得接受任何组织或者个人的委托代扣、代缴任何税、费和其他款项。"这一款从三个方面对粮食收购者的行为进行了规定：一是严格执行质价标准，既不能压级压价，也不能抬级抬价，不得缺斤少两、坑农害农，拒收售粮者交售的合格粮食。二是要及时结算粮款，不得"打白条"，拖欠售粮款。三是要严格遵守财税方面的有关规定。

《条例》第十一条第二款规定："粮食收购者收购粮食，应当按照国家有关规定进行质量安全检验，确保粮食质量安全。对不符合食品安全标准的粮食，应当作为非食用用途单独储存。"这一款规定了粮食收购者保证粮食质量安全的义务，是此次修订的新增条款。粮食质量安全是粮食安全的重要方面，而粮食收购是粮食收获后进入流通领域的第一个环节，把好收购粮食的质量关，对于确保后续环节的粮食质量安全具有重要意义。

5. 粮食收购企业报送收购数据的规定

《条例》第十二条规定："粮食收购企业应当向收购地的县级人民政府粮食和储备行政管理部门定期报告粮食收购数量等有关情况。跨省收购粮食，应当向收购地和粮食收购企业所在地的县级人民政府粮食和储备行政管理部门定期报告粮食收购数量等有关情况。"随着粮食收储制度改革的持续推进，粮食收购已经逐步实现了由政策性收储为主向政府引导下市场化收购为主的转变，多元主体积极入市，市场化收购已经成为主流和常态，全面、及时、准确地掌握全社会粮食收购的进度、价格等信息，对更好地实施国家宏观调控、保护种粮农民利益、维护粮食市场稳定具有重要意义。

（三）粮食销售

1. 粮食销售的概念

粮食销售，是指粮食经营者通过向其他单位或个人让渡粮食所有权，从而获取相应经济收入的行为。销售是粮食流通中的重要环节，粮食的价值实现了转移，粮食经营者资金回笼，也为下一步再生产奠定了基础。

需要注意的是，粮食销售，是指粮食所有权而不是实物的转移。凡销售行为成立，无论粮食实物是否发生转移，销售货款是否回笼，企业都要及时做销售账务处理。

2. 粮食销售的行为规范

《条例》第十六条规定："销售粮食应当严格执行国家粮食质量等有关标准，不得短斤少两、掺杂使假、以次充好，不得囤积居奇、垄断或者操纵粮食价格、欺行霸市。"一方面，销售应遵守《产品质量法》《食品安全法》《粮食质量安全监管办法》等相关法律法规以及强制性标准的要求，确保交易公平、诚信。另一方面，由于粮食是关系国计民生的特殊商品，粮食经营者也要承担必要的社会义务，不能在粮食价格上涨时囤积居奇、恶意炒作，影响市场稳定。

二、粮食宏观调控

《条例》第二十六条规定："国家采取政策性粮食购销、粮食进出口等多种经济手段和必要的行政手段，加强对粮食市场的调控，保持全国粮食供求总量基本平衡和市场基本稳定。"这是对粮食宏观调控的手段和目的的表述。

从我国历史看，政府向农民征收粮食的行为贯穿了上下五千年。新中国成立后，在计划经济时期，粮食是国家严格计划管理和调控的产品，随着我国社会主义市场经济体制的建立和完善，粮食生产、流通、消费逐步实行了市场化改革，但粮食宏观调控的重要作用也日益凸显。

（一）市场经济条件下粮食宏观调控的必要性

在市场经济条件下，市场对实现资源的优化配置发挥决定性作用。尽管粮食商品具有特殊性，但它的一般商品属性仍然是第一位的，因此应该而且必须通过市场调节的方式优化粮食资源配置。我国从 2004 年全面放开粮食购销市场，正是为了充分发挥市场机制的基础性调节作用。同时也应看到，市场调节存在固有的弱点和缺陷，主要表现为市场调节具有自发性、盲目性、滞后性，容易导致经济波动和资源浪费，特别是在粮食生产上，这种影响更明显。由于粮食的供给和需求弹性都比较小，市场机制有时会"失灵"。因此，粮食不宜完全通过市场机制自发调节，必须通过政府宏观调控，把政府"有形的手"与市场"无形的手"结合起来，才能克服市场的种种缺陷。

（二）粮食宏观调控的目标

粮食宏观调控作为国家宏观调控的重要组成部分，其目标的制定应服从和服务于国家宏观调控的总体目标。粮食宏观调控目标应与公众利益相一致，与国民经济发展战略目标和长远规划目标相适应。具体来看，就是保持全国粮食供求总量和品种结构基本平衡，保障粮食市场供应和价格基本稳定，保护农民生产积极性和利益，维护国家粮食安全。

（三）粮食宏观调控的原则

构建高水平社会主义市场经济体制，要充分发挥市场在粮食资源配置中的决定性作用，坚定不移地坚持粮食市场化改革取向，同时也要更好地发挥政府作用，推动有效市场和有为政府更好结合。粮食宏观调控作为一种政府行为，有其局限性，如操作不慎，将难以收到预期效果甚至带来不利后果。为了更好地发挥粮食宏观调控作用，增强预见性、针对性和科学性，减少和避免失效，应当遵循以下基本原则：

一是粮食宏观调控必须以市场调节为基础。粮食宏观调控对象仅限于市场机制不能解决或者不能很好解决的问题。

二是正确选择粮食宏观调控的时机。审时度势，准确把握国内外经济社会变化，抓住合适时机，及时采取有效调控措施。对已经实施的调控措施，及时判断效果并进行相应调整，使其达到预期效果。

三是科学掌握粮食宏观调控力度。经济系统是一个十分复杂的系统，涉及方方面面，情况千差万别。因此，调控必须适度，力度太小可能达不到预期效果，力度过大则会危害经济。粮食宏观调控的力度应该与粮食生产者、经营者和消费者的接受程度相适应。

（四）粮食宏观调控的手段

粮食宏观调控的手段主要分为经济手段、行政手段和法律手段等。经济手段包括耕地保护、生产补贴、储备粮吞吐、保护性收购、政策性销售、粮食进出口等，行政手段是指制定相关政策和必要的价格干预等，法律手段是指制定相关的法律法规。在实际运用中，应以经济手段为主，辅之以法律手段和必要的行政手段，综合运用各种政策和措施，打好“组合拳”，发挥组合效应。

（五）近年来采取的粮食宏观调控措施

2004 年以来，我国放开粮食购销价格和粮食经营，实施了一系列有力、有效的粮食宏观调控措施，粮食市场经受住了国际金融危机、粮食危机、粮价大幅波动，以及国内粮食价格上涨压力加大、自然灾害多发重发的严峻考验，特别是在全球新冠肺炎疫情的冲击下，保证了粮食供求总量的基本平衡和市场价格的基本稳定，保护了生产者和消费者的利益，保障了国家粮食安全，取得了显著成效。结合国家粮食和储备行政管理部门职责，在粮食流通方面，采取的调控政策主要有：

1. 实行粮食最低收购价和临时收储政策并改革完善粮食收储制度，有效保护了种粮农民利益。2004 年粮食购销市场全面放开后，为了防止粮食丰收后出现粮价过度下跌，保护和调动广大农民种粮积极性，国家陆续在主产区对稻谷、小麦实行最低收购价政策；2008 年起，在主产区对玉米、大豆、油菜籽实行临时收储政策；2009 年起，还对新疆小麦实行了临时收储政策。粮食最低收购价和临时收储政策的实施，对稳定市场粮价发挥了积极的引导作用，保护和调动了广大农民种粮积极性，促进了我国粮食生产稳定发展，增加了农民种粮收益，农民真正得到了实惠，实现了中央提出的促进粮食增产和农民增收的政策目标。同时，对缓解我国粮食供求偏紧的矛盾发挥了积极作用，取得了预期效果。

随着国内外粮食市场形势的发展变化，市场机制作用弱化、政策性收储规模过大、财政负担沉重等问题日益突出。为此，国家有关部门积极推动粮食收储制度改革，完善粮食等重要农产品价格形成机制，主要举措包括：一是完善小麦和稻谷最低收购价政策，坚持市场化改革取向和保护农民利益并重的原则，根据供求形势灵活调整最低收购价水平。二是实行市场化收购加补贴的玉米收储新机制，由多元市场主体随行就市进行市场化收购，同时对粮食生产者给予直接补贴。三是逐步调整大豆收储政策。四是油菜籽收购交由地方政府组织实施。

总体来看，粮食收储制度改革取得了圆满成功，在保障农民基本收益的同时，缓解了国家收储压力，改善了供求关系，理顺了政府和市场、中央和地方的关系。一是激活了市场，合理的地区差价、品质差价、季节差价逐步形成，“优粮优价”的特征逐步显现，多元主体积极入市，市场化收购比重逐年提升，前些年流通不畅、价格扭曲等问题明显缓解。二是搞活了产业链，加工企业经营效益明显改善，粮食产业经济迅速壮大，粮食主产区呈现第一、第二、第三产业融合发展的势头，增强了地区经济活力。三是增强了农业竞争力，推动了农业结构调整优化，增强了农民围绕市场需求发展生产的意识和能力，守住了保障种粮合理收益的底线。

2. 组织开展政策性粮食销售，保证了粮食市场供应和价格基本稳定。为加强粮食市场的宏观调控，国家有关部门制定了《国家临时存储粮食销售办法》，运用规范化的市场机制，形成了全国统一、竞争、有序的粮食竞价交易平台，成为国家实施宏观调控的重要手段。在安排粮食销售过程中，有关部门注意把握好投放的力度和节奏，充分发挥市场机制的作用,实现了以经济手段为主的间接调控,又使粮食市场价格在国家宏观调控下运行,确立了政府对粮食市场调控的主动权。在近几年国际市场粮价大幅剧烈波动的大背景之下,我国粮食市场保持了供应充足、价格基本稳定的良好局面。

3. 建立健全粮食流通统计调查体系,为粮食宏观调控正确决策提供依据。粮食流通统计,是粮食行政管理部门组织管理的反映粮食商品流通活动和粮食行业基本情况的综合性部门统计,为国家制定相关粮食政策、实施宏观调控提供了重要的决策依据,对引导粮食合理有序流通、保持粮食市场基本稳定发挥了积极作用。

《统计法》第七条规定:"国家机关、企业事业单位和其他组织以及个体工商户和个人等统计调查对象,必须依照本法和国家有关规定,真实、准确、完整、及时地提供统计调查所需的资料,不得提供不真实或者不完整的统计资料,不得迟报、拒报统计资料。"《条例》第二十三条规定:"所有从事粮食收购、销售、储存、加工的经营者以及饲料、工业用粮企业,应当建立粮食经营台账,并向所在地的县级人民政府粮食和储备行政管理部门报送粮食购进、销售、储存等基本数据和有关情况。粮食经营台账的保存期限不得少于 3 年……"根据《统计法》和《条例》的有关内容,国家粮食和物资储备局制定了《国家粮食流通统计调查制度》,包括粮油流转统计、产业经济统计、仓储设施和基础设施建设投资统计、机构和从业人员统计、粮食科技统计五个方面。同时,为适应粮食流通体制市场化改革的新形势,了解掌握社会粮食供需情况及其发展趋势,自 2003 年起开展了社会粮油供需平衡调查,调查对象为粮食生产、流通和消费环节的单位和个人,建立了 15 万个城乡居民户固定调查点,每年对全国粮食供需平衡的现状以及未来发展趋势作出科学预测和客观分析。

4. 加强粮食市场监测预警,增强调控工作的及时性和预见性。《条例》第三十条规定:"国务院发展改革部门及国家粮食和储备行政管理部门会同国务院农业农村、统计、市场监督管理等部门负责粮食市场供求形势的监测和预警分析,健全监测和预警体系,完善粮食供需抽查制度,发布粮食生产、消费、价格、质量等信息。"加强粮食市场监测预警,是科学精准实施粮食宏观调控的关键基础和重要前提。习近平总书记深刻指出:越是面对风险挑战,越要稳住农业,越要确保粮食和重要副食品安全;重点强调要加强粮食市场价格监测和监管,保障市场供应和价格基本稳定。这些重要论述为我们进一步做好粮食市场监测预警工作指明了前进方向,提供了根本遵循。

2006年起逐步在全国31个省(区、市)建立了近1200个市场监测直报点,2020年制定《构建新型粮食市场监测预警体系工作方案》,科学设置监测价格类型和监测品种,收集、整理粮食市场信息。在实际工作中,根据市场形势变化,适时调整监测范围和频率,加强对价格易波动地区和重要品种的跟踪监测,密切与监测点的实时联系,建立市场异动即时反馈机制,动态反映粮食市场变动趋势,适时分析、判断、预测粮油市场形势和价格走势,增强对市场反应的敏感性和准确性,增强调控工作的科学性和预见性。

政策性粮食管理制度体系和规范要求*

唐　成

政策性粮食，是指政府指定或者委托粮食经营者购买、储存、加工、销售，并给予财政、金融等方面政策性支持的粮食。目前，政策性粮食主要包括政府储备粮、最低收购价粮等。

一、政府储备粮

《粮食流通管理条例》（以下简称《条例》）第二十七条明确，国家实行中央和地方分级粮食储备制度。粮食储备用于调节粮食供求、稳定粮食市场，以及应对重大自然灾害或者其他突发事件等情况，是粮食宏观调控的有力手段，是维护国家粮食安全的重要保障。1990 年国家建立专项粮食储备制度，之后省级人民政府陆续建立了地方储备，政府粮食储备体系初步形成。2000 年前后，建立中央储备垂直管理体系，成立中储粮公司专司负责；成立国家粮食局，负责中央储备行政管理。

（一）功能定位

多年来，政府粮食储备体系不断健全，特别是 2014 年之后，随着粮食安全省长责任制落实，中央储备和地方储备的功能定位进一步明晰。中央储备用于调节全国粮食供求总量、稳定粮食市场、应对重大自然灾害或其他突发事件等，是全国或较大范围内应大灾、守底线、稳预期的“压舱石”。地方储备主要用于调节区域粮食市场供求和应对局部应急状况，是区域内稳市场、保应急、保安全的“第一道防线”。在实践

---

* 本文作者为国家粮食和物资储备局粮食储备司副司长唐成同志。

中，既按照各自的功能定位、制度规定、管理权限、责任要求等，做到精细管理、精准施策；又强化协同运作、同向发力、形成合力，做到服务调控应急有序有力，共同保障国家粮食安全。

（二）规模和品种

政府粮食储备规模是统筹考虑粮食安全、供需形势、应急需要等因素确定的，如目前地方储备能保证产区 3 个月、销区 6 个月、产销平衡区 4.5 个月市场供应。政府粮食储备以小麦、稻谷等口粮品种为主，兼顾玉米、大豆等饲料和工业用粮；京津沪渝等 36 个大中城市主城区和市场易波动地区还建有米面等成品粮油储备，能够保障当地 15 天以上市场供应。

（三）管理制度

2003 年《中央储备粮管理条例》出台实施，明确了相关部门单位的权利和义务，对储备计划、储存、动用、监管及法律责任等作了规定，这也标志中央储备管理步入法制化轨道。有关部门结合职能职责，陆续制定了涉及轮换操作、仓储管理、质量要求、财政财务处理等方面的配套制度；各地参照中央储备，结合当地实际出台了地方储备管理的相关办法，政府粮食储备管理的制度化、规范化、科学化水平不断提升。

（四）计划管理

政府粮食储备是国家实施宏观调控最直接有效的抓手，必须对其数量、质量、品种、储存地点等心中有数，才能确保在调控时精准高效。因此，对储备的购销、轮换、动用等均实行严格的计划管理，主要包括购销、轮换等计划。储备轮换，是指在保持规模不变的前提下，以符合质量要求的新粮等量替换库存粮食的活动。为规范中央储备轮换管理，国家有关部门印发了中央储备粮轮换管理办法，对轮换的计划申请与下达、计划执行、财务资金与统计处理等作出明确规定。地方储备大都参照中央储备执行。

二、最低收购价粮和临时存储粮

2004 年起，国家先后在部分重点产区对稻谷和小麦实行最低收购价政策，对玉米、大豆、油菜籽和新疆小麦实行临时收储政策，守住了农民“种粮卖得出”的底线，对稳定生产、保护种粮农民积极性等方面起到了重要作用，也夯实了国家调控的物质基础。随着粮食市场形势变化，2014 年以来，有关部门认真落实中央决策部署，坚持市场化改革导向，推进粮食收储制度改革，相继取消各品种临时收储政策；不断完善最低收购价政策，合理确定价格水平，修订执行预案，进一步细化各方权责。

（一）最低收购价政策

1. 基本情况。2004 年、2006 年国家对稻谷、小麦实行最低收购价政策，目前这一政策继续实行。国家发展改革委牵头研究提出最低收购价格水平建议，报经批准后，一般在播种前向社会公布，小麦是前一年 10 月前后，稻谷为每年 2 月前后，这样也有利于引导农民合理安排种植。国家粮食和物资储备局会同有关部门单位制定最低收购价执行预案。目前，按照 2018 年印发的《小麦和稻谷最低收购价执行预案》执行。

2. 2021 年最低收购价政策。2021 年小麦、早籼稻、中晚籼稻、粳稻最低收购价格为每百斤 113 元、122 元、128 元、130 元，均为国标三等粮食的到库价格，相邻等级之间的差价为每斤 0.02 元。小麦预案执行区域为河北、江苏、安徽、山东、河南、湖北 6 省，执行时间为 6 月 1 日至 9 月 30 日；早籼稻预案执行区域为安徽、江西、湖北、湖南、广西 5 省（区），执行时间为 8 月 1 日至 9 月 30 日；中晚稻（包括中晚籼稻和粳稻）预案执行区域和时间为：江苏、安徽、江西、河南、湖北、湖南、广西、四川 8 省（区）10 月 10 日至次年 1 月 31 日，辽宁、吉林、黑龙江 3 省 11 月 1 日至次年 2 月末。

当粮食市场收购价格持续 3 天低于国家公布的最低收购价格时，由中储粮分公司会同省级粮食、价格、农业、农业发展银行等部门和单位提出启动预案的建议，经中储粮集团公司报国家粮食和物资储备局批准，在省（区）内符合条件的相关地区启动预案。启动预案地区，当市场收购价格回升到最低收购价水平以上时，及时停止实施。

3. 相关方面权责。《小麦和稻谷最低收购价执行预案》明确，省级人民政府负责组织地方有关部门和中储粮分公司开展最低收购价粮食收储工作，协调解决政策执行中的矛盾和问题；组织中储粮分公司、省级粮食主管部门、农业发展银行分行，按照"谁定点、谁监管、谁验收、谁负责"权责对等原则，对分工可进行细化。中储粮集团作为最低收购价政策执行主体，按照预案要求确定委托收储库点并组织收购，做好政策执行和粮食库存管理等工作。确定收储库点的单位，对收储库点收储最低收购价粮食的监管、验收、库存管理、销售出库以及出现的风险等负责。最低收购价粮所需信贷资金由农业发展银行提供。

4. 最低收购价粮验收确认。《小麦和稻谷最低收购价执行预案》明确，收购的最低收购价粮需符合国标三等及以上要求，四等及以下的粮食由各地组织引导市场化收购。中储粮集团公司组织有关分公司牵头对收购入库的粮食品种、数量、质量和食品安全情况进行验收。验收合格的，归纳整理并建立账务凭证资料和质量档案，具体到货位。验收中发现食品安全指标超标的，划转给地方政府处置，收购和处置费用可在本省粮食风险基金中列支，不足部分由省级财政负担并列入省级预算解决。对经验收合格入库的粮食，在库存检查、其他质量检验中或出库时发现重金属、真菌毒素超标的，由收储企业承担质量安全主体责任和相关经济损失。

（二）临时收储政策

与最低收购价政策类似，2008 年起国家陆续对玉米、大豆、油菜籽等品种，以及新疆小麦实行临时收储政策。临时收储相关规定由国家粮食和物资储备局牵头制定，一般是在文件印发之日起开始收购。为稳步推进粮食收储制度改革，国家从 2014 年取消大豆临储政策，连续实施 3 年目标价格制度，2017 年起大豆实行市场化收购加补贴政策。2015 年取消油菜籽临储政策，由地方政府负责组织收购，当年中央财政对重点产区给予了一定补贴支持。2016 年取消玉米临储政策，实行市场化收购加补贴机制。2018 年取消新疆小麦临储政策。至此，所有品种的临储政策全部取消。

三、政策性粮食经营应当遵守的规定

《条例》明确了政策性粮食经营者应当严格遵守的规定，不得有下列行为：虚报粮食收储数量；通过以陈顶新、以次充好、低收高转、虚假购销、虚假轮换、违规倒卖等方式，套取粮食价差和财政补贴，骗取信贷资金；挤占、挪用、克扣财政补贴、信贷资金；以政策性粮食为债务作担保或者清偿债务；利用政策性粮食进行除政府委托的政策性任务以外的其他商业经营；在政策性粮食出库时掺杂使假、以次充好、调换标的物，拒不执行出库指令或者阻挠出库；购买国家限定用途的政策性粮食，违规倒卖或者不按照规定用途处置；擅自动用政策性粮食；其他违反国家政策性粮食经营管理规定的行为。

粮食流通质量安全管理解读*

王耀鹏

粮食是最基本的生活必需品,也是重要的食品原料。粮食安全既包括数量安全,也包括质量安全。保障粮食质量安全显得更加重要,它和我们每个人的一日三餐息息相关,是满足大家由吃得饱,向吃得安全、吃得营养、吃得健康迈进的重要保证。所以说,粮食质量安全事关广大人民群众身体健康、生命安全、生活质量。

习近平总书记高度重视食品安全和粮食质量安全工作,特别强调,能不能在食品安全上给老百姓一个满意的交代,是对我们执政能力的重大考验;要用最严谨的标准、最严格的监管、最严厉的处罚、最严肃的问责,确保广大人民群众"舌尖上的安全";坚持数量质量并重,更加注重农产品质量和食品安全。

一、党中央、国务院高度重视粮食质量安全

党中央、国务院先后印发了《关于深化改革加强食品安全工作的意见》(2019年)、《地方党政领导干部食品安全责任制规定》(2019年)、《关于建立健全粮食安全省长责任制的若干意见》(2014年)等一系列政策制度规定,其中都对食品安全、粮食质量安全作出明确具体的规定。

党的十九届五中全会在"提高农业质量效益和竞争力"一节中指出,强化绿色导向、标准引领和质量安全监管。

2010年,为切实加强对食品安全工作的领导,设立国务院食品安全委员会,主

---

* 本文为国家粮食和物资储备局标准质量中心主任王耀鹏同志2021年5月21日在《粮食流通管理条例》(以下简称《条例》)贯彻实施培训会上的授课内容,有部分删节、改动。

要职责是分析食品安全形势，部署食品安全工作，督促落实食品安全属地管理责任等。

此次《条例》修订，将这些在实践工作中行之有效的政策措施加以总结提炼成条例内容。

二、现行有关法律法规规章对粮食质量安全的规定

现行与粮食质量安全紧密相关的法律、法规、规章，主要包括三法律、一条例、两办法，即《食品安全法》《农产品质量安全法》《标准化法》《条例》《粮食质量安全监管办法》《政府储备粮食质量安全管理办法》。

（一）《食品安全法》

《食品安全法》(2021 年修正)，明确了食品安全生产经营者的主体责任和地方人民政府的属地管理责任；规定了食品安全监督管理部门、卫生行政部门、农业行政部门的职责；规范了食品生产、加工、贮存、运输、销售、检验等方面流程和要求。但是，该法对粮食收购、储存环节的具体规定较少。

（二）《农产品质量安全法》

《农产品质量安全法》(2018 年修正，主席令第 16 号)，主要对农产品质量安全标准、产地管理、生产管理、检验检测、包装标识等进行了规定。

（三）《标准化法》

《标准化法》(2017 年修订，主席令第 78 号)规定，标准是统一的技术要求。标准与质量的关系紧密相关。习近平总书记强调：标准决定质量，有什么样的标准就有什么样的质量，只有高标准才有高质量。《标准化法》第十条第一款规定，对保障人身健康和生命财产安全、国家安全、生态环境安全以及满足经济社会管理基本需要的技术要求，应当制定强制性国家标准。强制性标准必须执行。粮食质量标准完全符合《标准化法》该条规定。《条例》中有 10 条(含 3 条法律责任)直接涉及粮食“标准”。国家粮食与物资储备局目前归口管理的粮食标准 641 项，其中国家标准 363 项，行业标准 278 项。这些国家标准中，如《稻谷》《小麦》《玉米》《大豆》等强制性标准，在粮食流通和质量管理中必须执行。

（四）《条例》(后文详细介绍)

（五）《粮食质量安全监管办法》

《粮食质量安全监管办法》(2016 年修订，国家发改委令第 42 号)，是现行粮食质量安全管理制度中最详细的一项部门规章，共 8 章 51 条，重点对粮食质量安全风险监测、粮食经营质量安全管理、粮食检验化验、粮食质量安全事故处置、粮食质量监督管理等进行了较详细、明确的规定。该办法明确了建立 8 项制度（收购和储存环节粮食质量安全监测制度、粮食质量安全监管工作评估考核制度、粮食检验比对考核制度、粮食收购入库质量安全检验制度、粮食销售出库质量安全检验制度、粮食质量安全档案制度、粮食质量安全追溯制度、粮食召回制度）。

为与《食品安全法》《农产品质量安全法》《条例》保持一致并细化质量安全管理内容，我国正在对《粮食质量安全监管办法》进行修订。

一是调整适用范围；

二是细化粮食质量安全风险监测规定；

三是明确粮食经营质量安全各环节管理要求，特别是严格区分和界定了食用用途和非食用用途粮食；

四是首次规定粮食质量安全检验机构应当具备的基本条件和能力；

五是界定粮食质量安全事故处置中各方的权责义务；

六是完善粮食和物资储备部门监督管理职责；

七是强化法律责任和处罚力度。

（六）《政府储备粮食质量安全管理办法》

《政府储备粮食质量安全管理办法》（国粮发规〔2021〕30 号），共 6 章 31 条，主要对政府储备粮食的入库质量管控、储存和出库质量管控、检验机构和监督检查等方面提出了新要求，作出了明确具体的规定。特别强调：粮食和物资储备行政管理部门在本级政府领导下，负责本级政府储备粮食质量安全管理和监督检查。国家粮食和储备部门负责对中央储备粮质量安全管理情况依法实施监管和年度考核；垂管局负责监管辖区内中央储备粮质量安全管理情况。地方粮食和储备部门负责本级地方储备粮质量安全管理。中储粮集团公司和地方储备运营主体对承储的政府储备粮食质量安全负责。承担政府储备粮食储存任务的单位履行粮食质量安全主体责任。各方责任比较清楚。

三、粮食质量安全的内涵

粮食质量安全包括“质量”和“安全”两方面。从粮食流通的角度说，“质量”主要包括常规质量、储存品质、内在品质 3 类指标，用于评价粮食在收购、储存、加工、消费等环节质量品质的优劣；“安全”主要包括相关食品安全国家标准中规定的指标，用于评价粮食是否能够食用，食用是否安全。

（一）质量指标

1. 常规质量指标：主要包括水分、杂质、色泽、气味、容重、不完善粒、出糙率、整精米率、完整粒率、损伤粒率、热损伤粒等粮食产品国家标准中“质量要求”部分规定的指标，通常作为各种政策性粮食收购的基本要求，也是粮食贸易定价、数量折算等方面的主要依据。

2. 储存品质指标：主要包括脂肪酸值、品尝评分、面筋吸水量等指标，用于评价粮食是否适于继续储存。按照相关国家标准，粮食储存品质分为宜存（储存品质良好，适宜继续储存）、轻度不宜存（储存品质明显下降，应尽快安排出库）、重度不宜存（储存品质严重下降，应立即安排出库）3 类。

3. 内在品质指标：主要包括蛋白质含量、粗脂肪含量、淀粉含量、湿面筋含量、稳定时间、食味评分、直链淀粉含量等指标，主要用于评价粮食的加工性能、食用品质、营养成分等。

（二）食品安全指标

食品安全指标，主要包括重金属（镉、砷、铅、汞等）、真菌毒素（黄曲霉毒素、呕吐毒素、玉米赤霉烯酮等）、农药残留（有机磷类、有机氯类、菊酯类等上百种农药），以及其他色泽气味、霉变粒、毒麦、麦角等指标。不符合食品安全标准的粮食不能食用，也不能用于生产口粮及其他食品加工领域。

粮食质量安全工作，既强调“质量”，也强调“安全”，因此要做到“质量”“安全”并重，才能确保粮食质量安全。

四、《条例》中质量安全修订主要内容

此次《条例》修订，对粮食流通质量安全管理方面进行了制度完善和强化，共有 18 条（含 5 个法律责任条文）直接涉及粮食质量安全，占全部条文的近 1/3，也是这次《条例》修订的重点。

（一）主要修订和强化的内容

从总体上看，《条例》在加强粮食流通质量安全监管方面，主要作了七个方面的修订和强化，为加强粮食流通质量安全管理提供了制度保障。

一是强化监测监控。建立健全粮食流通质量安全风险监测体系，卫生健康、市场监督管理以及粮食和储备等部门分别按照职责组织实施粮食流通质量安全风险监测。

二是强化入库检验。粮食收购者收购粮食应当按照要求进行质量安全检验,确保收购质量安全。对不符合食品安全标准的粮食,应当作为非食用用途单独储存。

三是强化库存监管。粮食储存期间应当定期进行品质检验。建立粮食销售出库质量安全检验制度,未经质量安全检验的粮食不得销售出库。

四是强化运输质量监管。不得使用被污染的运输工具或者包装材料运输粮食,不得与有毒有害物质混装运输。

五是强化食用用途管理。真菌毒素、农药残留、重金属超标或者霉变、色泽气味异常等粮食不得作为食用用途销售出库。

六是强化被污染粮食处置。加强区域性粮食污染监控,发现区域性粮食污染的,由县级以上地方人民政府及时采取处置措施。

七是强化法律责任。对未执行国家粮食质量标准、未按规定进行质量安全检验、将不符合食品安全标准的粮食作为食用用途销售的,分别处以 50 万元以下、货值金额 1 倍以上 5 倍以下、500 万元以下罚款。处罚力度明显加大。

(二)《条例》中涉及粮食质量安全的 3 项重要规范:一体系、一办法、一制度

1. 粮食流通质量安全风险监测体系

《条例》第三十七条规定,国家建立健全粮食流通质量安全风险监测体系。国务院卫生健康、市场监督管理以及国家粮食和储备行政管理等部门,分别按照职责组织实施全国粮食流通质量安全风险监测;省、自治区、直辖市人民政府卫生健康、市场监督管理、粮食和储备行政管理等部门,分别按照职责组织实施本行政区域的粮食流通质量安全风险监测。

该条明确了建立健全粮食流通质量安全风险监测体系,以及国家各有关部门职责分工。

(1)制度要求和部门职责

《食品安全法》规定,国家建立食品安全风险监测制度,对食源性疾病、食品污染以及食品中的有害因子进行监测。目前,卫生健康部门每年会同市场监管、工信、商务、海关、粮食和储备等部门,制订、实施国家食品安全风险监测计划。国家市场监督管理总局负责组织开展食品安全监督抽检、风险监测、核查处置和风险预警、风险交流等工作。各相关部门分别承担职责内的监测工作。

《粮食质量安全监管办法》规定，实行收购和储存环节粮食质量安全监测制度。国家粮食行政管理部门会同国务院有关部门，制订和实施国家粮食质量安全风险监测计划。省级粮食行政管理部门参照国家计划，制订和实施本行政区域的粮食质量安全风险监测计划。国家粮食和物资储备局每年印发国家级收购、储存环节粮食质量安全监测方案，组织各地开展相关工作。同时，要求各省级粮食和储备部门制定相应省级监测方案并组织实施。

粮食质量安全风险监测的主要内容包括：小麦、稻谷、玉米、大豆、花生、油菜籽、葵花籽等品种的质量等级、内在品质、水分含量、生芽、生霉等情况；粮食生产和储存过程中施用的药剂残留、真菌毒素、重金属及其他有害物质污染等情况。

（2）粮食和储备部门监测工作开展情况

①监测工作取得的主要成效。通过 10 多年连续开展收购和储存环节粮食质量安全监测，及时掌握当年新产粮食质量安全状况。例如，2013 年部分地市小麦不完善粒较多，2014 年东北玉米生霉粒较多，2018 年大豆损伤粒率偏高等实际情况，为国家有关部门对因气候等原因导致的区域性粮食质量变化，适时合理调整国家政策性粮食收购中质量政策，提供了技术支撑；既保护当地种粮农民利益，也维护了收购企业权益。

通过开展库存环节监测，及时掌握全国库存粮食质量安全状况，确保库存粮食关键时刻“用得上”。对监测发现的质量不达标、储存品质不宜存、食品安全指标不合格的粮食，按规定进行处置。如在 2019 年的全国政策性粮食库存数量和质量大清查工作中，检化验样品 11.2 万份，获得检验数据 163.2 万个，全面摸清全国库存政策性粮食质量实底，用监测数据表明：当前我国粮食质量安全情况整体较好。

②创新监测方式。为进一步做好风险监测工作，从 2021 年起，我们也探索改进监测方式，创新工作方法。如除按照以前年度惯例，委托安排各省份自行正常开展监测外，我们也针对小麦、稻谷、玉米等重点口粮品种和监测力量薄弱的地区，直接开展异地监测，既掌握相关省份重点品种质量安全情况第一手资料，也为做好各省份粮食质量安全考评、责任制考核中粮食质量安全考核提供依据。

（3）粮食质量安全风险监测管理办法起草及进展情况

根据《条例》规定，国家粮食与物资储备局（标准质量中心）及时开展调查研究，起草了粮食质量安全风险监测管理办法，主要是规定了风险监测的范围、内容、主体，监测计划，采样与检验，结果运用，工作要求等。目前，已征求了国家粮食与物资储备局各司局、单位、垂管局、省局意见。下一步，将向社会公开征求意见。

2. 被污染粮食处置办法

《条例》第四十条规定，县级以上地方人民政府应当加强本行政区域粮食污染监控，建立健全被污染粮食收购处置长效机制，发现区域性粮食污染的，应当及时采取处置措施。被污染粮食处置办法由国家粮食和储备行政管理部门会同国务院有关部门制定。

如果消费者长期食用被污染的粮食，就有可能影响身体健康。因此，必须切实采取有效措施，持续做好被污染粮食的收购和处置工作。

粮食污染，主要是指粮食被重金属、真菌毒素等污染，这个问题由来已久、成因复杂，既涉及水源、土壤、气候环境等自然因素，如水源污染、高本底土壤、异常气候等；也涉及农药、化肥使用和种子选育等多个方面，如用了禁止使用的农药、过量使用化肥等；甚至还涉及在储存过程中不恰当使用储粮药剂等。

（1）当前存在的主要问题

①粮食污染持续存在。我国地域辽阔，自然条件千差万别，由于土壤高本底、环境污染、异常气候等自然原因，形成面源污染，导致我国部分地区出现粮食重金属、真菌毒素污染等问题时有发生。

②管控制度有待进一步完善并加以落实。自 2019 年起，国家明确将制定发布当地被污染粮食收购处置管理办法作为粮食安全省长责任制的考核内容之一。通过两年多的努力，目前各省份均已制定发布了当地超标粮食处置管理办法，但配套政策和具体措施仍需进一步细化，在经费保障、检验化验技术力量、制度落实等方面还需要进一步加强。

（2）部门分工和主要职责

一是土壤管控。生态环境部门负责开展土壤生态环境调查、监测工作，定期发布土壤生态环境信息。

二是污染源头治理。生态环境部门负责监督指导农业面源污染治理。

三是农产品质量监控。农业农村部门负责制定食用农产品禁止生产区域管理制度，指导化肥、农药科学合理使用。

四是粮食产后监控。粮食和储备部门负责收购、储存、运输环节粮食质量安全和原粮卫生监管。

五是加工销售监控。市场监管部门负责食用农产品进入批发、零售市场或生产加工企业后的质量安全监督管理；开展食品安全监督抽检、风险监测、核查处置等工作。

(3)食品安全属地管理责任

《食品安全法》第六条规定，“县级以上地方人民政府对本行政区域的食品安全监督管理工作负责，统一领导、组织、协调本行政区域的食品安全监督管理工作以及食品安全突发事件应对工作，建立健全食品安全全程监督管理工作机制和信息共享机制”，明确了食品安全属地管理责任的原则。2019 年 2 月，中共中央办公厅、国务院办公厅印发了《地方党政领导干部食品安全责任制规定》，进一步明确食品安全党政同责要求，强化食品安全属地管理责任。国务院《关于建立健全粮食安全省长责任制的若干意见》规定，地方政府加强对超标粮食的管控，建立超标粮食处置长效机制。

《条例》第四十条第一款规定，县级以上地方人民政府应当加强本行政区域粮食污染监控，建立健全被污染粮食收购处置长效机制，发现区域性粮食污染的，应当及时采取处置措施。

(4)具体处置措施

为保护种粮农民利益，2018 年国家有关部门联合印发《小麦和稻谷最低收购价执行预案》(国粮发〔2018〕99 号)，进一步明确了被污染粮食的收购处置的具体原则。

一是明确不符合食品安全指标的小麦和稻谷退出最低收购价执行预案，由各地按照粮食安全省长责任制和食品安全地方政府负责制的要求组织收购处置。

二是确定收储库点的单位应牵头组织验收。验收不合格的，划转给有关省级人民政府处置；验收合格的，在库存检查、其他质量检查中或出库时发现超标的，由收储企业承担质量安全主体责任和相关经济损失。

三是有关费用从本省份粮食风险基金中列支，风险基金不足部分由省级财政负担并列入省级预算解决。

(5)被污染粮食处置办法起草及进展情况

根据《条例》规定，国家粮食和物资储备局(标准质量中心)已经起草了《被污染粮食处置办法(征求意见稿)》,主要内容是,明确被污染粮食范围,规范收购、验收、检验、处置程序和监督检查,压实地方政府属地责任和相关部门监督检查责任,确保被污染粮食不被食用、按规定使用。

3. 粮食销售出库质量安全检验制度

《条例》第十七条第二款规定,建立粮食销售出库质量安全检验制度。正常储存年限内的粮食,在出库前应当由粮食储存企业自行或者委托粮食质量安全检验机构进行质量安全检验;超过正常储存年限的粮食,储存期间使用储粮药剂未满安全间隔期的粮食,以及色泽、气味异常的粮食,在出库前应当由粮食质量安全检验机构进行质量安全检验。未经质量安全检验的粮食不得销售出库。

(1)所有粮食出库均需进行质量安全检验

主要是为了保证以下 4 类粮食不得作为食用用途销售出库:

一是真菌毒素、农药残留、重金属等污染物质以及其他危害人体健康的物质含量超过食品安全标准限量的粮食;

二是霉变或者色泽、气味异常的粮食;

三是储存期间使用储粮药剂未满安全间隔期的粮食;

四是被包装材料、容器、运输工具等污染的粮食。

(2)加强粮食质量安全检验体系建设

《条例》第十七条中对粮食质量安全检验机构进行质量安全检验作出具体规定。粮食质量安全检验机构是保障粮食质量安全的重要载体、工具和抓手。粮食流通各个环节的质量安全各项指标情况,是要通过检验化验程序、数据来说话的。《国务院食品安全委员会工作规则》(食安委〔2020〕3 号)规定,国家粮食和物资储备局负责推动粮食质量安全检验监测监管体系建设。

“十三五”以来,粮食和物资储备部门全面强化粮食质量安全检验监测能力建设,在各级政府和有关部门大力支持下,累计争取各级财政投资超过 60 亿元,新建和提升了 1500 余个粮食质检机构和企业化验室。各级粮食检验机构实验室用房建筑面积累计增加 22.4 万平方米,仪器设备增加 3.5 万台套,检验参数累计增加 2.9 万个。全国粮食质量安全检验检测能力实现跨越式提升,初步形成了以省级为龙头、市级为骨干、县级为基础的粮食质量检验监测体系。各级粮食检验机构充分发挥技术服务作用,“十三五”期间累计检验粮食样品超过 250 万份,为全力守护好广大人民群众“舌尖上的安全”奠定了基础。

但是，目前在检验体系建设中也存在一些问题。一是粮食质量安全监测机构建设需要进一步加强。二是检验机构作用发挥不充分，部分粮食质检机构体制机制不活。三是基层检验监测机构小弱散现象突出。因此，需要进一步加大粮食质量安全检验监测体系建设力度，创新完善体制机制，提升能力，推动、指导监测机构落实好执行好保障粮食质量安全的各项任务。

(三)压实粮食经营者的质量安全主体责任

确保粮食流通质量安全，粮食经营者是第一责任人。修订后《条例》第十一条、第十三条、第十四条、第十六条、第十七条、第十八条，对粮食经营者在粮食收购、储存、销售、运输等各环节的质量安全管理提出了更加明确的要求。

1. 粮食收购环节。《条例》第十一条规定，粮食收购者收购粮食，应当执行国家粮食质量标准，按质论价；应当按照国家有关规定进行质量安全检验，确保粮食质量安全。对不符合食品安全标准的粮食，应当作为非食用用途单独储存。

2. 粮食储存环节。《条例》第十三条第二款规定，粮食不得与可能对粮食产生污染的有害物质混存，储存粮食不得使用国家禁止使用的化学药剂或者超量使用化学药剂。第十七条第一款规定，粮食储存期间，应当定期进行粮食品质检验，粮食品质达到轻度不宜存时应当及时出库。

3. 粮食销售环节。《条例》第十六条规定，销售粮食应当严格执行国家粮食质量等有关标准，不得短斤少两、掺杂使假、以次充好。第十七条第二款规定，建立粮食销售出库质量安全检验制度，未经质量安全检验的粮食不得销售出库。第十八条规定，不符合食品安全标准限量的粮食不得作为食用用途销售。

4. 粮食运输环节。《条例》第十四条规定，不得使用被污染的运输工具或者包装材料运输粮食，不得与有毒有害物质混装运输。

《条例》中的这些具体规定，进一步明确了粮食经营者的主体责任和义务，促进粮食经营者切实守好各环节粮食质量安全关。

五、粮食和储备行政管理部门在粮食质量安全监管方面的主要职责

从普遍意义上讲，粮食和储备行政管理部门行使粮食质量安全监管的职责包括：

一是对粮食经营者从事粮食收购、储存、运输活动和政策性粮食的购销活动中的粮食质量安全进行监督检查。建立粮食经营者粮食质量安全信用档案，根据信用等级实施分类监管。

二是依职责组织实施本行政区域的粮食质量安全风险监测,可设定粮食收购和出库必检项目。发布常规粮食质量监测信息,指导粮食收购,促进优质粮食的产销衔接。

三是按照当地人民政府的统一部署,依职责开展收购、储存环节粮食污染监控。

四是制订并实施粮食质量安全年度监督管理计划并报上级备案。

五是建立健全粮食质量安全事故应急预案并加强预案演练。

六是加强质量安全检验监测体系建设,定期组织对粮食检验机构检验能力进行比对考核。

七是依规处理接到的粮食质量安全咨询、投诉、举报。

八是对下级粮食和储备行政管理部门质量安全工作进行指导、年度评估考核。

粮食应急、仓储和节粮减损规范要求*

王　宏

粮食安全是实现我国经济发展、社会稳定和国家安全的重要基础。党中央、国务院历来高度重视粮食安全，始终将"把饭碗牢牢端在自己手上"作为治国理政长期坚持的基本方针。党的十八大以来，以习近平同志为核心的党中央高度重视粮食安全，把保障国家粮食安全提到了新的高度，提出了"确保谷物基本自给、口粮绝对安全"的新粮食安全观，确立了"以我为主、立足国内、确保产能、适度进口、科技支撑"的国家粮食安全战略，形成了粮食安全省长责任制等一系列确保粮食安全的重要政策和制度。2021 年 1 月 4 日国务院第 121 次常务会议通过了新修订的《粮食流通管理条例》（以下简称《条例》）。新修订的《条例》在粮食应急、仓储管理和节粮减损等方面增加新的表述，为进一步提升粮食应急保障水平、加强仓储保障能力、促进节粮减损提供法治保障。

一、加强粮食应急管理，提升应急保供能力

（一）粮食应急工作的背景及重要意义

一是保障国家粮食安全的需要。我国人口多耕地少，水资源紧缺，农业基础设施脆弱，农户经营分散，集约化程度较低，自然灾害频繁，粮食生产抗风险能力较弱，加上人口刚性增长、消费持续增加和耕地资源减少等因素，这些都可能影响全国粮食的总量和品种平衡，从而引发粮食市场的波动。如果应急机制不健全，应急准备不充

* 本文为国家粮食和物资储备局安全仓储与科技司司长王宏同志 2021 年 5 月 21 日在《条例》贯彻实施培训会上的授课内容，有部分删节、改动。

分,就会给粮食安全带来不利影响,甚至会影响经济持续发展与社会和谐稳定的大局;只有建立有效的粮食应急机制,才能从容应对各种情况,把风险降到最低限度,确保国家粮食安全。

二是全面深化粮食产购储加销体系建设的必要保障。随着经济全球化的不断发展和我国粮食购销市场化改革的全面深化,市场在粮食资源配置中的重要地位已经凸显,一些突发的、不确定的因素往往容易引起市场的异常波动。建立粮食应急机制,正是要加强对粮食市场的跟踪监测和预警预报,增强对粮食市场波动的预见性,以便及时采取有效措施以保证供应、稳定市场。

三是促进国民经济平稳较快增长的内在需要。粮食问题是关系国计民生和经济安全的重大战略问题。粮食价格的大幅波动,容易产生连锁反应和放大效应,给国民经济发展带来严重影响。历史经验表明,经济发展出问题往往首先出在农业上,而农业出问题往往又出在粮食上。如果粮食出了大问题,整个经济和社会发展全局就会受到影响,而且需要相当长的时间才能恢复。粮价稳,百价稳。建立粮食应急机制不仅有利于强化粮食市场管理,保证粮食市场供应和价格基本稳定,同时也有利于促进国民经济平稳健康发展。

四是提高政府应对突发事件能力的有力支撑。民以食为天,解决好人民的吃饭问题,在任何时候都是头等大事。特别是在面对可能发生的各种突发公共事件时,都必须首先保证把人们的吃饭问题解决好,以保持人心安定和社会稳定。出现严重自然灾害的时候,往往道路和电力都会中断,外界救援需要一定时间,储备原粮也无法加工。在这种情况下,人口密集的大城市保有一定数量的成品粮油储备和布局合理的供应网点,就可以在等待外部救援时先投放成品储备粮油,以保证供应和维护灾区社会稳定。加强公共安全突发事件应急管理工作,是政府的基本职能之一,应对突发公共事件的能力也是政府管理能力的重要体现。建立和健全粮食应急机制,对于提高政府的总体应急能力和水平具有重要意义。

(二)粮食应急工作已取得的成效

2005 年《国家粮食应急预案》发布后,我国进一步加强粮食应急保障体系建设,中央和地方各级粮食和储备行政管理部门高度重视粮食应急工作,切实加强粮食应急体系建设,认真落实各项应急措施,不断健全粮情监测预警机制,夯实储备基础,加强培训演练,特别是以粮食安全省长责任制考核为抓手,压实地方政府责任,全国粮食应急体系建设进一步完善,应急保供能力稳步提升。经过多年努力,已经逐步建立起符合我国国情的粮食应急保障体系。从此次应对新冠肺炎疫情来看,粮食应急保障体系发挥了积极作用。在全系统的共同努力下,粮食应急保供经受住了疫情防控大战大考现实检验。2020 年 5 月 23 日,习近平总书记“两会”期间在看望参加政协会议的经济界委员时指出,“这次新冠肺炎疫情如此严重,但我国社会始终保持稳定,粮食和重要农副产品稳定供给功不可没”。我国粮食应急保障体系建设有以下 4 个特点:

一是保障体系有支撑。“手中有粮,心中不慌。”我们国家充足的原粮储备是粮食应急最重要的物质基础,是保障粮食安全的“压舱石”。除原粮储备外,我国在人口集中的大中城市和价格易波动地区,还建立了成品粮应急储备。此外,还布局建设了一批应急加工企业、应急供应网点、应急配送中心、应急储运企业。目前,全国共有粮食应急供应网点 43,573 个、应急加工企业 5448 个、应急配送中心 2777 个、应急储运企业 3741 个。

二是市场波动有监测。通过加强粮食市场监测和预警,随时掌握粮食市场动态变化,及时发现问题、解决问题。全国有各级粮食市场信息监测点 10,741 个,基本覆盖了重点地区、重点品种,能够密切跟踪粮食供求变化和价格动态。

三是应对变化有预案。国家层面有专门的粮食应急预案,从监测预警到应急处置都有详细的规定。截至 2021 年 12 月底,全国 31 个省(区、市)制定了省级应急预案,大多数市县也有相应的应急预案。各地还加强应急演练和培训,保障应急队伍、应急设施在关键时候能够真正发挥作用。

四是保供稳市有责任。目前,我国已建立完善了粮食安全省长责任制,对保障粮食安全发挥了重要作用。新冠肺炎疫情发生以来,我们强化统筹调度,要求各地压紧压实保供稳市主体责任,切实做到各负其责、守土尽责。

(三)政策解读

《条例》第三十二条、第三十三条、第三十四条、第三十五条、第四十九条,规定了粮食应急机制、粮食应急体系、粮食应急预案、粮食应急法定义务等内容。

一是规定了粮食应急状态下,国家实施应急机制。在重大自然灾害、重大疫情或者其他突发事件引起粮食市场供求异常波动的状况为粮食应急状态。从这个定义可以解读出粮食应急状态的 3 个特点:(1)突发性。外部因素是直接触发粮食应急状态的主要原因，尤其是系统外的其他各类公共突发事件，粮食应急状态属于派生型危机。比如，在2003年由于受“非典”公共卫生事件影响，各地出现的抢购粮食事件；2008年因为雨雪冰冻灾害造成部分地区粮食供应紧张等。(2)多样性。粮食应急状态表现为多种形式，即粮食流通中供应短缺、价格上涨，具体可以表现为大量抢购粮食、脱销断档、价格大幅上涨。(3)扩散性。从空间上看，粮食应急状态可以从县扩散到市，进而扩散到全国，甚至形成全世界的粮食危机。从领域上看，粮食应急状态可以发展成经济危机，进而发展成社会危机，甚至政治危机。随着信息化社会的到来，粮食应急状态的扩散速度变得越来越快，如果处置不及时不果断，粮食应急状态可以在短时间内从低层级迅速跃升到高层级，影响国家粮食安全和社会稳定。

粮食应急状态的突发性、多样性和扩散性，决定了粮食应急管理的紧急性。发生粮食应急状态时，需要及时动员各类行政应急资源，建立粮食应急处置工作的统一领导和综合协调机制。《国家粮食应急预案》明确了在党中央统一领导下，对不同等级的粮食应急工作，由中央人民政府和地方人民政府按照中央和地方的粮食事权各负其责。当出现国家级粮食应急状态时，由国家粮食应急工作指挥部负责粮食应急处置工作。当出现省、市、县级粮食应急状态时，由各地粮食应急工作指挥机构负责粮食应急处置工作。

二是规定了突发事件的粮食应急体系。我国粮食应急体系按区域层次可以分为中央体系和地方体系。对于各地区建立的粮食应急体系，全国粮食应急预案给予了指导性意见，各地区根据本地区特点建立粮食应急保障体系。

从粮食应急预案的种类来看，主要包括两类，即国家粮食应急预案和地方行政区域粮食应急预案。这两类粮食应急预案分别由不同的政府行政主管部门制定。国家粮食应急预案由国务院粮食行政主管部门会同国务院有关部门制定；地方人民政府负责粮食行政管理的部门或者机构，制定本行政区域内的粮食应急预案。根据《条例》第三十三条的规定，制定粮食应急预案必须按照所规定的方式进行。国务院发展改革部门及国家粮食和储备行政管理部门在制定国家粮食应急预案时，必须会同国务院有关部门制定，而不能单独制定；地方人民政府负责粮食行政管理工作的部门或者机构在制定地方行政区域粮食应急预案时，也要会同有关部门制定，同时要参照国家粮食应急预案制定。《条例》同时规定，制定粮食应急预案应当遵循一定的法律程序，国家粮食应急预案在制定后，只有报国务院批准后才能生效；地方行政区域粮食应急预案,应当报本级人民政府批准。

三是规定了粮食应急预案的制定和启动。按照中央和地方政府粮食事权的划分,国家粮食应急工作由国家粮食应急工作指挥部统一指挥、负责。按照突发事件引发粮食应急状态的危害程度、造成损失、影响范围等因素,国家粮食应急工作指挥部要立即研判形势,迅速作出级别判定,向党中央、国务院提出启动相应级别国家层面粮食应急响应的建议。

省级粮食应急工作由各省粮食应急工作指挥部统一指挥、负责。省级人民政府成立相应的粮食应急工作指挥部,负责领导、组织和指挥辖区内粮食应急工作,建立完善粮食市场监测预警系统和粮食应急防范处理责任制,安排必要的经费,保证粮食应急处理工作正常进行。

市、县级粮食应急预案的制定和启动为《条例》修订新增内容,在原有基础上作出了细化,进一步明确相关部门职责,理顺工作程序,确保粮食应急体系有效运转。

四是规定了粮食应急法定义务。粮食应急预案启动后,粮食经营者必须按照国家要求承担应急任务,服从国家的统一安排和调度,保证应急的需要。我国法律中对公众应急义务的规定散见于不同的法律中,主要有《宪法》《突发事件应对法》《防震减灾法》等,主要体现在两个方面:第一,履行应急义务主体明确。我国《宪法》规定,中华人民共和国公民有维护祖国的安全、荣誉和利益的义务,不得有危害祖国的安全、荣誉和利益的行为。在根本法中确定公民维护祖国安全的义务。《突发事件应对法》中规定公民、法人和其他组织有义务参与突发事件应对工作;《防震减灾法》中规定任何单位和个人都有依法参加防震减灾活动的义务。因此,在《条例》第三十五条中明确规定履行应急义务的主体是粮食经营者。第二,应急义务内容有原则性规定。《突发事件应对法》中要求获悉突发事件信息的公民、法人或者其他组织应当立即向所在地人民政府、有关主管部门或者指定的专业机构报告;突发事件发生地的公民应当服从人民政府、居民委员会、村民委员会或者所属单位的指挥和安排,配合人民政府采取的应急处置措施,积极参加应急救援工作,协助维护社会秩序。因此,《条例》第三十五条规定粮食应急预案启动后,粮食经营者必须按照国家要求承担应急任务,服从国家的统一安排和调度,保证应急的需要。

近年来,各地按照国家要求确定了应急供应网点、应急加工企业、应急配送中心和应急储运企业,涵盖供应、加工、配送、储运的粮油应急供应体系基本建立,网点布局更加合理,应急保障能力进一步增强,有很多粮食企业在应对突发事件粮油应急保供中发挥了重要作用,得到了各方的认可。

二、规范粮食仓储活动,提升仓储保障能力

(一)粮食仓储管理的背景及重要意义

粮食仓储是粮食流通链条中的重要一环,关系库存粮食数量真实、质量良好、储存安全。规范粮食仓储活动,守牢储粮安全底线,在国家粮食安全体系中意义重大。

一是我国地域辽阔,形成不同的储粮生态区域,不同地域、不同品种、不同储存周期的粮食,要有适当的储存技术条件。因此,粮食仓储需因地制宜,根据所处储粮生态区特点以及储存粮食的品种、规模、周期等,配备与之相适应的仓储条件和技术能力。这就要求我们要配备技术条件,确保储粮安全。

二是由于粮粒自身呼吸作用和粮堆微生物活动,粮食在储存期间与周围环境发生作用,粮情会发生动态变化。因此,储存期间要做好温湿度控制,加强粮情监测分析,出现粮堆发热、虫害等情况时,要研判危害程度、及时采取措施处置,防止危害扩大。这就要求我们做好虫霉防治,强化储存安全管理。

(二)粮食仓储管理取得的成效

经过多年积累和发展,我国粮食仓储设施总量充裕,仓储设施功能整体良好,“四合一”技术基本普及,储粮技术应用居世界前列,储备粮宜存率保持较高水平,粮食仓储管理成效显著。近年来,在库存持续高企的背景下,粮食仓储管理在夯实基础、规范提升、交流指导、加强研究方面持续发力,仓储管理制度体系不断完善,储粮技术应用水平日益提升。形成了以“四合一”储粮技术为主流,并日益呈现绿色、智能、精细等特点的仓储技术发展格局,有力保障了库存粮食储存安全,也为粮食收储制度改革、宏观调控、储备体制机制改革等奠定了坚实基础。

(三)政策解读

《条例》第十三条规定:“粮食收购者、从事粮食储存的企业(以下简称粮食储存企业)使用的仓储设施,应当符合粮食储存有关标准和技术规范以及安全生产法律、法规的要求,具有与储存品种、规模、周期等相适应的仓储条件,减少粮食储存损耗。粮食不得与可能对粮食产生污染的有害物质混存,储存粮食不得使用国家禁止使用的化学药剂或者超量使用化学药剂”。

该条为修改内容,主要修改新增了“以及安全生产法律、法规的要求”“具有与储存品种、规模、周期等相适应的仓储条件,减少粮食储存损耗”的内容。规定该条的主要目的是对粮食收购者、粮食储存企业所使用的仓储设施及开展粮油仓储活动设置基本规范。仓储条件与技术能力应当与储存粮食品种、规模、周期等相适应,储存粮食不得与有害物质混存,不得违规使用药剂,这是确保粮食储存安全的基本要求,同时有利于生产安全。主要包括以下两方面的内容:

一是关于粮食仓储设施的基础性规定。仓储设施是开展粮食仓储业务的基础条件,是确保库存粮食储存安全的重要物质保障。一方面,粮食仓储设施的多少、好坏,事关粮食数量、质量和储存安全,事关国家粮食宏观调控政策制度的落实,在国家粮食安全中具有基础性地位和作用。另一方面,粮食仓储设施合规达标、使用安全规范,也是粮食行业安全生产的内在要求和重要保证。我国地域辽阔,储粮生态条件差异很大,加之库存规模较大、储存周期较长,不同地域、不同品种、不同储存周期的粮食,其储存技术条件要求各异,这就决定了粮食仓储需因地制宜,根据所处储粮生态区特点以及储存粮食的品种、规模、周期等,配备与之相适应的仓储条件和技术能力,以减少粮食损耗、延缓品质劣变。

二是关于污染物质和化学药剂的限制性规定。粮食保管对储存环境要求较高,须保证不受外界环境的不良影响;不得在粮食储存区存放污染物,也不得在储存区开展可能引起粮食污染的作业。虫霉防治是粮食储藏保管的重要任务。粮食从田间地头收获后,不可避免地会携带一些虫卵、螨类等,入仓前需控制好粮食水分和杂质含量,入仓后及时进行杀虫防治。储存期间要做好温湿度控制,加强粮情监测分析,出现粮堆发热、虫害等情况时,要研判危害程度、及时采取措施处置,防止危害扩大。使用储粮化学药剂除治虫害,是保障储粮安全的重要措施。

(1)严禁将粮食与有毒、有害物质混存。已经被污染的或有病虫害的粮油,必须单独存放,防止污染扩大,并根据污染和病虫害程度妥善处理;如果发现带有属于检疫对象的病、虫、杂草种子,要根据国家植物检疫相关规定,立即采取有效措施处理,并及时向上级粮食部门报告。

(2)不得使用国家禁止使用的化学药剂或者超量使用化学药剂。目前,国家对于粮食储存过程中允许使用的化学药剂均有明确规定。需严格执行国家有关标准,既要起到粮食防护的作用,又要确保粮食储存安全,避免过量使用,对粮食造成污染。

三、强化节粮减损，促进高质量发展

（一）节粮减损工作的背景及重要意义

粮食损失损耗存在于产后流通各环节，而且情况较复杂。在田间运输和清粮（晒场）作业中，农户路边晒粮、收获时天气不佳、管理粗放等因素，导致粮食出现霉变、碎粒等问题。部分农户因缺乏科学储粮基础知识和必要技术，缺少正规、适用的储粮装具和设施，缺乏高效低毒的防治虫、霉、鼠的药剂，导致储粮损失。受出入仓作业方式、储藏技术、储粮生态环境，以及部分老旧仓房等因素影响，储粮环节存在部分损失。此外，粮食烘干过程以及扦样抛撒，造成少量损失。因地理和气候等环境影响，导致部分粮食损失。在物流运输和装卸环节，包装物破损导致遗撒、包改散过程中发生遗撒、输送设备抛撒、冲击导致的破碎，以及散粮装卸、倒仓、倒垛等过程中的遗撒等，导致粮食损失。加工环节因过度加工，副产物综合利用率低等导致的损失也较明显。

我国要牢牢把住粮食安全主动权，把中国人的饭碗牢牢端在自己手上，必须坚持开源与节流并重，增产与减损并举，多措并举保障粮食安全。珍惜粮食，既要治理“舌尖上的浪费”，更要减少粮食产后损失。节粮减损等同于粮食增产，是增加粮食有效供给的“无形良田”。

习近平总书记高度重视节粮减损工作，多次对减少粮食损失作出重要批示。新修订的《条例》发布，进一步强调了节粮减损的重要性，明确了粮食和储备行政管理部门的减损职责，强调了加强粮食流通各环节减损的要求。减少粮食损失不仅是粮食从业者的职业操守，而且是广大消费者应尽的义务。

（二）节粮减损工作取得的成效

一是科学储粮装具有效减少农户储粮损失。自2007年起，在国家发展改革委的支持下，为实施农户科学储粮专项，在全国推广建设总规模约1000万套经济、适用、防虫、防霉储粮新装具。据初步估算，使用装具农户储粮损失可由8%降至2%以下。2017年启动实施的优质粮食工程“粮食产后服务体系”子项，在26个省份和新疆生产建设兵团，建设具有清理、干燥、收储、加工、销售等服务功能的产后服务中心。目前已完成计划建设5000余个的97%，充分发挥了促进粮食提档升级减少损失的作用。

二是应用先进技术国有粮库减损效果显著。应用先进的储粮技术，能够有效控制、减少粮食损失。目前，我国粮食仓储技术已处于国际领先地位。“四合一”（机械通风、谷物冷却、环流熏蒸、粮情测控）储粮新技术已成为国有粮库标配，二氧化碳、氮气储粮技术等气调储粮技术已经在国家粮食储备库推广应用。国有大型粮库可将粮食损失率降低至1%以下。粮食储藏横向通风新工艺、横向负压谷冷通风新工艺、粮食循环和连续控速干燥工艺及控制系统正在推广。以新型平房仓横向通风系统为主,配套分体式谷冷通风、温湿水多参数粮情检测、多介质(环流充氮和食品级惰性粉等)害虫防治技术等仓储升级新技术,实现了储粮进出仓作业机械化和仓储工艺技术的双重提升。

三是粮食流通新技术实现装卸和加工减损。在粮食运输环节,开发应用铁水联运接卸技术、粮食铁路运输专用车皮和专用散粮车、集装散粮物流装具、液压粮车卸车装置,新建火车卸粮接收系统、卸车平台、散粮自动秤等,有效减少了运输环节粮食损耗。自"十一五"以来,依托国家科技计划、粮食公益性行业科研专项,开发了减少谷物破碎和出入库作业遗撒等技术,并获得广泛应用。布局大宗粮油适度加工技术创新,开发的粮食加工设备和加工工艺可有效降低加工损失。

四是爱粮节粮宣传教育成效明显。结合世界粮食日、科技活动周等活动,各级粮食行政管理部门通过发布爱粮节粮新闻报道、主题公益视频、公益广告等,有力推动了消费减损工作。组织中央主流媒体发布主题宣传报道,评选发布主题视频、漫画等,发送"爱粮节粮、厉行节约"主题公益短信,有效扩大了宣传覆盖面和影响力。会同有关单位深入开展系列主题宣传活动,开展主题讲座,普及节粮减损技术和健康消费知识,推动爱粮节粮宣传"进学校、进企业、进社区、进家庭、进军营"("五进")常态化、制度化。面向全社会广泛发掘评选先进个人,评选发布"爱粮节粮之星""粮安之星",促进爱粮节粮成为广泛的社会共识。

(三)政策解读

《条例》第五条和第二十五条都提到了节粮减损。第五条规定,"粮食经营活动应当遵循自愿、公平、诚信的原则,不得损害粮食生产者、消费者的合法权益,不得损害国家利益和社会公共利益,并采取有效措施,防止和减少粮食损失浪费"。第二十五条规定,"国家鼓励和支持开发、推广应用先进的粮食储存、运输、加工和信息化技术,开展珍惜和节约粮食宣传教育。县级以上人民政府粮食和储备行政管理部门应当加强对粮食经营者的指导和服务,引导粮食经营者节约粮食、降低粮食损失损耗"。修订的主要内容如下:

一是减少损失浪费是粮食经营活动的要求。《条例》第五条明确了各类粮食流通主体要遵循节约粮食防止浪费的原则,提出了切实减少粮食损失浪费的要求。党的十八大以来,以习近平同志为核心的党中央把粮食安全作为治国理政的头等大事,提出了“确保谷物基本自给、口粮绝对安全”的新粮食安全观,确立了“以我为主、立足国内、确保产能、适度进口、科技支撑”的国家粮食安全战略。虽然我国粮食生产连年丰收,但始终要有粮食安全的危机意识。当前,粮食产后收购、储存、运输、加工、消费等环节损失浪费问题仍然存在,个别环节较突出。因此,粮食流通各环节要采取有效措施,提高粮食流通效率,防止和减少粮食损失浪费。

二是节约粮食是公民应尽义务。爱粮节粮是中华民族优秀传统美德,“谁知盘中餐,粒粒皆辛苦”的古韵萦绕千年。习近平总书记一直高度重视粮食安全和提倡“厉行节约、反对浪费”的社会风尚,多次强调要制止餐饮浪费行为。我国《宪法》明确规定“国家厉行节约,反对浪费”。《农业法》第三十六条规定:“国家提倡珍惜和节约粮食,并采取措施改善人民的食物营养结构。”《国家安全法》第二十二条规定:“国家健全粮食安全保障体系,保护和提高粮食综合生产能力,完善粮食储备制度、流通体系和市场调控机制,健全粮食安全预警制度,保障粮食供给和质量安全。”进入新时代,在全面进入小康社会的形势下,节约粮食面临新挑战,要通过规范粮食经营活动,弘扬勤俭节约传统美德,减少粮食损失浪费,保障国家粮食安全。

三是推进节粮减损是各级粮食行政管理部门职责。《条例》第二十五条是关于粮食科技创新和促进节粮减损的规定,主要目的是:鼓励粮食流通中各类主体积极参与、支持、开展科技创新,在粮食储存、运输、加工等环节积极推广应用先进的科技成果,鼓励应用信息化技术提高粮食产业发展水平,加强节粮减损宣传教育工作,切实减少粮食损失。同时,明确了粮食流通中节粮减损工作职责,要多措并举推进节粮减损工作,有效减少粮食流通过程中的损失损耗。其中,该条第一款明确了国家鼓励粮食科技创新,促进粮食科技成果应用的态度,强调了节粮减损宣传工作的重点任务。突出科技是第一生产力,创新是发展第一动力,要依靠科技创新和成果应用,有效提高粮食流通效率,保障粮食安全,实现更高质量的粮食产业发展。该条第二款明确节粮减损工作责任。节粮减损工作涉及面广、环节多,有效推进节粮减损工作需要凝聚各方力量。粮食损失发生原因多种多样,在粮食产区和销区节粮减损的重点任务不同。因此,强调县级以上人民政府粮食和储备行政管理部门要按照粮食流通环节,因地制宜,科学指导各类粮食流通主体依据实际情况采取有效措施,推动节粮减损,降低粮食损失。

粮食流通监管制度体系和规范要求*

廖小平

本文主要从四个部分解读新修订的《粮食流通管理条例》(以下简称《条例》)“监督检查”章节:第一,当前粮食流通监督检查体系及职责;第二,监督检查的内在特征和主要特点;第三,《条例》修订前后“监督检查”章节的主要变化;第四,在监督检查工作中落实新修订《条例》。

一、当前粮食流通监督检查体系及职责

按照党和国家机构改革的总体部署,2018 年国家新组建国家粮食和物资储备局,并设立 26 个垂直管理局,地方各级粮食和储备行政管理部门也陆续完成了改革。应当说,本轮机构改革对粮食流通监督检查体系进行了较大调整。

(一)国家粮食和物资储备局

按照《深化党和国家机构改革方案》和党中央、国务院的决定,新组建的国家粮食和物资储备局,整合了原国家粮食局的职责,国家发展改革委的组织实施国家战略物资收储、轮换和管理,管理国家粮食、棉花和食糖储备等职责,以及民政部、商务部、国家能源局、水利部等部门的组织实施国家战略和应急储备物资、防汛抗旱物资收储、轮换和日常管理职责。整合的目的旨在加强国家储备统筹规划,构建统一的国家物资储备体系,强化中央储备粮棉监督管理,提升国家储备应对突发事件能力。根据“三定”职责,在粮食流通监管方面,国家粮食和物资储备局负责对管理的政府储备、

* 本文为国家粮食和物资储备局执法督查局副局长廖小平同志 2021 年 5 月 21 日在《条例》贯彻实施培训会上的授课内容,有部分删节、改动。

企业储备以及储备政策落实情况进行监督检查,负责粮食流通监督检查,负责粮食收购、储存、运输环节粮食质量安全和原粮卫生的监督管理,组织实施全国粮食库存检查工作。

(二)国家粮食和物资储备局各垂直管理局

国家粮食和物资储备局设立了26个垂直管理局。在粮食流通监管方面,各垂直管理局按照国家局的指令,履行中央储备粮在地监管职责,承担日常监督检查工作,监督中储粮分支机构、中储粮直属企业等管理和业务开展情况,提出中央储备粮经营管理违法违规问题的处理意见,督促整改落实。同时,配合地方有关部门监督检查其他中央事权粮食政策执行情况。

(三)地方粮食和物资储备部门

据统计,在本轮地方政府机构改革中,在省级层面,黑龙江、湖北、青海3省仍保留粮食局名称,重庆市由发改委承担粮食行政管理职能,其他27个省份均改为粮食和物资储备局;在市、县级层面,保留了442个市级、2552个县级粮食行政管理部门,承担地方粮食和物资储备监管职能。依照有关法规文件规定,地方粮食和物资储备部门涉及粮食监管的职责主要有三方面:一是对地方储备粮的监管职责。加强对地方储备粮的行政管理,保证地方储备粮数量真实、质量良好和储存安全。二是对辖区内承储最低收购价粮、临时存储粮等其他中央事权粮食的企业,依法履行属地监管责任。三是对全社会粮食流通的监管职责。结合粮食宏观调控需要,开展粮食经营者粮食收购、储存、运输和执行国家粮食流通统计制度等专项检查。同时,配合市场监管等部门打击粮食经营中扰乱市场秩序、违反食品安全和安全生产法律法规等行为。

二、监督检查的内在特征和主要特点

粮食流通监督检查工作,是指粮食流通监督检查机构按照法律法规赋予的职责及法定程序,对粮食经营者从事的粮食收购、销售、储存、运输、加工和进出口等经营活动是否符合法律、法规规定进行检查的行为,属于行政执法范畴。

(一)内在特征

粮食流通监督检查工作具有以下特征:

第一,粮食流通监督检查是检验粮食流通法律、法规、政策是否得到正确执行的基本途径。为保护粮食生产者的种粮积极性,促进粮食生产,维护粮食经营者、消费者的合法权益,保障国家粮食安全,维护粮食流通秩序,国家制定了一系列的法律、法规、政策。监督检查工作是检验这些法律、法规、政策在粮食流通各环节中是否得到正确执行的基本途径,也是及时发现并查处各类违法违规行为的主要手段。认真开展监督检查工作,有利于促进粮食经营者自觉守法经营,有利于国家粮食宏观调控目标的实现,也有利于保障国家粮食安全。

第二,粮食流通监督检查的适用范围仅限于粮食流通领域。按照《条例》等法规的规定,我国现行粮食流通监督检查工作仅限于对粮食收购、销售、储存、运输、加工和进出口环节的监督检查,不涉及粮食生产环节。

第三,粮食流通监督检查需要有关部门分工协作。粮食流通监督检查涉及粮食流通多个环节,监督检查的内容包括粮食购销、库存管理、资金使用、粮食质量、储粮安全等多个方面。按照《条例》规定和部门职能划分,粮食流通监督检查工作由粮食和物资储备、市场监督管理、财政等多个部门按照各自职责分工负责。各部门均为粮食流通监督检查的执法主体,各自拥有独立的执法权。各部门之间既有分工,也有协作,相互配合,共同维护粮食流通秩序。

第四,粮食流通监督检查既要维护粮食市场秩序,也要保障国家粮食宏观调控政策的贯彻落实。目前,我国粮食流通采取在国家宏观调控下以市场配置资源为主的运行模式。从保护种粮农民利益、维护国家粮食安全等角度出发,国家通过行政手段对市场进行适度干预,如建立中央储备粮制度、设立最低收购价政策等,保持了适当的粮食宏观调控能力。在这个前提下,粮食市场全面放开,多种所有制经济主体可以自由参与粮食市场竞争。因此,粮食流通监督检查工作,一方面要维护粮食市场秩序,另一方面也要保障国家粮食宏观调控政策贯彻落实。

(二)主要特点

从法律层面和实践层面看,粮食流通监督检查工作具有以下特点:

一是法定性。监督检查是相关法律法规和规章赋予粮食行政管理部门的职责,必须依法实施。

二是主动性。监督检查是为了实现粮食行政管理职能而进行的一种自主活动,必须依职权积极自觉地采取行动,主动地而不是被动地进行监督检查,否则就可能造成失职或是玩忽职守。

三是程序性。开展监督检查工作,必须依照规定的程序(如《行政处罚法》的规定)开展活动,否则就可能因程序违规而执法犯法。

四是专业性。开展监督检查工作,必须掌握一定的粮食专业知识和相关政策知识,才能完成规定的检查任务。

五是强制性。监督检查是法定的粮食行政管理部门实施、适用行政法律规范的行为,是贯彻、执行国家意志的手段,具有国家意志的拘束力和法律规范的执行力。如果行政管理相对人违反行政法律规范或不履行行政法律规范中所规定的义务,就会受到相应的行政处罚。

三、《条例》修订前后"监督检查"章节的主要变化

与修订前相比,修订后的《条例》中"监督检查"章节由6条改为5条,其变化主要体现在两个方面。

(一)赋予了粮食行政管理等部门查封、扣押的行政强制职权

监督检查是检查人员对被检查对象的粮食经营行为进行了解、核实和收集证据的过程,其任务是查清事实、取得必要的证据及掌握当事人是否应当承担行政法律责任的全部情况。因此,监督检查的方式手段至关重要,直接关系监督检查的成效。修订前的《条例》对监督检查职权进行了规定,主要是:粮食行政管理部门在监督检查过程中,可以进入粮食经营者经营场所检查粮食的库存量和收购、储存活动中的粮食质量以及原粮卫生;检查粮食仓储设施、设备是否符合国家技术规范;查阅粮食经营者有关资料、凭证;向有关单位和人员调查了解相关情况。

从执法实践看,该职权范围规定对粮食行政管理部门依法履行监督检查职责发挥了重要作用。但也存在一些突出问题,最典型的就是,缺少行政强制手段,执法成本高效率低。原有的粮食法规没有赋予粮食行政管理部门查封、扣押等行政职权,导致执法难度大,执法成本高,在很大程度上影响了粮食流通监督检查的权威和效率。

为此,新修订的《条例》作了适当调整,表述为:"粮食和储备行政管理部门在监督检查过程中,可以进入粮食经营者经营场所,查阅有关资料、凭证;检查粮食数量、质量和储存安全情况;检查粮食仓储设施、设备是否符合有关标准和技术规范;向有关单位和人员调查了解相关情况;查封、扣押非法收购或者不符合国家粮食质量安全标准的粮食,用于违法经营或者被污染的工具、设备以及有关账簿资料;查封违法从事粮食经营活动的场所。"从条文可以看出,本次修订赋予了粮食行政管理部门查封、扣押的行政强制职权。查封、扣押行政强制措施成为粮食行政管理部门开展监督检查、查办涉粮案件可以使用的方式和手段。

这里需要大家清楚查封和扣押的区别。所谓查封，是指行政主体在行政相对人的物品上加贴封条，予以强制封存的行为。查封期间限制财产权的使用，被查封人不得处分其财产。扣押则是行政主体限制行政相对人对其财产的继续占有和处分的行为。查封与扣押的区别在于：查封的物品一般是不易移动或没有必要转移至行政机关处所的物品，即留在原地查封；而扣押的财产一般是可以移动的，且有必要从行政相对人处所转移的物品，或者是行政主体在执法检查监督中现场查获的物品。

（二）对市场监督管理部门的粮食监督检查职能进行了规定

新修订的《条例》第三十九条规定，市场监督管理部门依照有关法律法规的规定，对粮食经营活动中的扰乱市场秩序行为、违法交易行为以及价格违法行为进行监督检查。也就是将原产品质量监督、工商行政管理等部门的监督检查权限进行整合，按照市场监督管理部门新的"三定"职责进行了规定。市场监督管理部门在粮食经营活动中进行的监督检查，主要针对以下 3 类行为：

一是扰乱市场秩序行为。最常见的情形是，粮食经营者相互串通，合谋涨价，操纵市场价格；捏造、散布涨价信息，扰乱市场价格秩序，推动商品价格过快、过高上涨；经营粮油等产品批发、零售、收购业务的经营者，超出正常的储存数量或者储存周期大量恶意囤积产品；粮食经营者没有严格按照明码标价规定，做到标价内容完整、真实、准确、规范。比如，各商场、超市、农贸市场等在开展促销活动中，虚构原价、虚假优惠折价，利用虚假或者使人误解的标价方式误导消费。新冠肺炎疫情发生以来，个别地方粮油经营者借疫情防控之机，谣传消息导致部分地区出现抢购粮油现象，就属于典型的扰乱市场秩序行为。

二是违法交易行为。最常见的情形是粮食经营者欺行霸市、强买强卖、掺杂使假、以次充好等行为。例如，粮食经营者利用自身的独特地位或政策优势，限定其他经营者购买其指定的粮油产品；限制外地的粮油进入特定市场，或者限制本地的粮油流向外地市场；一些粮食经营者在销售粮食产品时，违背购买方的意愿，搭售其他商品或附加其他不合理条件等。

三是价格违法行为。其是指违反《价格法》《价格违法行为行政处罚规定》《关于商品和服务实行明码标价的规定》《禁止价格欺诈行为的规定》等法律法规的行为。在粮食流通领域，该行为常见的情形是，违反国家规定的小麦、稻谷最低收购价进行政策性粮食收购；收购时压级压价，或以提高水分、杂质扣量，多扣车辆皮重等手段变相压级、压价克扣农民;违反粮食质量标准有关规定,收购小麦、稻谷时对水分、杂质、不完善粒、整精米率等指标,不按规定实行增扣量、增扣价;违反明码标价规定,在收购场所未向售粮农民公示小麦或稻谷最低收购价格、质量标准、增扣量与增扣价方式、结算方式和执行时间;在收购中擅自设立项目、自定收费标准乱收费,或代收代缴其他费用等价格违法行为。

四、在监督检查工作中落实新修订的《条例》

(一)准确把握监督检查的制度规范依据

粮食流通监督检查是一项综合性的业务活动,其依据涉及各级储备粮、政策性粮油、粮食质量、仓储管理、统计制度、补贴政策、信贷政策、粮油技术标准等法规、政策、制度和标准。概括起来,目前已经形成了以《条例》《中央储备粮管理条例》和相关规章为主要依据,以一系列政策、制度、标准为辅助的制度框架体系。

粮食流通监督检查的依据,除新修订的《条例》和施行中的《中央储备粮管理条例》外,还有3部行政规章。

一是《粮油仓储管理办法》,其中第二十八条至第三十一条规定了粮食行政管理部门对相关违规行为给予警告、罚款的行政处罚权。

二是《国有粮油仓储物流设施保护办法》,其中第二十一条、第二十三条规定了粮食行政管理部门对相关违规行为警告、罚款和没收违法所得等行政处罚权。

三是《粮食质量安全监管办法》,其中第六章规定了粮食行政管理部门的监督管理职责,第四十三条、第四十五条、第四十七条规定了粮食行政管理部门对相关违规行为警告、罚款和没收违法所得等行政处罚权。

此外,各地出台的有关粮食方面的地方性法规和地方政府规章也是所在地粮食行政管理部门开展粮食流通监督检查工作的重要依据。

同时,还有一些规范性文件也是粮食流通监督检查的依据。在国家层面,主要是由国家发展改革委、国家粮食和物资储备局等部门印发的涉及粮食流通的规范性文件,具体包括:

一是监督检查方面:《粮食流通监督检查暂行办法》《粮食库存检查暂行办法》《粮食流通涉嫌违纪违法案件移送纪检和司法机关暂行办法》《粮食和物资储备执法督查工作规程》《12325全国粮食流通监管热线举报处理规定(试行)》。

二是统计制度检查方面:《国家粮食流通统计调查制度》。

三是中央储备粮管理方面:《中央储备粮油轮换管理办法(试行)》《中央储备粮油质量检查扦样检验管理办法》。

四是政策性粮食购销方面:《国家政策性粮食出库管理暂行办法》《小麦和稻谷最低收购价执行预案》。

五是粮油质量管理方面:《政府储备粮食质量安全管理办法》《关于执行粮油质量国家标准有关问题的规定》《军粮质量管理办法》。

六是仓储管理和安全生产方面:《政府储备粮食仓储管理办法》、《粮油储存安全责任暂行规定》、《粮油安全储存守则》、《粮库安全生产守则》、《粮油储藏技术规范》(GB/T 29890 - 2013)等。

需要强调的是,行政部门监督检查的适用依据有5类:法律、行政法规、地方性法规、自治条例和单行条例。《行政诉讼法》规定,人民法院审理行政案件,以法律和行政法规、地方性法规为依据,地方性法规适用于本行政区域内发生的行政案件。人民法院审理民族自治地方的行政案件,以该民族自治地方的自治条例和单行条例为依据。该法还规定,具体行政行为适用法律、法规是否正确,是法院行政审判作维持判决的条件之一,当具体行政行为适用法律、法规错误,法院即可判决撤销或部分撤销该具体行政行为,并可以判决被告重新作出具体行政行为。对此,我们要注意掌握监督检查依据适用的一般规则:(1)上位法优于下位法;(2)特别法优于普通法;(3)后法优于前法,即对同一机关制定的针对同一事项效力相同的法规,从时间上予以判断;(4)法不溯及既往。

在以往粮食流通监督检查实践中,也存在一些适用法律、法规错误的情形。适用法律、法规错误不仅包括适用实体法错误,而且包括适用程序法错误。适用法律、法规错误,是指国家行政机关,或者法律、法规授权的组织,或者行政机关委托的组织,实施具体行政行为违反了程序法规定,或者依据了相冲突的法律、法规或条款,或者适用的法律、法规或条款不是调整相应具体行政行为的法律、法规或条款。在通常行政执法实践中,适用法律、法规错误常见的表现形式主要有以下10种:一是应适用甲种依据,却适用了乙种依据。二是应适用法定依据的此条,却适用了彼条。三是应适用效力高的法定依据,却适用了效力低的法定依据。四是应同时适用几个法定依据,却仅适用了其中一个;或应适用一个法定依据,却适用了几个。五是应同时适用法定依据的几项条款,却仅适用了其中一项条款;或应适用一项条款,却适用了几项不应适用的条款。六是适用了尚未生效的法定依据。七是适用了已经废止、撤销的法定依据。八是应当适用法定依据，却适用了没有法律效力的其他文件、规定。九是应适用调整特定地区事项的法定依据，但适用了非调整特定地区事项的法定依据；或不应适用调整特定地区事项的法定依据，却适用了调整特定地区事项的法定依据。十是适用的法定依据相互抵触，或适用的法定依据与同层级的其他法定依据相抵触。

（二）正确履行政策性粮食属地监管职责

修订前的《条例》在其附则第五十二条第三款规定，“中央储备粮的管理，依照《中央储备粮管理条例》的规定执行”。这就意味着，中央储备粮的相关管理不受《条例》的规范和制约。修订后的《条例》删除了此项规定，并对政策性粮食的定义作了规定，明确政策性粮食包括但不限于各级储备。也就是说，包括中央储备粮在内的各级政府储备管理都受新修订的《条例》的规范。

这里有一个管辖问题需要明确，就是按照2021年修订的《行政处罚法》第二十二条、第二十三条规定，行政处罚由违法行为地的行政机关管辖。法律、行政法规、部门规章另有规定的，从其规定。行政处罚由县级以上地方人民政府具有行政处罚权的行政机关管辖。法律、行政法规另有规定的，从其规定。从这个条文看，地方粮食和储备部门可以依照属地监管原则，对违反中央储备粮管理规定的行为进行行政处罚。但行政部门履行监督检查和行政处罚职责，除法律法规规定外，还应依照本部门的“三定”职责。根据“三定”规定，中央储备粮的监督检查和行政处罚权限属于国家粮食和物资储备局及各垂直管理局，地方粮食和物资储备部门在《条例》修订后仍不能履行对中央储备粮的监督检查职责。

但同时需要明确，按照相关规定，地方粮食和物资储备部门应当对中央储备粮安全和安全生产负属地管理责任，并履行协助管理义务，享有举报监督、申请动用等权利。中央有关文件对中央储备粮食品安全和安全生产管理职责作出规定，地方政府对辖区内承储中央储备的企业，依法履行食品安全和安全生产属地管理责任。这里的“法”是指《食品安全法》和《安全生产法》。《食品安全法》第六条第一款规定，县级以上地方人民政府对本行政区域的食品安全监督管理工作负责，统一领导、组织、协调本行政区域的食品安全监督管理工作以及食品安全突发事件应对工作，建立健全食品安全全程监督管理工作机制和信息共享机制。2014年《安全生产法》第八条第二款规定，国务院和县级以上地方各级人民政府应当加强对安全生产工作的领导，支持、督促各有关部门依法履行安全生产监督管理职责,建立健全安全生产工作协调机制,及时协调、解决安全生产监督管理中存在的重大问题。

此外,《中央储备粮管理条例》也规定了地方各级政府以及地方粮食行政管理部门在中央储备粮管理中的权利和义务。主要义务有两项:一是支持和协助中央储备粮垂直管理。《中央储备粮管理条例》规定,地方政府和地方粮食行政管理部门应支持和协助中央储备粮的垂直管理,包括制止、查处破坏中央储备粮仓储设施,偷盗、哄抢或者损毁中央储备粮的违法行为,支持本行政区域承储企业做好中央储备粮的安全管理工作,支持和配合中央储备粮动用命令的实施。二是遵守禁止性行为规定。地方政府和地方粮食行政管理部门应遵守《中央储备粮管理条例》有关动用中央储备粮和财政补贴的禁止性规定,包括不得擅自动用中央储备粮,不得动用中央储备粮贷款或者贷款利息、管理费用等财政补贴,不得拒绝执行或擅自改变中央储备粮动用命令。主要权利也有两项:一是举报监督权。地方政府和地方粮食行政管理部门有权对中央储备粮经营管理中的违法行为,向国家粮食与物资储备局等有关部门举报。二是申请动用权。一旦辖区内出现粮食明显供不应求或者市场价格异常波动等情况,地方政府在动用地方储备粮还不能保证辖区内粮食供应及市场粮价基本稳定的情况下,可以向国家发展改革委及国家粮食和物资储备局申请动用中央储备粮。

(三)正确行使查封、扣押行政强制职权

《行政强制法》第二十七条规定:"行政机关采取查封、扣押措施后,应当及时查清事实,在本法第二十五条规定的期限内作出处理决定。对违法事实清楚,依法应当没收的非法财物予以没收;法律、行政法规规定应当销毁的,依法销毁;应当解除查封、扣押的,作出解除查封、扣押的决定。"新修订的《条例》对粮食流通行政管理部门享有的查封、扣押行政强制职权作了规定,但对这些措施的审批程序、主体、时限等还缺乏细化规定。在监督检查工作中,如何用好这些措施,推动监督检查工作更加协同高效,显得尤为重要。结合执法实践,需要注意以下 4 个问题。

一是注意查封、扣押的范围。《条例》第三十八条对查封、扣押的范围作了明确规定,即查封、扣押非法收购的粮食,不符合国家粮食质量安全标准的粮食,用于违法经营或者被污染的工具、设备以及有关账簿资料;查封违法从事粮食经营活动的场所。

二是注意查封、扣押措施的选择。《条例》对具体哪些物品应进行查封,哪些物品应进行扣押没有详细说明,这就需要我们在实际工作中,结合其他相关法律法规和具体情况，灵活作出合法、合理的选择。参照《人民检察院刑事诉讼规则》和最高人民法院司法解释的一些内容，对于不宜移动的储粮场所设施、粮食及大型粮食机械、设备等财物，必要时可以扣押其权利证书，经拍照或者录像后原地封存，并开具查封清单，注明相关财物的详细地址和相关特征，同时注明已经拍照或者录像、权利证书已被扣押的情况。

三是注意查封、扣押财物的保管。根据监察机关的相关规定，对调取、查封、扣押的财物、文件，应当设立专用账户、专门场所，确定专门人员妥善保管，严格履行交接、调取手续，定期对账核实，不得毁损或者用于其他目的。对价值不明的物品应当及时鉴定，专门进行封存保管。对查封、扣押的财物、文件进行妥善保管，既体现了依法依规的要求，又体现了对检查对象和涉案人员财产权利的保护。“妥善保管”，主要是指将查封、扣押的财物、文件等放置于安全设施较完备的地方保管，以防止证据遗失、损毁或者被调换。

四是注意依法实施查封、扣押措施。查封、扣押必须经行政机关负责人批准；制作执法文书要严谨细致，并按规定送达行政管理相对人；当事人制作查封、扣押清单，应准确翔实注明物品的形状、包装、名称、规格等信息，现场交由当事人核对，确定无误后签字盖章。查封、扣押是一项严肃的执法活动，实施时必须严格按程序履行相关手续，避免程序上违法。

总之，在粮食流通监督检查执法实践中，要依法依规使用查封、扣押措施。作为行政执法者，理应依法执法、执法为民。查封、扣押不是目的，只是约束违法行为的一种手段，要避免使用不当，侵害行政管理相对人的合法权益。为此，应认真学习《行政强制法》的有关规定。

（四）强化与市场监管等部门监督检查工作的配合协作

《条例》将粮食流通不同环节的监管职权，分别赋予了粮食和储备、市场监管等有关部门。随着机构改革的实施，部门职能的调整，以及粮食流通新业态、新情况、新问题的出现，一些监管环节可能出现缺位、错位问题。粮食和储备部门要分清职责界限，依照新修订的《条例》及国家有关部门最新出台的一些政策制度，履行好自身职责。同时，粮食和储备部门也要加强与有关监管部门的协作配合，共同做好粮食流通监管工作。比如，2020 年国家粮食和物资储备局会同国家发展改革委、财政部、农业农村部、海关总署、国家能源局、中国农业发展银行等部门单位联合印发的《关于进一步加强国家政策性粮食销售出库和加工转化监管督查工作的通知》,对政策性粮食销售出库和加工转化环节各部门的监督检查职责进行了明确。该通知明确指出,粮食和储备部门要切实加强政策性粮食销售出库环节的监督检查,确保出库顺利。对进入加工环节的定向销售粮食,按照加工用途,分别由相关部门履行监督检查职责。例如,农业农村部门要切实加强饲料生产加工环节的监督检查,督促有关饲料生产加工企业规范使用定向销售粮食。其他行政监管部门要依照有关法律法规和本部门"三定"规定履行监督检查职责。至此,理顺了自 2016 年粮食库存消化以来监管体制不健全、监管责任和任务难落实的问题。建立了政策性粮食从销售出库到加工转化的全流程、全环节监管体制机制,开创了政策性粮食销售出库环节、加工转化环节的联动执法新局面,为有效避免不符合食品安全标准的粮食进入口粮市场、出库陈粮回流政策性库存提供了强有力的制度保障。国家粮食和物资储备局又会同国家发展改革委、财政部、中国农业发展银行联合印发了《关于进一步强化国家政策性粮食日常管理和依法监管有关问题的通知》(国粮执法〔2021〕85 号),对强化落实国家政策性粮食(最低收购价粮和临时存储粮等)日常管理和依法监管责任进行了梳理和明确。

法律的生命力在于实施。做好粮食流通监督检查工作是落实新修订的《条例》最直接的体现。为贯彻落实新修订的《条例》,主动履职担当,国家粮食与物资储备局决定从 2021 年 6 月开始,用半年时间,组织开展全国粮食流通"亮剑 2021"专项执法行动。在认真开展各类监督检查的基础上,查办一批粮食流通违法违规案件,加快形成知法用法、依法监管和守信经营的良好氛围,持续释放强监管信号。进一步组织执法督查人员学习新修订的《条例》,提高大家贯彻落实《条例》的能力和水平。

粮食流通法律责任制度解读*

朱之光

对于新修订的《粮食流通管理条例》(以下简称《条例》)“法律责任”章节,本文主要解读粮食流通管理法律责任概述、《条例》修订前后法律责任规定的主要变化、新《条例》法律责任的种类分析、行政法律责任的认定及适用四部分内容。

一、粮食流通管理法律责任概述

(一)粮食流通管理法律责任的含义

在整个法律制度中,法律责任处于中心地位。当某种合法权益受到阻碍或者侵犯时,法律可以采取强制的方式对损害权益的行为人追究一定的责任,维护合法权益和法律的权威。《条例》的法律责任,是指粮食和储备行政管理部门工作人员、粮食经营者违反了《条例》及相关配套政策制度规定,而应承担某种不利的法律后果。

(二)粮食流通管理法律责任的特点

1. 共有特点。粮食流通管理法律责任属于法律责任的一种,与法律责任具有共通之处,主要表现在:

第一,法律责任是由法律规范所规定的,具有法定性。即法律责任是由国家运用法律形式事先予以明确规定的,要求必须实施的法律行为模式。法律的性质、范围、大小、期限,都由法律明确规定。

第二,法律责任与违法行为和法律规定的事实相联系,具有条件性。违法行为是

---

* 本文为国家粮食和物资储备局执法督查局二级巡视员朱之光同志2021年5月21日在《条例》贯彻实施培训会上的授课内容,有部分删节、改动。

承担法律责任的前提,行为不违法,则不能追究责任。这里所指的违法行为是违反法律规定的行为,这种违法行为必须具有社会危害性,并且行为人本身存在过错。

第三,法律责任由国家强制力保证实施,具有国家强制性。这种国家强制性,一方面,表现为国家制裁方式的实现,即一个人在法律上要对一定行为负责,或者要为此承担法律责任;也就是说,当其作出相反行为时即应受到制裁。另一方面,表现为法律责任由国家专门机关或国家授权的组织追究,其他任何个人或组织都无权进行此项活动。

2. 独有特点。法律责任虽有共通之处,但在不同领域,随着法律调整对象的转变,法律责任也会相应转变。粮食流通管理具有其特殊性,所以其对应的法律责任也表现出一定的特殊性。

第一,功能的特殊性。在通常情况下法律责任强调的是损害引发后的救济功能,而粮食流通管理法律责任则更强调预防损害,关注事前的预防功能。粮食直接关系公众的生命健康和社会稳定,针对危害粮食流通安全特别是粮食质量安全的行为应当采取相较一般产品责任更重的处罚,以严苛的法律手段保障粮食质量安全。如《条例》设置了若干涉及粮食质量安全、储存安全、政策执行等预防性条款以及相应的罚则。

第二,责任主体的广泛性。粮食流通涉及粮食收购、销售、储存、运输、加工、进出口等一系列环节,涉及小麦、稻谷、玉米、杂粮及其成品粮等性质品种,涵盖了由收购到消费的整个过程,由此决定了粮食流通管理法律责任主体的广泛性。

第三,责任类型的多样性。其法律关系一方面涉及行政法律关系,甚至刑事法律关系;另一方面涉及内部管理关系、外部监管关系。因此,粮食流通管理法律责任具有责任类型多样性的特征。

(三)粮食流通管理法律责任的类型

以引起法律责任时的行为性质及危害程度为标准,法律责任分为民事法律责任、行政法律责任和刑事法律责任。

1. 民事法律责任,是指民事主体因违反民事法律规范而应当承担的民事法律后果,主要目的是恢复被损害的权利和利益。

2. 行政法律责任,是指行为人因违反行政法律规范而应当承担的行政法律后果。其特点在于:一是行政法律关系主体是行政法律责任的主体,包括行政主体和行政相对人。如果行政主体不依法作出行政行为,或者行政相对人不履行法定义务,则需要承担相应的行政法律责任。二是行政法律责任产生的原因是行为人的行政违法行为和法律规定的一些特殊情况,包括行政主体的违法行为及行政不当行为、行政主体的侵权行为、行政机关公职人员的违法失职行为等。

承担行政责任的方式包括行政处分和行政处罚。行政处分,是指国家行政机关按照行政隶属关系对有轻微失职行为的国家机关工作人员实施的惩罚措施,方式主要有:警告、记过、记大过、降级、撤职、开除。行政处罚,是指国家特定的行政机关给予犯有轻微违法尚不够刑事处罚的公民、法人或者其他组织的一种制裁。依照《行政处罚法》的规定,行政处罚的种类主要有警告、通报批评,罚款、没收违法所得、没收非法财物,暂扣或者吊销许可证件、降低资质等级,限制开展生产经营活动、责令停产停业、责令关闭、限制从业,行政拘留,以及法律、行政法规规定的其他行政处罚。

3. 刑事法律责任,是指行为人因违反刑事法律规范,司法机关强制其承担的刑事法律后果,是所有法律责任中性质最严重、制裁最严厉的。

粮食流通法律责任的类型主要涉及行政法律责任和刑事法律责任。

二、《条例》修订前后法律责任规定的主要变化

依据有关法律原则,结合当前粮食流通发展需要及原《条例》存在的不足,新《条例》对"法律责任"部分进行了全面修订完善。

(一)《条例》修订前存在的主要问题

《条例》自 2004 年颁布以来,各级粮食和储备行政管理部门认真履行法定职责,对保证政府储备粮数量真实、质量良好和储存安全,促进国家粮食政策的落实、保护农民的利益、维护粮食流通秩序、打击各种违法违规行为发挥了积极作用。随着粮食收储体制改革的持续推进,特别是 2016 年玉米收储制度改革后,收购主体多元化,市场化收购日益活跃,管理制度和要求不断调整,需要监管的对象发生较大变化,呈现点多面广、频度高、难度大等特点,《条例》的法律责任规定已难以满足具体执法监管需求,逐渐暴露出不少问题,制约了执法督查效能的有效发挥,亟须完善。

1. 条文原则粗犷,难以满足粮食流通监管新形势需求。如关于执行国家粮食收储政策的要求,原《条例》仅有第四十三条规定:接受委托的粮食经营者从事政策性用粮的购销活动未执行国家有关政策的,由粮食行政管理部门责令整改、予以警告,可以处 20 万元以下的罚款;情节严重的,并由粮食行政管理部门暂停或者取消粮食

收购资格。当前正在执行的各种粮食收储政策大多是在原《条例》颁布实施后才陆续出台的,政策文件比较分散,没有形成系统的管理办法,政策性粮食承储主体需要履行的法定义务、责任未通过法律形式进行有效明确,各种各样的违法违规情形也未得到有效界定。再如,原《条例》是立足整个粮食行业管理于2004年制定的,但不适用于中央储备粮管理,这在中储粮垂直管理体系不扩大业务范围,不开展商业经营的条件下是可行的。随着中储粮垂直管理体系成为其他中央事权政策性粮食业务执行主体,特别是开展商业性经营,原《条例》难以形成对中储粮垂直管理体系的有效监督,一些库点以"中央储备粮"为名开展的其他政策性业务和商业性经营,游离于原《条例》的监管之外。

2. 惩处力度不够,难以有效震慑违法行为。对于擅自动用政策性粮食、虚报粮食收储数量、以陈顶新、虚假购销、在政策性粮食出库时掺杂使假、阻挠出库等严重违法违规问题,涉案粮食价值和非法获利较高,违法性质和影响较为恶劣,而按照原《条例》的规定,最高仅处罚20万元。企业违法成本明显偏低,通过处罚震慑违法行为的力度远远不够,不能适应当前粮食流通监管形势的需要。

(二)新《条例》法律责任的创新和亮点

从新《条例》修订情况看,法律责任部分出现了一些创新和亮点。主要是:

1. 全面落实"处罚到人"要求

习近平总书记在2013年中央农村工作会议上首次提出食品安全"四个最严",此后又多次强调要求把"四个最严"落到实处。习近平总书记的要求,明确了食品安全工作方法、原则,是做好粮食和食品安全工作的基本遵循。2017年1月,国务院食品安全委员会第四次全体会议提出"处罚到人"。2019年5月,中共中央、国务院《关于深化改革加强食品安全工作的意见》进一步明确了"处罚到人"的要求。粮食是80%以上食品的基础原料,也是最基础的食品。粮食质量的安全问题,关系人民群众的身体健康和生命安全。对粮食流通管理违法行为"处罚到人",是全面贯彻习近平总书记关于食品安全"四个最严"要求,加大食品领域执法力度的重要措施。新《条例》第五十一条规定:"从事粮食经营活动的企业有违反本条例规定的违法情形且情节严重的,对其法定代表人、主要负责人、直接负责的主管人员和其他直接责任人员处以其上一年度从本企业取得收入的1倍以上10倍以下罚款。"准确运用该条款,应关注以下几个方面的问题:

(1)适用处罚到人的前提。从事粮食经营的企业有违反新《条例》的违法情形,且情节严重。情节严重一般需具备以下情形之一:①故意实施违法行为;②违法行为性质恶劣;③违法行为造成严重后果。

(2)处罚到人的范围。除对违反新《条例》的企业进行处罚外,还应当对企业的法定代表人、主要负责人、直接负责的主管人员和其他直接责任人员处以罚款。其中,直接负责的主管人员是在违法行为中起决定、批准、授意、纵容、指挥作用的主管人员;其他直接责任人员是具体实施违法行为并起较大作用的人员,既可以是企业的生产经营管理人员,也可以是企业的职工。

(3)处罚幅度。罚款金额为上述人员上年度从本企业取得收入的1倍以上10倍以下。如何针对具体违法情形确定处罚倍数,仍有待作出统一规定。

落实粮食流通管理违法行为"处罚到人",是全面贯彻"四个最严"要求,加大粮食流通领域执法力度的重要措施,对于严控安全风险,确保人民群众买得放心、用得放心、吃得放心具有非常重要的意义。对违法人员处以高额罚款,目的在于使其感受到切肤之痛,令其不敢、不能、不想以身试法,有效减少、防止、杜绝违法行为的发生,强化粮食流通监管执法权威,预防、控制和惩处粮食流通领域违法犯罪,凸显、传导和强化涉粮案件查办的震慑力。值得注意的是,立法上贯彻处罚到人的决策部署,不等于在执法中可以不区分具体过错,一律对企业负责人给予处罚。在实践中应当结合行政处罚的基本原则,深入研究处罚到人的客观要件、主观要求、处罚程序、具体执行等问题,真正做到罚当其罪,责任自负。

2. 加大了对违法违规行为的惩处力度,实现了惩罚尺度与违法程度的对应匹配

理论上,行政相对人违反行政管理秩序的行为,依照法律、法规和规章规定必须给予行政处罚的,应依法给予行政处罚。2021年《行政处罚法》第五条第二款规定:"设定和实施行政处罚必须以事实为依据,与违法行为的事实、性质、情节以及社会危害程度相当。"新《条例》规定,根据粮食流通领域违法违规程度,适当设置惩罚性责任,尽可能实现处罚轻重程度与违法行为的性质、社会危害性的大小对等相称,旗帜鲜明地向社会传递了重拳打击各类粮食流通违法违规行为的强有力信号,增强了《条例》的严肃性和权威性。

3. 对纳入法律责任追究的违法违规行为进行详尽的规定，做到了真正意义的有法可依

任何一个国家的法律都遵循一条基本原则：作为公民，只要法律没有禁止的行为即可为之，即法学界通常所说的“法无明文规定不为罪、不违法”。而执法机关的行为恰恰相反，其任何一个行为必须有明确的法律授权，每一个处罚行为必须有明确的法律条文规定，即“法无授权为禁止”，否则视为违法。这就要求行政法规必须明确和具体，没有立法的授权，行政机关不得作出影响公民、法人和其他组织的合法权益或者增加公民、法人和其他组织义务的决定，否则就容易产生诸多滥用“公权”侵犯“私权”的风险隐患，也容易给行政执法人员带来较多不确定的自由裁量，影响执法公正。

新《条例》在法律责任追究方面的一个明显进步就是，改变了原《条例》“一项条款管尽天下事”的局面，对从事政策性粮食企业违法违规行为进行了详尽规定。原《条例》第四十三条第（五）项“接受委托的粮食经营者从事政策性用粮的购销活动未执行国家有关政策的”的规定，成为约束政策性粮食收购和销售出库行为的原则性条款，也是粮食和储备部门适用得最多的条款，因为从其他方面找不到相关的内容，只能适用这一条款。而事实上，前几年最低收购价和国家临时储存粮收购定点没有规范的资格审核办法，一些直属库随意定点，对委托收储企业的资质和选点把关不严，大量不符合国家收储政策的库点纳入收储体系，大量不合格主体进入政策性收购。有的委托租赁库点因企业多元投资和经营不善产生风险，面临资金链断裂和破产，盗卖政策性粮食；有的高负债经营，甚至将存储的政策性粮食多头抵押；有的存在一些历史遗留问题，在销售出库时拒不执行出库指令；有的存在挪用截留收购资金、拖欠农民售粮款等问题……违规行为类型繁多，表现方式各异。追究这些行为的法律责任若仅适用单一条款，则不利于提高行政执法的精准性。对此，新《条例》作了较大调整，其第四十九条将从事政策性粮食违法违规行为划分为9个大类：(1)虚报粮食收储数量；(2)通过以陈顶新、以次充好、低收高转、虚假购销、虚假轮换、违规倒卖等方式，套取粮食价差和财政补贴，骗取信贷资金；(3)挤占、挪用、克扣财政补贴、信贷资金；(4)以政策性粮食为债务作担保或者清偿债务；(5)利用政策性粮食进行除政府委托的政策性任务以外的其他商业经营；(6)在政策性粮食出库时掺杂使假、以次充好、调换标的物，拒不执行出库指令或者阻挠出库；(7)购买国

家限定用途的政策性粮食,违规倒卖或者不按照规定用途处置;(8)擅自动用政策性粮食;(9)其他违反国家政策性粮食经营管理规定的行为。

三、新《条例》法律责任的种类分析

新《条例》赋予粮食和物资储备部门的处置或处罚类型包括4种,即责令改正、警告、罚款、没收非法所得。

(一)责令改正

很多行政法规将责令改正作为惩治行为人的一种手段和方式。"责令改正"不是行政处罚,而是附属于行政处罚的一种行政命令,是辅助实现行政处罚目的的具体行政行为,体现的是行政机关的监管职能以及通过行政执法实现法律功能的职责。《条例》修订后,涉及责令改正的条款有4个,几乎涉及"法律责任"整个章节。

在适用中,应重点掌握责令改正(或者限期整改)与行政处罚的区别。一是两者概念有别。行政处罚是行政主体对违反行政管理秩序的行为依法定程序所给予的法律制裁;而责令改正或限期改正违法行为,是指行政机关在实施行政处罚的过程中对违法行为人发出的一种作为命令。二是两者性质、内容不同。行政处罚是法律制裁,是对违法行为人的人身自由、财产权利的限制和剥夺,是对违法行为人精神和声誉造成损害的惩戒;而责令改正或者限期改正违法行为,其本身并不是制裁,只是要求违法行为人履行法定义务,停止违法行为,消除不良后果,恢复原状。三是两者的规制角度不同。行政处罚是从惩戒的角度,对行政相对人赋予新的义务,以告诫违法行为人不得再违法,否则将受罚;而责令改正或者限期改正则是命令违法行为人履行既有的法定义务,纠正违法,恢复原状。四是两者形式不同。2021年《行政处罚法》第九条规定了行政处罚的种类,具体有:警告、通报批评;罚款、没收违法所得、没收非法财物;暂扣许可证件、降低资质等级、吊销许可证件;限制开展生产经营活动、责令停产停业、责令关闭、限制从业;行政拘留;法律、行政法规规定的其他行政处罚。而责令改正或者限期改正违法行为,因各种具体违法行为不同而分别表现为停止违法行为、责令退还、责令赔偿、责令改正、限期拆除等形式。

(二)警告

警告实质上一种申诫罚,是最轻、最基本、使用范围最广泛的处罚手段。所谓申诫罚,是指粮食和物资储备部门依据相关法律法规的规定,对违法违规行为人进行警告,使其声誉、名誉等精神利益遭受一定损失的处罚方法,一般适用于情节比较轻微,尚未构成恶劣影响的违法违规行为，意在告诫人们在特定风险尚未到来或者即将到来时产生警觉。申诫罚不会给违法行为人造成直接的物质利益损失，但是其惩罚效果不容忽视。特别是目前我国正在全面推进信用监管，粮食流通也在加快开展粮食信用监管体系建设，警告会在无形之中导致其经济利益受损。《条例》修订后，涉及警告的条款有 4 个，几乎涉及“法律责任”整个章节。

（三）罚款

罚款实质上是财产罚。罚款是行政主体强制违法行为人承担金钱给付义务，并在一定期限内交纳一定数额钱款的处罚形式。罚款作为行政处罚有其自身的特点。这些特点表现在：

第一，设定的主体最多。在所有的行政处罚种类中，有权规定行政罚款的机关与警告一样，从法律一直到行政规章，都有罚款的设定权。

第二，设定的频率最高。据有关统计，在 8 种行政处罚种类中，对罚款的设定率最高，位居第一，共有 40 部法律、248 部行政法规规定了罚款处罚。

第三，适用的范围最广。行政罚款在具体适用上具有很大的灵活性，处罚对象也具有广泛性。而有些行政处罚种类只能针对特定的对象，如吊销许可证或者营业执照，其对象只能是具有许可证或营业执照的当事人。因此，一般其他处罚所不能适用的领域，行政罚款都可能成为惩戒方式。

第四，处罚的幅度最大。在行政处罚种类中，具有处罚幅度的只能是罚款和拘留两种。但罚款的处罚幅度远比行政拘留更大。

在通常情况下，没收违法所得和罚款在数额范围内衔接适用。大多违法行为都是利益所驱；同样，粮食流通领域里的违法经营最终也是为了获取高额利润。如果在巨大的财产利益面前，违法违规行为人所需承担的仅仅是良心上的谴责或者舆论的压力，那么这样的监管是没有任何力度的。只有让其承担比实际获利数额更高的财产损失，才能达到较强的震慑作用。

粮食是大宗商品，资金占用额度大，经营利润率低，处罚太重，执行非常困难。新《条例》除保留必要的责令改正、警告等已有的措施外，在行政罚款方面进行较大调整，并依照粮食经营者的违法违规情节和程度，分为以下几种情况：

一是未履行相关常规义务的，比如，粮食收购企业未按照规定备案或者提供虚假备案信息，拒不改正的，处 2 万元以上 5 万元以下罚款。

二是未严格执行相关制度规定的，比如，未执行国家粮食质量标准、未及时支付售粮款等，可以并处20万元以下罚款；情节严重的，并处20万元以上50万元以下罚款。

三是造成或可能造成粮食质量安全风险隐患的，比如，真菌毒素、农药残留、重金属等污染物质以及其他危害人体健康的物质含量超过食品安全标准限量等行为，违法销售出库的粮食货值金额不足1万元的，并处1万元以上5万元以下罚款；货值金额1万元以上的，并处货值金额1倍以上5倍以下罚款。

四是违反政策经营活动规定的，比如，虚报粮食收储数量，通过以陈顶新、以次充好、低收高转、虚假购销、虚假轮换、违规倒卖等方式，套取粮食价差和财政补贴，骗取信贷资金等行为，处50万元以上200万元以下罚款；情节严重的，并处200万元以上500万元以下罚款。

五是从事粮食经营活动的企业有违反《条例》规定的违法情形且情节严重的，对其法定代表人、主要负责人、直接负责的主管人员和其他直接责任人员处以其上一年度从本企业取得收入的1倍以上10倍以下罚款。

（四）没收违法所得

没收违法所得，是指行政机关将行为人通过违法行为所获取的利益予以没收。由于行为人的利益并非正当收益，不属于合法财产的范畴，作为当事人对该财产行使占有权也就没有法律依据。因此，凡是通过非法手段所获得的各种利益，按照国家规定都应当予以没收。没收违法所得与没收非法财物紧密联系，但是两个不完全相同的概念。没收非法财物主要是将违法行为人的非法财产予以收缴的处罚方式。其中，非法财物既包括行为人用以进行违法行为的工具，也包括行为人所占有的违禁物品。对于国家规定的违禁物品，任何人不得持有。对于违禁物品，如果是以非法手段如盗窃获得的，应视为违法所得；如果是因为购买而持有，就应视为非法财物。

新《条例》规定了实施没收非法所得行政处罚的3种情形，包括：

一是粮食收购者、粮食储存企业将下列粮食作为食用粮食销售出库的，由粮食和储备行政管理部门没收违法所得，包括：(1)真菌毒素、农药残留、重金属等污染物质以及其他危害人体健康的物质含量超过食品安全标准限量的；(2)霉变或者色泽、气味异常的；(3)储存期间使用储粮药剂未满安全间隔期的；(4)被包装材料、容器、运输工具等污染的；(5)其他法律、行政法规或者国家有关规定明确不得作为食用用途销售的。

二是在政策性粮食经营活动中，具有虚报粮食收储数量，通过以陈顶新、以次充好、低收高转、虚假购销、虚假轮换、违规倒卖等方式，套取粮食价差和财政补贴，骗取信贷资金等9类违反国家政策性粮食经营管理规定的行为的（详见《条例》第四十九条），由粮食和储备行政管理部门没收违法所得。

三是粮食应急预案启动后，不按照国家要求承担应急任务，不服从国家的统一安排和调度的，由粮食和储备行政管理部门没收违法所得。

四、行政法律责任的认定及适用

粮食流通管理法律责任包括行政法律责任和刑事法律责任，极少涉及民事法律责任。依照法律责任与行为的违法性之间的关系来理解：粮食流通行政责任，是指粮食流通行政法律关系的主体违反粮食流通行政法律规范或不履行粮食流通行政法律义务所应承担的否定性的法律后果。以下重点以粮食流通行政违法行为为切入点，对行政法律责任的适用予以介绍。

（一）粮食流通行政违法行为

粮食流通行政违法行为，是指粮食流通行政法律关系的主体违反《条例》，侵害法律所保护的正常的粮食流通秩序，对社会造成一定程度的危害，但尚未构成犯罪的行为。分析起来，粮食流通行政违法行为具有以下要件：

第一，违法主体是粮食流通行政法律关系的主体，即履行粮食流通管理和监督职责的粮食和储备行政管理部门和其他有关部门，以及从事粮食经营的经营者。

第二，粮食流通行政法律关系主体具有相关的法律义务，底线就是不得损害粮食生产者、消费者的合法权益，不得损害国家利益和社会公共利益，并采取有效措施，防止和减少粮食损失浪费。

第三，粮食流通行政法律关系主体具有不履行《条例》规定法定义务的行为。

第四，粮食流通行政违法行为的主观要件是，行为人存在主观恶意或重大的失职、渎职过失。

第五，粮食流通行政违法行为的后果是承担粮食流通行政法律责任。

第六，粮食流通行政违法行为侵害法律保护的粮食流通行政关系的行为。根据粮食流通行政法律关系主体的不同可分为粮食流通行政主体违法与粮食流通行政相对人违法。粮食流通行政主体违反粮食流通行政法律规范，称为粮食流通违法行政。

违法行政又可以细分为国家行政机关违法行政、公务员违法行政和被授权的组织违法行政。

(二)粮食流通行政管理主体行政法律责任的适用

《行政诉讼法》《行政复议法》《国家赔偿法》的颁布实施,强化了公民、法人和其他组织提请法院进行司法审查或向政府机关申请行政复议的权利,全社会法律意识不断提高,越来越多的公民、法人和其他组织自觉地利用法律武器维护自己的合法权益。全国“民告官”案件逐年上升,粮食系统“民告官”案件也屡见不鲜。

粮食流通行政管理主体承担粮食流通行政责任的成因主要有违法行政和不当行政两个方面。

1. 违法行政的构成及主要表现形式

(1)主体不合格。不是实施监督检查行为的执法主体,如临时机构、粮食和物资储备部门的内部处室,以自己的名义下达处理决定。

(2)行政失职。粮食和物资储备部门不行使应行使的职责,或者行使不力,如玩忽职守、应管不管、应查不查或监管不到位。在行政管理中,应当给予行政相对人答复的,未答复或未按照时限答复;在监督检查中,没有履行检查程序即出具检查报告;等等。

(3)行政越权。超越法律法规赋予的权限实施监督行为,如违法实施询问制度或强制执行措施。

(4)滥用职权。行使的职权背离法律法规的目的,如假公济私、打击报复等带有不正当的目的行为。

(5)证据不足。作出监督检查结论或决定所依据的事实不清、证据不足。

(6)适法错误。实施粮食流通管理的意见或作出的结论、决定在适用具体法律条款方面发生错误。具体包括:本应适用甲依据,却适用了乙依据;适用法律依据的条款不正确;应同时适用两个或两个以上的依据却只适用了其中的一个依据;适用依据的条款不全面;适用的依据已经失效或未生效;应适用特别法却适用了一般法。

2. 不当行政的构成及主要表现形式

与违法行政不同,不当行政是基于自由裁量行为而存在的。违法行政必然引发行政责任,其承担责任的形式可以是补救性的,也可以是惩罚性的。不当行政并不一定引发行政责任,即使产生行政责任,通常只是补救性的,一般不具有惩罚性。

不当行政虽然不违法,但自由裁量不是任意裁量,实施行政处罚必须坚持处罚相当原则,不当行政在粮食流通管理中的主要表现形式是,粮食流通管理或监督检查结论、处理决定显失公正,明显违反了客观、合理、适度的原则。主要表现为3种情形:一是不适当的考虑,如考虑了人际关系、借机讨好或报复执法行政相对人等在合法要求之外的因素,或者依法本应从轻或减轻处罚的情况,由于相对人的辩解反而加重处罚。二是不适当的处理,如对不同单位相类似的违法行为,给予畸轻畸重的不同处罚。三是不适当的方式,如要求被处罚当事人提供不必要的材料,负担调查、论证、鉴定费用等。

3. 行政管理主体承担法律责任的形式

依法行政是实施依法治国的基本要求,即政府权力来自法律,行政行为遵守法律,行政违法承担责任。对违法行政的监督和控制,一个重要手段便是追究违法行政的法律责任,一般包括补救性责任和惩罚性责任两种形式。一是补救性的责任。如粮食和物资储备部门发现违法行政或不当行政,可自动纠正或通过行政复议、撤销违法的行政行为,必要时重新作出或责令重新作出行政行为。拒不履行法定监督义务的,由人民法院作出诉讼裁决,撤销违法的行政行为或责令限期履行职责。侵犯公民、法人和其他组织合法权益并造成损害的,依照《国家赔偿法》的规定由粮食和物资储备部门赔偿。二是惩罚性的责任。粮食流通管理人员承担行政责任的形式包括行政处分和行政处罚,实践中主要采取行政处分。情节轻微者处以批评教育、责令作出书面检查、通报批评、责令待岗、取消执法资格等;情节严重的,按照《行政机关公务员处分条例》的规定进行行政处分,对于因有重大过失或舞弊行为触犯刑法的,应承担相应刑事责任。

粮食和储备行政管理部门应建立行政处罚自由裁量权基准制度,细化自由裁量标准,遵循公正公开、处罚与教育相结合的原则,以事实为依据,处罚结论与违法行为的事实、性质、情节以及社会危害程度相当,防范和规避行政法律风险。

(三)粮食经营者行政法律责任的适用

1. 粮食经营者行政法律责任的构成要件

(1)行为的违法性。即行为人实施了法律禁止的行为或违反了法律规定的义务。

(2)行为人的过错。行为人主观上具有故意或过失,也是承担行政责任的必要条件。

(3)行为的危害后果,严重损害国家粮食安全。这里的安全范围比较广泛,比如,数量安全,发生了亏库、以杂质冲抵库存、用储备粮进行抵质押等;质量安全,发生了不符合食品安全指标、不合格粮食流入口粮市场等,还有储存安全以及安全生产等。

(4)违法行为与危害后果之间具有因果关系。粮食流通管理违法行为与危害后果之间的因果关系是构成粮食流通行政责任的选择条件。在法律规定不以危害后果作为承担粮食流通行政责任条件的情况下,不存在确定因果关系的问题。反之,如果法律规定以行为造成了危害后果作为承担粮食流通行政责任的条件,那么必须确定危害后果与粮食流通管理违法行为之间存在因果关系。只要粮食流通管理行政机关提出了一种直接的、表面的因果关系证明,即说明违法行为是危害结果发生的直接原因。行为人要反驳粮食流通管理行政机关的观点,就必须提出反证。

在这 4 个构成要件中,危害结果、违法行为与危害结果之间有因果关系,是粮食流通行政法律责任的选择要件,行为违法和行为人具有过错或过失,是粮食流通行政法律责任的必要条件。

我们结合真实的案例分析一下

【案例 1】2019 年,某市粮食和物资储备部门接到群众举报,反映某政策性粮食承储库点未按规定对已出库的陈粮进行检验,立即派员进行执法检查。检查发现,涉事承储库点储存最低收购价小麦,出现局部粮食异常持续发热问题,经检验,有 5 份食品安全指标不合格,分别是热损伤粒和霉变粒超过国家食品安全标准限量,该批粮食销售时并未经有资质的粮油检验机构进行检验,未采取妥善的处置措施,导致进入当地面粉加工企业,引发负面新闻舆情,遂作出行政处罚决定,顶格罚款 20 万元。该企业不服,认为粮食出库时本企业开展例行检验,不属违法,不应追究其粮食流通行政责任,经进一步调查发现,该库不具备粮油质量检验资质。

案例分析:

问:某政策性粮食承储库点不具备专业检验资质,对出库陈粮自行检验的行为是否违法?

答:根据原《条例》第十八条的规定,建立粮食销售出库质量检验制度。粮食储存企业对超过正常储存年限的陈粮，在出库前应当经过粮食质量检验机构进行质量鉴定。《粮食质量安全监管办法》第十七条第一款第（三）项规定，超过正常储存年限的粮食销售出库，应当经过专业粮食检验机构进行质量鉴定。承储库点不具备专业检验资质，对出库陈粮自行检验的行为违反了《条例》的有关规定，自身存在过错，故意规避法律规定，最终造成不符合质量安全标准的粮食流入食品加工企业的严重后果，应认定违法行为，予以惩处。

2. 粮食经营者行政法律责任的追究原则

一是责任法定原则。主要要点是：（1）追究粮食流通行政责任必须有法定的依据；（2）必须严格依照粮食流通行政法律规范规定的形式与幅度追究粮食流通行政责任；（3）必须依照法定程序追究粮食流通行政责任。

二是责任与违法程度相一致的原则。必须根据破坏或者违反粮食流通行为的事实、性质、情节以及社会危害程度，决定适当的责任形式，选择适当的强度和方式。

三是补救、惩戒和教育相结合的原则。对粮食流通违法的追究科处补救性义务或予以惩戒本身是以此为教育手段，达到教育效果，抑制、预防可能发生的对粮食流通行政管理秩序的侵害。

【案例 2】某市粮食和储备行政管理部门例行检查发现，A 政策性粮食承储库点所租赁的库点甲公司在政策性粮食销售出库过程中，违规额外收取装车费 10 万元，非法占为己有，导致出现政策性粮食出库纠纷。检查人员询问了相关当事人，获取了装车费的微信转账记录。经调查审理，认定违规额外收取装车费严重违反了原《条例》第四十三条第（五）项“接受委托的粮食经营者从事政策性用粮的购销活动未执行国家有关政策的”的规定，属于违法行为。某市粮食和储备行政管理部门责令涉事企业将扣留的 10 万元装车费全额退还买方客户，粮食行政管理部门给予 20 万元的行政处罚。

案件分析：

这是一起违反政策性粮食销售出库管理规定的案件，涉及以下 3 个焦点问题。

第一，准确认定处罚相对人。在该案的审理中，对处罚相对人的认定有 3 种不同的观点：一是处理 A 政策性粮食承储库点；二是处理 A 政策性粮食承储库点所租赁的库点甲公司;三是同时处理A政策性粮食承储库点以及其所租赁的库点甲公司。经过多次讨论,最后决定处理A政策性粮食承储库点。主要理由是,根据国家发展改革委、原国家粮食局、财政部、中国农业发展银行《关于修订印发〈租赁社会粮食仓储设施收储国家政策性粮食的指导意见(试行)〉的通知》(国粮检〔2016〕106号)的有关规定,承租企业租赁社会粮食仓储设施收储政策性粮食,视同利用自有仓容收储政策性粮食,必须派人直接收购、保管,承担收储义务、收储费用和收储责任,对粮食和租赁设施进行封闭管理,对粮食数量、质量、粮款兑付、库存管理、储粮安全、生产安全和销售出库负全部责任。A政策性粮食承储库点应对其租赁的库点甲公司的违规行为负责,而不能直接处罚租赁库点甲公司。

第二,充分掌握涉案证据。在案件的调查中,检查人员采用多方取证的方法,以保证证据材料的准确性,在办案中调查了与此案相关的5家单位,制作了6份调查询问笔录,取得了收取额外费用的微信转账记录凭证等证据材料。

第三,正确适用政策法规。对于国家政策性粮食销售出库费用标准,国家有关部门出台的《粮食竞价销售交易规则》已有明确规定。国家政策性粮食需要在库内车(船)板交货的,粮食车(船)板前费用每吨30元,食用油出库费用每吨20元,由买方负担,国家有关部门根据消化处理库存需要作出规定的,按相关规定执行。地方政策性粮食出库费用标准,由地方粮食部门确定。违规额外收取装车费严重违反了国家粮食库存消化政策,应依据《条例》的规定,依法给予罚款的行政处罚。

追究粮食经营者行政法律责任,实施行政处罚,粮食和储备部门要依照《行政处罚法》以及粮食和物资储备行政处罚程序规定等有关制度办理。作出行政处罚前,粮食和储备部门应充分听取当事人的意见,对当事人提出的事实、理由和证据,应当进行复核。作出责令停产停业、吊销许可证或者执照、较大数额罚款等行政处罚决定之前,应告知当事人有要求举行听证的权利。当事人应在行政处罚决定期限内予以履行,对处罚决定不服的,可申请行政复议或者提起行政诉讼。

以"良法"促"善治"
全面加强粮食流通监管*

夏春胜

《粮食流通管理条例》(以下简称《条例》)经国务院第121次常务会议修订通过,自2021年4月15日起施行,标志我国粮食流通工作进入更加规范化、法治化轨道。

一、提高站位,充分认识重要意义

《条例》是我国粮食流通领域的一项基本行政法规,这次修订对于进一步保障国家粮食安全,推进依法管粮,保护粮食生产者、经营者和消费者的合法权益具有重要意义。

(一)《条例》贯彻了国家粮食安全战略的部署要求

洪范八政,食为政首。以习近平同志为核心的党中央始终高度重视粮食安全,提出以我为主、立足国内、确保产能、适度进口、科技支撑的国家粮食安全战略。2021年政府工作报告提出,强化国家经济安全保障,实施粮食、能源资源、金融安全战略。作为有14亿人口的大国,粮食安全是经济社会发展的首要前提。进入新时代,社会主要矛盾发生变化,具体到粮食领域,就是要处理好粮食"质"与"量"、"放"与"收"等关系。《条例》从法律层面明确落实粮食安全党政同责,完善粮食安全省长责任制,严格粮食"产购储加销"全链条各环节职责,把粮食安全保障体系的四梁八柱构

---

* 本文于2021年4月7日在国家粮食和物资储备局网站上发布,作者为江苏省粮食和物资储备局局长夏春胜同志。

建得更加坚实。

(二)《条例》体现了粮食流通有效治理的实践需要

《条例》2004 年发布施行以来,在推进粮食流通体制改革、保护种粮农民利益、维护粮食市场秩序、保障国家粮食安全等方面发挥了十分重要的作用。党的十九届四中全会提出把我国制度优势更好转化为国家治理效能。这次《条例》修订融合了粮食流通形势变化和治理实践需要,贯彻落实国务院“放管服”改革精神,在立法层面解决市场调节与政府调控、鼓励竞争与规范引导等关系,解决机构改革粮食流通管理部门职责变化后协同治理问题,着力提高“放”的信度、“管”的效度、“服”的精准度,对粮食流通治理体系和治理能力现代化作出了制度规范。

(三)《条例》为维护市场秩序提供了有效法治手段

随着粮食流通体制改革不断深入,我国粮食市场多元主体竞争发展格局已基本形成,粮食由田间到餐桌产业链长、涉及诸多管理部门,规范主体经营行为、明确部门管理职权,直接关系粮食流通是否得以有效治理、市场是否稳定有序。“良法”是“善治”的前提,《条例》通过顶层设计和制度创新,坚持问题导向,紧紧围绕粮食流通管理中存在的突出问题,运用法治思维破解治理难题,为促进粮食市场公平竞争和有序发展,为推动生产者、经营者、消费者的利益联结和格局重塑提供了有效法治手段。

二、强化监管,维护粮食流通秩序

面对粮食流通新形势,粮食流通监管将面临新挑战。市场主体面广量大、流动性强,监管对象的特殊性带来了粮食执法难的问题,政策性粮食违法违纪案件时有发生,粮食质量安全问题凸显,多部门执法也容易形成监管“盲点”。《条例》针对这些新情况、新问题进行了修改完善,为进一步强化粮食流通监管作出了顶层设计。

(一)严格了政策性粮食管理

政策性粮食是维护国家粮食安全的重要物质基础。《条例》聚焦政策性粮食管理中的突出问题和薄弱环节,进一步严格政策性粮食管理,列举以陈顶新、以次充好、挤占挪用克扣财政补贴和信贷资金、以政策性粮食作担保或清偿债务等禁止性行为;明确了政策性粮食主要通过规范的粮食交易平台公开交易方式,为守住库存粮食数量真实、质量良好、储存安全的底线提供了法律支撑。

(二)强化了粮食质量安全监管

“吃得安全、吃得放心”是百姓最关切的问题。《条例》明确要求,建立健全粮食流通质量安全风险监测体系；明确粮食收购质量安全检验、不得与有毒有害物质混装运输、储存期间定期检验和销售出库质量安全检验等制度；列举了不得作为食用用途销售出库的情形；明确加强粮食污染监控，建立健全被污染粮食收购处置长效机制，为守住“舌尖上的安全”作了制度安排。

（三）加大了违法行为惩处力度

为解决多部门多头执法问题，《条例》进一步明确了涉粮部门的粮食流通监督管理职责，明确监管部门不作为的法律责任；明确建立粮食经营者信用档案；重点对禁止性行为设置了警告、一定数额的罚款、没收违法所得等行政处罚，违法从事政策性粮食经营活动最高处罚金额可达500万元，大大提高了经营者违法成本；明确粮食部门在监督检查过程中可以采用查封、扣押等行政强制措施，提高了粮食执法的威慑力。

三、依法履职，确保贯彻实施效果

《条例》赋予了粮食部门负责粮食流通行政管理和行业指导职能，各级粮食部门要在党委政府领导下，协调相关职能部门，加强粮食流通治理，积极推动《条例》相关政策措施的贯彻落实。

（一）抓好粮食安全责任制考核

粮食安全责任制是保障国家粮食安全的重要制度安排。2019年中央一号文件提出强化粮食安全省长责任制考核。2021年中央一号文件明确要求地方各级党委和政府要切实扛起粮食安全政治责任，实行粮食安全党政同责，完善粮食安全省长责任制。2020年3月正式施行的《江苏省粮食流通条例》把责任制考核纳入各级政府年度综合考核内容。在国家组织的粮食安全省长责任制考核中，江苏连续4年全优。为贯彻落实《条例》，我们要继续加大力度压实粮食安全责任，落实考核要求、抓好问题整改，继续保持在全国前列。

（二）增强贯彻落实的执行力

我们要认真组织《条例》学习，通过专题讲座、分类培训、交流研讨等方式开展学习培训，准确把握《条例》内涵，增强贯彻落实《条例》的执行力。要面向粮食企业开展专门辅导，熟悉《条例》确立的粮食收购、储存、运输、加工、销售经营规范和质量标准等，促进企业依法经营、诚实守信。要面向机关组织专题学习培训，研读条文款项，抓紧制修《条例》相关配套制度，增强依法履职能力。要面向社会开展《条例》粮食安全知识宣讲，稳定消费预期，让社会公众了解政府粮食质量安全管控手段和责任追究制度，以便公众运用法律武器更好地维护自身合法权益。

（三）提高粮食流通治理能力

《条例》为粮食流通治理提供了法律依据和手段。我们要依法履行党政主要负责人推进法治政府第一责任人职责，履行监督管理职权、加大执法检查力度。要创新监督管理方式，加强粮食收购资格许可改备案后的事中、事后监管。要建立监督检查综合协调机制，根据信用实施分类监管。要突出政策性粮食经营活动监管，守住政策底线；突出收购市场监管，维护农民利益；突出原粮质量监管，严防不合格粮食流入口粮市场。加强粮食流通执法人员培训，准确理解监督检查、行政处罚内容程序，把握自由裁量尺度，提高规范执法水平。切实推进“互联网＋监管”，减轻基层监管工作量，缓解监管力量不足压力。通过提高粮食流通治理效能，为扛稳粮食安全重任，构建更高层次、更高质量粮食安全保障体系提供强有力的法治支撑。

新闻报道

李克强签署国务院令
公布修订后的《粮食流通管理条例》

国务院总理李克强签署国务院令，公布修订后的《粮食流通管理条例》(以下简称《条例》)，自2021年4月15日起施行。

党中央、国务院高度重视粮食安全工作。加强粮食流通管理，确保粮食收购、储存、销售、加工各环节平稳有序运行，是保障国家粮食安全的关键。近年来，现行《条例》在实施过程中遇到一些新情况和新问题，有必要修改完善。修订后的《条例》，重点从六个方面对进一步加强和规范粮食流通管理作出规定。

一是严格规范政策性粮食经营活动。《条例》规定，粮食经营者从事政策性粮食经营活动，应当严格遵守国家有关规定，严禁虚报收储数量，严禁以陈顶新、以次充好、低收高转、虚假购销、虚假轮换、违规倒卖，严禁挤占、挪用、克扣财政补贴和信贷资金，严禁以政策性粮食为债务作担保或者清偿债务，严禁擅自动用政策性粮食等。

二是优化监管措施。深入贯彻落实“放管服”改革精神，转变粮食流通监管方式，取消粮食收购资格行政许可，加强事中、事后监管，建立粮食经营者信用档案，明确和完善监管部门的监督检查措施。

三是强化粮食质量安全监管。建立健全粮食流通质量安全风险监测体系。规定粮食收购者收购粮食，应当按照国家有关规定进行质量安全检验。粮食储存期间，应当定期进行品质检验，未经质量安全检验的粮食不得销售出库。真菌毒素、农药残留、重金属等污染物超标或者霉变、色泽气味异常等粮食，不得作为食用用途销售出库。

四是防止和减少粮食损失浪费。规定粮食仓储设施应当符合有关标准和技术规范,粮食品质达到轻度不宜存时应当及时出库,减少粮食储存损耗。运输粮食应当严格执行国家粮食运输的技术规范,减少粮食运输损耗。国家鼓励和支持开发、推广应用先进的粮食储存、运输、加工和信息化技术,开展珍惜和节约粮食宣传教育;鼓励粮食经营者提高成品粮出品率和副产物综合利用率。

五是加大对违法行为的惩处力度。《条例》进一步提高粮食经营者的违法成本,加强行政处罚与追究刑事责任的衔接。对违反《条例》规定,构成违反治安管理行为的,由公安机关依法给予治安管理处罚;构成犯罪的,依法追究刑事责任。

六是明确监督管理职责。《条例》明确,省、自治区、直辖市应当落实粮食安全党政同责,完善粮食安全省长责任制。发展改革、粮食和储备行政管理、市场监督管理、卫生健康等部门在各自职责范围内负责与粮食流通有关的工作。有关部门不依法履行粮食流通监管职责的,对负有责任的领导人员和直接责任人员依法给予处分。

(来源:新华社 2021 年 4 月 7 日)

《粮食流通管理条例》国务院政策例行吹风会实录

国务院新闻办公室于2021年4月8日下午3时举行国务院政策例行吹风会，请国家粮食和物资储备局副局长黄炜和国家发展改革委经济贸易司负责人寇明、司法部立法四局局长黄祎、财政部经济建设司负责人李海南、国家粮食和物资储备局粮食储备司司长秦玉云介绍《粮食流通管理条例》（以下简称《条例》）有关情况，并答记者问。

国务院新闻办新闻局副局长、新闻发言人邢慧娜：

女士们，先生们，下午好！

欢迎大家出席国务院政策例行吹风会。国务院常务会议日前审议通过了《条例》的修订草案，修订后的《条例》已经向社会公布，将于2021年4月15日起正式实施。为了帮助大家更好地了解相关情况，我们今天邀请到了国家粮食和物资储备局副局长黄炜先生，请他为大家作情况介绍，并回答大家感兴趣的问题。出席今天发布会的还有国家发展改革委经济贸易司负责人寇明先生、司法部立法四局局长黄祎先生、财政部经济建设司负责人李海南先生、国家粮食和物资储备局粮食储备司司长秦玉云先生。

下面先请黄炜先生作情况介绍。

国家粮食和物资储备局副局长黄炜：

主持人好，各位记者朋友好！很高兴大家今天能来听取我们介绍有关《条例》的情况。利用今天的机会，我也特别对新闻界各位朋友长期以来给予粮食流通工作的关心、支持和帮助表示衷心的感谢。

2021 年 2 月 15 日，国务院总理李克强签署第 740 号国务院令，公布了修订后的《条例》，自 2021 年 4 月 15 日起施行。新华社刊发了修订后的《条例》全文。

粮食流通是连接粮食生产和消费的重要工作。粮食生产出来以后，需要顺畅实现从田间到餐桌、从产区到销区、从工厂到超市的流转过程，才能有效地满足每一个老百姓、每一个城乡居民家庭对于粮食的需要。这个过程就是粮食流通，涉及粮食收购、储存、运输、加工以及销售等各环节。我在这里可以给记者朋友一个数据：近几年我国粮食连年丰收，每年生产的粮食超过 1.3 万亿斤，其中 70% 通过粮食流通进入消费领域，总数量超过 9000 亿斤。“谷为民命”“食乃民天”，粮食对于每个人的生活都是密切相关、不可或缺的。做好粮食流通工作，除解决粮食供应问题、解决老百姓的粮食需求问题外，也是落实国家的粮食政策，保证种粮农民的收益，促进粮食产业的高质量发展的重要工作。从一定意义上说，没有有效的粮食流通，就不会有真正的国家粮食安全。正因为它的重要性，习近平总书记反复强调要加强粮食流通能力建设，要做好粮食市场和流通的文章。李克强总理明确指出，确保国家粮食安全，粮食流通是必不可少的重要环节，责任重大。

改革开放以来，粮食流通体制经历了重大而深刻的变革。总的方向是发挥好市场机制在粮食流通资源配置中的决定性作用，更好地发挥政府作用。2004 年颁布的《条例》，对于理顺粮食价格形成机制，完善粮食宏观调控，规范粮食经营活动，维护粮食流通秩序，保障国家粮食安全，发挥了重要作用。17 年过去了，随着经济社会的快速发展，粮食流通形势也发生了重要而深刻的变化，特别是在把握新发展阶段、贯彻新发展理念、构建新发展格局、推动高质量发展的新时代背景下，粮食流通工作客观上也面临许多新情况、新问题和新矛盾，有必要对 2004 年的《条例》进行系统的修改和完善。

这次《条例》修订工作，是在国家发展改革委、司法部、财政部、国家市场监督管理总局、国家粮食和物资储备局等国务院部门的共同努力下完成的。修订工作总的思路是立足保障国家粮食安全的政治站位，按照落实中央要求、坚持问题导向、反映改革成果、引领改革方向、完善基本制度的立法思路，对《条例》进行了系统化的制度完善。修订的内容可以用“四个新变化”进行概括：

第一，管理体制的新变化。《条例》贯彻落实习近平总书记 2020 年 12 月在中央农村工作会议上地方各级党委和政府要扛起粮食安全的政治责任，要实行党政同责、"米袋子"省长要负责，书记也要负责的最新讲话要求，在全面总结粮食安全省长责任制做法、经验的基础上，第一次在国务院的行政法规中明确规定，省、自治区、直辖市应当落实粮食安全党政同责，完善粮食安全省长责任制，承担保障本行政区域粮食安全的主体责任，这是一个重要的体制变化。同时，《条例》对于有关职能部门粮食流通监管职责作出了进一步明确和细化。

第二，管制方式的新变化。适应粮食流通市场化发展的实践需要，《条例》落实国务院"放管服"改革要求，取消了粮食收购资格行政许可，强化了粮食流通事中、事后监管措施，专门建立起粮食流通信用监管制度，强化了监督检查的职责和检查手段，为进一步优化营商环境、实现粮食流通的有效监管建构了一种新的管制模式。

第三，监管内容的新变化。《条例》针对粮食流通实践中暴露出来的突出问题，系统完善了粮食流通各类主体在政策性粮食管理、粮食流通经营行为规范、粮食质量安全、粮食节约和减损等方面的权利义务规范，细化规定了粮食流通的禁止性行为，补上了粮食流通管理的制度短板，为严肃查处粮食流通违法违规行为、切实维护粮食流通秩序提供了制度依据和遵循。

第四，责任追究的新变化。适应粮食流通法律治理的新要求，《条例》按照放松管制、加强监管的法治理念和要求，通过定额、倍数等不同罚则的设定，全面强化对粮食流通违法违规行为的法律责任追究，进一步提升了违法成本，加大了处罚力度。特别是《条例》规定，对于情节严重的粮食流通违法违规行为，要求直接对企业的法定代表人、主要负责人、直接负责的主管人员和其他直接责任人员个人进行处罚。

总之，《条例》健全完善了粮食流通管理的制度框架，全面充实了粮食流通管理的制度内容，是对粮食流通治理经验的总结，是对粮食流通监管政策的全面反映，标志粮食流通进入了全面依法治理的新阶段。我们将以《条例》的修订出台为契机，自觉从粮食安全"国之大者"的高度，深刻认识《条例》出台的重要意义，深刻领会《条例》修订的核心精神和制度要义，加快配套制度的修订完善，切实抓好《条例》贯彻实施的各项工作，更好地实现《条例》为耕者谋利、为食者造福、为业者护航的立法宗旨和目的。

我就介绍这些情况。下面，我和参加今天吹风会的国家发展改革委、司法部、财政部、国家粮食和物资储备局有关负责同志愿意和记者朋友作进一步交流，回答大家的提问。谢谢。

邢慧娜：

谢谢黄炜局长，大家现在可以开始提问，提问前请通报所在的新闻机构。

凤凰卫视记者：

疫情以来，民众格外关注粮食供给和粮食安全问题。请问目前中国粮食安全形势如何？

黄炜：

这位记者朋友关注粮食供求形势的问题，下面请国家发展改革委经济贸易司负责人寇明先生给大家回答。

国家发展改革委经济贸易司负责人寇明：

大家下午好！2020 年新冠肺炎疫情以来，社会对粮食安全比较关注。我们在很多场合，包括国家粮食和物资储备局、财政部以及粮食管理有关部门，在不同场合进行过解释。今天我也借这个机会，简单向大家介绍一下粮食安全方面的情况。

粮食事关国运民生，粮食安全是国家安全的重要基础。党中央、国务院高度重视粮食安全问题，始终把解决人民吃饭问题作为治国安邦的首要任务。特别是党的十八大以来，以习近平同志为核心的党中央立足世情国情粮情，确立了以我为主、立足国内、确保产能、适度进口、科技支撑的国家粮食安全战略，提出了“确保谷物基本自给、口粮绝对安全”的新粮食安全观。党的十九届五中全会、中央农村工作会议均对确保粮食安全作出重要部署，国家相关部门和地方各级政府高度重视，切实扛起粮食安全政治责任，制定出台了一系列政策措施，充分发挥市场调节和政府调控的作用，确保国家粮食安全。

从总体上讲，我国的粮食安全形势是好的，中国的粮食是安全的，老百姓的饭碗是有保障的。这主要体现在三个方面：一是生产强；二是供应足；三是管理严。

第一，我国粮食综合生产能力比较强。自 2004 年以来，粮食生产实现十七连丰，2020 年粮食产量为 13, 390 亿斤，创历史新高，粮食产量连续 6 年稳定在 13, 000 亿斤以上，实现了谷物基本自给、口粮绝对安全。国家在粮食生产上采取了一系列有力措施，严守 18 亿亩耕地红线，到 2022 年将建成 10 亿亩高标准农田，切实保障粮食生产能力；实施“科技兴粮”，发展智慧农业，强化现代农业科技和物资装备支撑，为粮食生产奠定坚实基础。国家“十四五”规划首次将粮食综合生产能力作为安全保障类约束性指标之一。针对供需形势出现的新变化，国家综合采取稳定口粮生产、重点支持玉米生产等一系列措施，增加市场供应。从目前的情况来看，随着种植玉米收益的增加，农户种植积极性明显提高，2021年玉米意向种植面积增加较多，国内玉米生产将进一步增加。

第二，我国粮食储备流通体系安全可靠。“十三五”以来，国家加大了粮食仓储物流现代化建设，我国粮食仓储设施水平总体达到世界较先进水平，粮食库存数量充足、质量良好、储备安全，特别是稻谷和小麦两大口粮品种库存能够满足一年以上的消费需求。36个大中城市主城区及市场易波动地区的地方成品粮油储备达到15天及以上市场供应量。此外，进口供应总体正常，大豆、玉米等粮食品种进口渠道畅通，可有效增加和补充国内市场供应。

第三，我国粮食安全管理体系健全。我国从2015年起实施粮食安全省长责任制，中央农村工作会议和2021年中央一号文件提出要实行粮食安全党政同责，进一步推动粮食安全政治责任落地，筑牢粮食安全根基。粮食安全领域系列法律法规和相关文件的制订、修订工作也都在有条不紊地进行中。此次《条例》的修订出台，为新形势下切实维护粮食流通秩序提供了制度依据和遵循。

总之，我国粮食安全保障体系是经得住考验的，能够确保粮食市场的稳定供应。我们有基础、有条件、有能力、有信心把14亿中国人的饭碗牢牢端在自己手上，把粮食安全的主动权牢牢掌握在自己手中。

中央广播电视总台央视记者：

黄炜局长，您刚才讲加强政策性粮食管理是本次《条例》修订的重点之一，请问政策性粮食都包括哪些？政策性、功能性都体现在哪里？都采取了什么样的措施来加强管理和堵塞漏洞？

黄炜：

这个问题确实很重要，也是《条例》修订的一个重要问题。政策性粮食的定义，在《条例》第六章附则里有一专门条款，对政策性粮食进行了解释。通俗地讲，依托国家政策形成的粮权属于中央和地方政府的粮食，具体种类包括中央和地方政府储备粮、最低收购价粮以及临时储存粮等。政策性粮食是中央和地方政府直接掌握在手里的粮食，是为国为民保障粮食安全的重要物质基础，是中国粮食安全治理重要的制度安排。管好用好政策性粮食有很多好处:一是有利于端牢中国人自己的饭碗。二是有利于保护种粮农民的利益。粮食问题之所以重要,不仅关系大家的吃饭问题,而且关系农民的生计问题,通过政策性粮食能够有效保护农民的利益。三是有利于保障市场供应。政府手里有粮,市场需要的时候,就可以拿出政策性粮食。四是有利于支持产业发展。刚才国家发展改革委寇明司长讲了,我们口粮库存足够满足全国人民一年的消费需要,其中政策性粮食占了多数,有了这份家底,全国人民就有信心、有底气,把饭碗牢牢端在自己手上。

2020 年以来,新冠肺炎疫情席卷全球,牵动人心粮情,根据疫情期间粮食市场供应的需要,适时采取了投放政策性粮食,从而确保了国家粮食市场供应充足、运行稳定,经受住了考验,确实发挥了"定海神针"的作用。正是因为政策性粮食对于保障粮食安全作用极为重要,所以党中央、国务院很重视,全国人民也很关注。这次修订《条例》,把政策性粮食的制度完善作为重点,全面总结了政策性粮食的管理经验,主要针对实践中暴露出来的政策性粮食管理的薄弱环节、制度漏洞进行了完善,条文很多,内容也很丰富,归纳起来,主要体现了"五个严"的要求:

第一,严肃落实政策目标。相关经营主体必须严格执行粮食储存、政策性粮食收储等政策;严禁套取粮食价差和财政补贴,骗取信贷资金;严禁挤占、挪用、克扣财政补贴、信贷资金;严禁以政策性粮食进行担保、偿还债务,以及其他非政策性目的的经营活动。

第二,严把质量标准和等级。政策性粮食是为全国人民服务的粮食,所以标准执行、质量把关要严格。建立健全、严格执行政策性粮食的质量安全检验制度,严把收购入库、储存管理、销售出库等质量的关口,严格执行国家粮食的质量标准。

第三,严明出库管理责任。严禁在政策性粮食出库时掺杂使假、以次充好、调换标的物;不得拒不执行出库指令或者阻挠出库。

第四,严格粮食购销动用程序。政策性粮食的采购和销售,原则上要通过规范的粮食交易中心公开进行,也可以通过国家规定的其他方式进行;严禁不按国家规定用途处置政策性粮食;严禁擅自动用政策性粮食。

第五,严厉追究法律责任。明确了政策性粮食经营活动禁止性条款和罚则,对企业最高可以罚 500 万元,对其法定代表人、主要负责人、直接负责的主管人员和其他直接责任人员个人,可以处个人上一年度从本企业获得收入的 1 ~ 10 倍的罚款,这个罚则是非常严厉的。

这部分内容条文很多，体现了“五个严”的要求。我们理解，《条例》在政策性粮食管理方面进行制度完善，目的是要把全国人民关心关注的政策性粮食管好、用好。

中国新闻社记者：

我们注意到，《条例》是2004年制定的，经过2013年、2016年两次修订。请问这次修订主要是出于什么考虑？修订的总体思路是什么？

黄炜：

这个问题涉及这次《条例》修订的立法思路考虑方面的问题，这个问题请司法部立法四局局长黄祎先生回答。

司法部立法四局局长黄祎：

我简要介绍一下这次《条例》修订的一些基本考虑和思路。

刚才在讨论中提到，粮食安全事关国家安全和社会稳定，所以党中央、国务院对粮食安全工作高度重视。党的十九届四中全会提出，完善农业农村优先发展和保障国家粮食安全的制度政策，并且将其作为加快完善社会主义市场经济体制的重要内容。党的十九届五中全会从统筹发展和安全的战略全局出发，对确保国家粮食安全又提出新要求，粮食流通一端连接粮食生产的源头，另一端连接消费终端，所以加强粮食流通管理，确保粮食的收购、储存、加工、销售等各环节平稳有序运行，对于保障国家粮食安全至关重要。

刚才黄炜副局长在总体介绍情况时也讲到，《条例》是2004年制定的，2013年、2016年分别对部分条款作了一些修订。应当说，2004年颁布的《条例》，对于建设全国统一开放、竞争有序的粮食市场体系发挥了非常重要的作用。经过十几年的发展，随着我国经济社会的快速发展，特别是随着粮食流通体制改革的逐步深化，粮食流通领域也出现了一些新情况、新问题，现行《条例》的一些规定已经不能适应实践发展的要求。主要有以下几个方面：

第一，粮食经营主体、经营方式日益多元化。在这样的情况下，对充分发挥市场配置资源的决定性作用和更好发挥政府的宏观调控职能，都提出了新要求。

第二，政策性粮食流通管理还存在一些薄弱环节。刚才黄炜副局长讲到，政策性粮食对整个粮食安全是非常重要的，从实践来看还存在一些薄弱环节，也要求采取有针对性的措施加以解决。

第三,一些地方出现了粮食污染、变质等问题,也需要我们采取有效的措施,以防控粮食流通环节面临的质量安全风险。

第四,流通环节粮食损失损耗的问题比较突出,需要通过完善制度规范进行综合治理,建立长效机制。

另外,按照2018年《深化党和国家机构改革方案》,粮食流通监管职责也发生了一些调整,也需要通过修改《条例》予以明确。

为了解决上述几个主要方面的突出问题,迫切需要对现行《条例》作进一步的修改完善。这次修改《条例》的总体思路是认真贯彻落实党中央、国务院的决策部署,坚持总体国家安全观,立足保障国家粮食安全的基本定位,着眼构建系统完备、科学规范、运行有效的粮食流通管理制度体系的目标,在总结实践经验和改革成果的基础上,聚焦短板和弱项,有针对性地完善相关的制度设计。

在修改过程中,我们重点把握了以下几点:一是完善全链条的监管,确保粮食流通各环节的有序衔接、平稳运行;二是运用好两种手段,一个是市场手段,另一个是政府调控手段,推动有效市场和有为政府更好结合;三是压实两方面的责任,一个是政府的监管责任,另一个是粮食经营主体的责任,形成监管部门和市场主体权责明晰、各负其责的局面。

《经济日报》记者:

"吃的放心"是老百姓关心的问题,请问新《条例》采取了哪些措施来保障粮食质量安全?

黄炜:

粮食质量问题确实很重要,与每一个老百姓的生活都有关系。这个问题请国家粮食和物资储备局粮食储备司司长秦玉云先生回答。

国家粮食和物资储备局粮食储备司司长秦玉云:

俗话讲,"民以食为天,食以安为先"。粮食是重要的食品和食品原料,粮食质量好坏,直接关系我们每个人"舌尖上的安全"。影响粮食质量的因素比较复杂,既有土壤、水源、气候等因素,也有种子、化肥、农药等因素,还有储存、加工、运输等流通环节的因素。此次《条例》修订,主要是突出了"六个强化"。一是强化监测监控。建立健全粮食流通质量安全风险监测体系,强化粮食产后、流通全程监测监控。二是强化入库出库检验。粮食收购入库和销售出库,都要按规定进行质量检验,未经质量安全检验的粮食不得销售出库。三是强化库存质量管控。粮食储存期间要定期进行品质检验,品质达到轻度不宜存的要及时出库,不得与有毒有害物质混存,不得使用禁用的化学药剂,不得超量使用化学药剂。四是强化运输过程质量管理。不得使用被污染的运输工具或者包装材料运输粮食,不得与有毒有害物质混装运输。五是强化食用用途粮食管理和被污染粮食处置。对不得作为食用用途的粮食,要求县级以上地方人民政府加强监控、及时处置。六是强化法律责任追究。针对违反粮食质量安全要求的行为,规定了严格的法律责任。总之,这次《条例》修订强化了粮食质量安全管理,努力做到让人民群众更安心、更放心。

海报新闻记者:

保障粮食流通工作需要财政的大力支持,国家在粮食流通环节采取了哪些财政支持政策?效果如何?

黄炜:

关于财政政策的问题,请财政部经济建设司负责人李海南回答。

财政部经济建设司负责人李海南:

正如您所说,保障粮食流通工作需要财政大力支持。按照党中央、国务院决策部署,中央财政出台了系列政策支持粮食流通工作,并且不断调整完善、加大力度,为推进粮食收储制度改革、增强储备调控能力、保护种粮农民利益和保障国家粮食安全等都发挥了重要作用。

第一,支持做好粮食收购。一是对稻谷和小麦两大口粮,建立了最低收购价制度,最低收购价水平按照国务院要求有序调整完善。当市场价格低于这一水平时,就启动政策性收购;当市场价格水平回升超过这一水平时,实行市场化收购,守住农民"种粮卖得出去"的底线,维护好种粮农民的利益。对政策性收购粮食贷款的利息由中央财政负担,并安排了相关收购费用。二是对玉米、大豆实行"市场化收购+生产者补贴"保护制度。生产者补贴由以前的收购政策转换而来,根据相关面积和标准事先兑付给种粮农户。从实施效果看,玉米、大豆的整个生产形势稳中向好,价格回升,广大农民成为真正的受益主体。

第二,支持做好粮食储备工作。一是按照国务院部署,有序调整优化中央储备规模和结构,不断增强储备调控能力。对于储备占用贷款的利息以及储备粮的管理、监督等相关费用,由中央财政负担。同时,中央财政还积极支持做好储备的吞吐调节和正常轮换工作,保证市场粮食供给平稳和储备粮食常储常新。二是安排相应财政资金,支持做好仓储设施的维修改造和智能化升级,为实现科技储粮和绿色储粮创造基础条件。

第三,支持粮食产业发展。主要是从 2017 年起中央财政实施了优质粮食工程,重点支持粮食产后服务体系、质量安全检验监测体系和"中国好粮油"行动。从实施情况看,近年优质粮食供给不断增加,并带动形成了一批区域性品牌,实现了农民增收、企业增效和消费者得实惠的目标。

此外,中央财政还积极支持地方做好粮食流通工作。一是建立健全了粮食风险基金制度;二是支持地方实施优质粮食工程;三是支持地方进行粮库维修改造和智能化升级。同时,国家还出台了一系列税收优惠措施,为粮食流通发展提供支持。谢谢。

《光明日报》记者:

刚才黄炜副局长介绍中提到,《条例》取消了粮食收购许可制度。请问取消这一制度有什么影响?能不能介绍一下相关情况?

黄炜:

取消粮食收购资格许可制度,是粮食流通管理制度的重大调整,也是《条例》修订的重点内容。为什么要作这样的调整?粮食收购资格行政许可制度是 2004 年《条例》确定的,本质是管主体、管门槛、管准入的一种事先管制方式,对维护粮食收购秩序、保护种粮农民利益发挥了积极作用。近年来,粮食市场主体更加多元,粮食购销活动明显活跃。我这里有一组数据,2019 年全国具有粮食收购资格的经营者中,非国有市场主体占比接近 90%,基本形成了"市场化收购是主体、政策性收购来托底"的新格局。需要进一步激发市场活力、促进市场竞争、改进市场服务,需要加快实现从事先管主体、管门槛、管准入的方式,转向管行为、管规则、管公平竞争、管处罚违法违规这样一种事中、事后监管方式的转变。基于这些考虑,这次《条例》修订,取消了粮食收购资格行政许可制度。

我在这里专门说明一下,取消收购资格许可,不能简单地理解为"一放了之",取消许可不等于取消监管和弱化服务,而是要运用法治的方法,更好地提升监管效率,更好地服务市场主体,更好地维护市场秩序,营造更好的市场环境。所以围绕这个目的和考虑,这次《条例》修订在取消收购资格许可的同时,对粮食收购活动的事中、事后监管作出了系统性的制度安排。归纳起来,有五个方面的明确。一是明确了收购企业的备案要求。企业要向当地县级人民政府的粮食和储备行政管理部门备案企业名称、地址、负责人以及仓储设施等基本信息。二是明确了收购情况的报告制度。企业应当向收购地的县级人民政府粮食和储备行政管理部门定期报告粮食收购的数量以及其他有关情况,跨省收购的,还应当向企业所在地的县级人民政府粮食和储备行政管理部门报告情况。三是明确了收购行为的规范要求。从事收购活动,要履行品种、质量标准、收购价格的公告义务;要执行国家粮食质量标准,严格落实粮食出入库质量安全检验制度;应当按质论价,不得损害种粮农民的利益,特别是不能向农民"打白条";不得拖欠、不得代扣代缴任何税费。四是明确了监督管理的措施和手段。粮食和储备行政管理部门可以进行现场检查,查阅凭证资料,可以调查了解问询有关情况,可以采取查封、扣押的强制措施。同时,要求建立信用档案制度,加强诚信约束制度建设,加强收购活动的日常监管,对粮食行业协会以及中介组织作出行业自律的规范要求。五是明确了粮食收购活动违法行为的法律责任。对违反收购要求的行为设定严格的罚款规定,对违反市场公平竞争的行为,按照市场监管部门的规定进行处罚;违反价格管理要求的,按照价格法的规定进行处罚。

所以,取消事前的资格许可,不等于放松监管,不等于"一放了之",而是通过这五个方面系统的事中、事后的制度规范,进行周密的安排,确保收购活动有序正常进行。

中央广播电视总台央广记者:

这次《条例》规定实行粮食安全党政同责,这是不是第一次在法律层面规定粮食安全要实行党政同责?这样的规定是出于怎样的考虑?

黄炜:

2020 年年底召开的中央农村工作会议上,习近平总书记强调指出,地方各级党委和政府要扛起粮食安全的政治责任,实行党政同责,"米袋子"省长要负责,书记也要负责。这充分体现了我们党始终把人民的需要和利益放在最高的位置,始终把解决好 14 亿人吃饭的问题作为治国理政的头等大事,是我们党执政为民理念和对人民负责精神的生动写照。

"米袋子"省长责任制是具有中国特色确保粮食安全的重要制度安排。根据国务院的部署,从 2016 年首次考核以来,考核机制不断完善,考核要求不断强化,考核效果一年比一年好，主要有这几个方面的体现：

一是底线守得牢。确保了粮食库存充裕、质量良好、供应充足、市场运行平稳。我们能够经受住2020年疫情的考验、保障好疫情期间粮食供应，与有这样的制度安排是密不可分的。

二是责任压得实。省级政府粮食安全的主体责任很明确，并通过有效的工作和制度安排，逐级传导压力，落实责任，构建粮食安全的责任体系，粮食安全保障水平显著提高。

三是发展显成效。保护了种粮农民的利益，实现粮食生产连年丰收，粮食生产、储备、流通能力不断提高，促进了粮食产业高质量发展。

基于以上考虑，以及实行粮食安全省长责任制这些年以来的经验，这次《条例》第7条专门规定，省、自治区、直辖市应当落实粮食安全党政同责，完善粮食安全省长责任制，承担保障本行政区域粮食安全的主体责任。我在前面简要介绍情况时也讲到，这是第一次在行政法规中确立这样的制度。目前，国家有关部门根据中央要求和《条例》规定，正在研究粮食安全实行党政同责的政策要求和具体安排，核心要求是全面加强党对粮食工作的领导，总的原则和思路：一是体现政治责任。粮食安全是国之大者，保障国家粮食安全，地方各级党委和政府都要把这个政治责任扛起来。二是体现共担重任。牢牢把住粮食安全主动权，省长要负责，书记也要负责，党委和政府都要共同扛稳粮食安全的重任，对本地区粮食安全负总责。三是体现分层压实。要强化落实粮食安全省长责任制，突出省级政府的底线责任、目标责任。同时，健全分级责任体系，逐级压实责任，层层传导压力，强化考核"指挥棒"作用。

这次《条例》修订，把这项工作的原则要求确立下来，为我们实施相应的工作提供了法律依据。相关政策还在研究制定过程中，今天我在这里先与大家介绍这些情况，也希望大家持续关注，随着工作的进展，宣传好、报道好这方面工作的要求，营造全社会共同重视粮食安全、保障粮食安全的舆论环境和社会氛围。

邢慧娜：

大家如果没有新的问题，今天的吹风会就到此结束了。感谢5位发布人，也感谢各位记者朋友们。谢谢大家！

《粮食流通管理条例》国务院政策例行吹风会背景材料*

2021年1月4日，国务院第121次常务会议审议通过了《粮食流通管理条例（修订草案）》。2021年2月15日，李克强总理签署第740号国务院令，公布修订后的《粮食流通管理条例》（以下简称《条例》），自2021年4月15日起施行。此次《条例》修订立足保障国家粮食安全的政治站位，适应粮食流通市场化发展的实践需要和粮食流通法律治理的新要求，针对粮食流通管理中存在的现实问题和短板弱项作出系统化的制度完善，具有很强的针对性和可操作性，体现了落实中央要求、坚持问题导向、反映改革成果、引领改革方向、完善基本制度的立法思路。《条例》健全完善了粮食流通管理的制度框架，全面充实了粮食流通管理的制度内容，是对粮食流通治理经验的全面总结，是对粮食流通监管政策的全面反映，标志粮食流通进入了全面依法治理的新阶段。

一、《条例》修订出台的背景

粮食安全，国之大者。党中央、国务院高度重视粮食安全问题。党的十八大以来，以习近平同志为核心的党中央始终坚持把粮食安全作为治国理政的头等大事，提出了“确保谷物基本自给、口粮绝对安全”的新粮食安全观，确立了以我为主、立足国内、确保产能、适度进口、科技支撑的国家粮食安全战略，形成了一整套“牢牢把住粮食安全主动权”的重要政策和制度，走出了一条中国特色粮食安全之路。党的十九

* 本部分为2021年4月8日国务院政策例行吹风会现场散发材料。

届五中全会立足统筹发展和安全的战略全局要求,作出了确保粮食安全的工作部署,将保障粮食安全提到了前所未有的高度。

粮食流通一头连接粮食生产源头,另一头连接粮食消费终端,包括粮食收购、储存、运输、加工和销售等多个环节,是保障国家粮食安全的重要基础性工作。党中央、国务院高度重视粮食流通工作。习近平总书记反复强调要加强粮食流通能力建设,要做好粮食市场和流通的文章。李克强总理指出,确保国家粮食安全,粮食流通是必不可少的重要环节,责任重大。

《条例》于2004年颁布实施,对于理顺粮食价格形成机制、完善粮食宏观调控、规范粮食经营活动、维护粮食流通秩序、保障国家粮食安全发挥了重要作用。随着经济社会的快速发展,粮食流通形势发生了深刻变化,特别是在把握新发展阶段、贯彻新发展理念、构建新发展格局、推动高质量发展的新时代背景下,粮食流通客观上面临许多新情况、新问题、新矛盾,有必要对《条例》进行修改和完善:一是习近平总书记在中央农村工作会议上强调,粮食安全要实行党政同责,"米袋子"省长要负责,书记也要负责。需要将习近平总书记的指示要求和中央的决策部署转化为法律制度规范。二是粮食市场化程度逐步提高,市场主体日益多元,需要按照"放管服"改革要求,在切实加强监管的同时,进一步激发市场活力。三是随着政策性粮食收储制度改革的不断深化,需要对实践中暴露的政策执行和库存管理的突出问题进行有针对性的规范,确保政策性粮食安全。四是进入新发展阶段,人民群众对高品质粮油产品供给提出了更高要求,需要适应形势变化,进一步夯实粮食质量安全企业主体责任和政府部门监管责任。五是落实习近平总书记专门要加强立法,强化监管,采取有效措施,建立长效机制,坚决制止餐饮浪费行为的指示要求,流通环节粮食损失损耗问题需要作出有针对性的专门规范。六是2018年党和国家机构改革后,粮食流通监管部门进行了整合调整,需要进一步明确部门监管职责,厘清监管边界。

为认真贯彻落实总体国家安全观和国家粮食安全战略,主动适应粮食安全治理现代化的要求,国家发展改革委、国家粮食和物资储备局于2017年上半年启动了《条例》修订工作。在司法部、财政部、市场监督管理总局等部门的大力支持下,经过广泛深入调研、充分征求意见、反复研究论证,形成了《粮食流通管理条例(修订送审稿)》。进入国务院审议阶段后,司法部高度重视,优先支持列入国务院年度立法计划,启动立法审查工作,先后两次征求有关部门、地方人民政府和部分企业的意见。

各方面对《条例》修订工作高度重视，提出颇有建设性的修订完善意见和建议，为《条例》的顺利修订出台提供了保障。

二、《条例》的主要内容

此次《条例》修订，是在2013年、2016年对部分条款进行修订基础上的第一次全面修订。《条例》共6章56条，完善了粮食流通体制，在全面总结粮食安全省长责任制做法经验的基础上，第一次在行政法规中明确规定省、自治区、直辖市应当落实粮食安全党政同责，完善粮食安全省长责任制，承担保障本行政区域粮食安全的主体责任；对有关职能部门粮食流通监管职责作出了进一步明确和细化；充实了粮食流通管理制度内容，对粮食收购、销售、储存、运输、加工等环节以及粮食质量安全管理、节粮减损等进行全面规范，重点在政策性粮食管理、粮食流通市场监管、粮食质量安全管理、减少粮食损失浪费等方面作出系统化的制度完善。

（一）保护种粮农民利益，保护和调动粮食生产积极性

李克强总理在国务院常务会议审议时强调，“凡涉及农民利益的法规文件修订，一定要尊重农民意愿，慎之又慎仔细斟酌，切实维护农民的切身利益”。《条例》开宗明义将保护粮食生产者积极性作为立法目的之一，规定了一系列保护农民利益的措施。一是为保障市场供应、保护种粮农民利益，必要时可采取政策性购销和政策性收储措施。二是收购粮食应当执行国家粮食质量标准，按质论价，不得损害农民和其他粮食生产者的利益。三是收购粮食应当及时向售粮者支付售粮款，不得拖欠；不得接受任何组织或者个人的委托代扣、代缴任何税、费和其他款项。四是对侵害种粮农民利益的行为，设立了严格法律责任。《条例》的这些规定充分体现了人民至上的执政理念和以人为本、立法为民的法治理念，有利于进一步保护种粮农民合法权益、调动粮食生产积极性、促进粮食生产、保障国家粮食安全。

（二）进一步转变政府职能，落实“放管服”改革精神要求

《条例》落实国务院“放管服”改革精神，坚持放管结合，确保依法全面履行粮食流通监管职能。一是取消事前粮食收购资格行政许可，要求从事粮食收购的经营者应当具备相应的能力，粮食收购企业应当向有关政府部门备案。二是实行粮食收购信息定期报告制度，粮食收购企业向收购地县级人民政府有关部门定期报告粮食收购数量等有关情况；跨省收购粮食，还应当向企业所在地县级人民政府有关部门定期报告粮食收购情况。三是加强事中、事后监管措施，细化规范粮食收购行为监管要

求,强化粮食收购活动日常监管。四是实施粮食流通信用监管,建立粮食经营者信用档案,记录日常监督检查结果、违法行为查处情况,并依法向社会公示。五是赋予行政强制措施,在监督检查过程中,可以采取查封、扣押等行政强制措施。

(三)严格政策执行要求,全面强化政策性粮食库存监管

政策性粮食是国家粮食宏观调控的物质基础。《条例》系统总结政策性粮食管理的实践做法,针对存在的风险隐患和矛盾问题,明确规定了政策性粮食经营活动中的禁止性行为,补上了政策性粮食监管的制度短板。一是严禁虚报政策性粮食收储数量。二是严禁非法套取粮食价差、财政补贴和信贷资金。三是严禁非法占用财政补贴、信贷资金。四是严禁以政策性粮食为债务作担保或者清偿债务。五是严禁利用政策性粮食进行不符合政策性任务要求的其他商业经营。六是严禁政策性粮食出库弄虚作假,妨碍出库。七是严禁违规倒卖或不按规定用途处置国家限定用途的政策性粮食。八是严禁擅自动用政策性粮食。九是其他违反国家政策性粮食经营管理规定的行为。

(四)严格质量安全管理,守护百姓"舌尖上的安全"

加强粮食质量安全管理是推动粮食高质量发展、更好满足人民日益增长的美好生活需要的必然要求。《条例》围绕粮食产业创新发展、转型升级、提质增效的目标,立足粮食质量安全保障的特殊问题和专门要求,作出有针对性的制度安排,严把粮食入口质量安全关,确保"吃得放心""吃得安全"。一是建立健全粮食流通质量安全风险监测体系,组织实施粮食流通质量安全风险监测。二是严把粮食收购质量安全关,收购粮食应当按照国家有关规定进行质量安全检验,不符合食品安全标准的粮食应当作为非食用用途单独储存。三是严把粮食储存质量安全关,粮食不得与可能对粮食产生污染的有害物质混存,储存粮食不得使用国家禁止使用的化学药剂或者超量使用化学药剂;储存期间应当定期进行粮食品质检验,粮食品质达到轻度不宜存时应当及时出库。四是严把粮食运输质量安全关,不得使用被污染的运输工具或者包装材料运输粮食,不得与有毒有害物质混装运输。五是严把粮食销售出库质量安全关,出库前应当按照要求进行质量安全检验,未经质量安全检验的粮食不得销售出库。六是加强区域性粮食污染监控,县级以上地方人民政府建立健全被污染粮食收购处置长效机制,发现区域性粮食污染的,应当及时采取处置措施。

(五)提升市场供应保障能力,确保粮食流通平稳运行

为实现粮食生产和需求在时间和空间上的匹配,必须通过粮食流通保障市场供应。《条例》结合新冠肺炎疫情防控粮食保供稳价工作实践,完善粮食宏观调控手段,确保全国粮食供求总量基本平衡和市场基本稳定。一是健全粮食市场供求形势监测和预警体系,完善粮食供需抽查制度,发布粮食生产、消费、价格、质量等信息。二是坚持和完善政策性粮食收储制度,引导政策性粮食规范交易。三是强化粮食应急管理,在重大自然灾害、重大疫情或者其他突发事件引起粮食市场供求异常波动时,国家实施粮食应急机制。四是规范粮食风险基金用途,明确主要用于支持粮食储备、稳定粮食市场等。五是加强对政府储备粮油仓储物流设施的保护。六是鼓励发展粮食产业经济,提高优质粮食供给水平,更好地保障高品质粮食供给。

(六)严厉打击粮食流通违法行为,有效维护粮食流通秩序

为有效震慑违法行为、维护粮食市场秩序,《条例》适应粮食流通法律治理的新要求,严厉打击粮食流通违法行为,全面强化违法责任追究。一是提高违法行为的惩处力度,将涉及政策性粮食的违法行为的最高罚款额度从 20 万元提高到 500 万元,将涉及粮食收购的违法行为的最高罚款额度从 20 万元提高到 50 万元。二是严格粮食质量违法行为处罚,对违反食用用途粮食销售出库禁止性规定的行为,没收违法所得,最高可处货值金额 1 倍以上 5 倍以下罚款;对从事粮食的食品生产不符合食品安全法律、法规和标准规定的条件和要求的,依法予以处罚。三是增加企业相关责任人员的个人违法责任,对违反《条例》规定且情节严重的行为,对企业法定代表人、主要负责人、直接负责的主管人员和其他责任人员处以其上一年度从企业取得收入的 1 倍以上 10 倍以下罚款。

(七)明确节粮减损工作要求,传承中华民族传统美德

《条例》遵照习近平总书记的重要指示精神,围绕节粮减损重点领域、重点环节作出了特别规范。一是将防止和减少粮食损失浪费作为粮食经营活动的原则要求。二是明确职能部门节粮减损责任,有关政府部门应当加强对粮食经营者的指导和服务,引导粮食经营者节约粮食,降低粮食损失损耗。三是对粮食流通重点环节节粮减损作出专门规范,仓储设施应当符合粮食储存有关标准和技术规范,具有与储存品种、规模、周期等相适应的仓储条件,减少粮食储存损耗;运输粮食应当严格执行国家粮食运输的技术规范,减少粮食运输损耗;鼓励粮食经营者提高成品粮出品率和副产

物综合利用率。四是加强节粮减损技术研发应用和宣传教育,鼓励和支持开发、推广应用先进的粮食储存、运输、加工和信息化技术,开展珍惜和节约粮食宣传教育。

三、切实抓好《条例》贯彻实施

循法而行、依法而治,是实现良法善治的必由之路。《条例》修订出台为我们更好履行粮食流通管理职责、落实监管责任、维护市场秩序、保障国家粮食安全提供了重要的法律支撑。为做好《条例》的贯彻实施工作,国家发展改革委、国家粮食和物资储备局已经正式下发通知,要求以《条例》实施为契机,着眼"国之大者"深刻领会《条例》修订的重要意义,以高度的政治自觉和强烈的使命担当,切实抓好《条例》贯彻实施工作,坚决扛稳保障国家粮食安全的政治责任。准确把握、严格执行《条例》修订新要求,认真落实粮食收购事中、事后监管要求,切实加强政策性粮食管理,严格落实粮食质量管理、防止和减少粮食损失浪费要求,主动履职担当严格依法监管。加快制定完善《条例》实施配套制度规范,全面清理现有规章和规范性文件。大力开展《条例》培训和普法宣传,严厉查处违法违规案件并向社会公布,引导粮食经营者依法诚信经营,粮食生产者、经营者和消费者依法维护好自身的合法权益。

《粮食流通管理条例》修订出台 为粮食流通现代治理 提供了重要法律制度保障*

新年伊始,国务院第121次常务会议审议通过了《粮食流通管理条例(修订草案)》。2021年2月15日,李克强总理签署第740号国务院令,公布修订后的《粮食流通管理条例》(以下简称《条例》),自2021年4月15日起施行。此次《条例》修订按照落实中央要求、立足问题导向、反映改革成果、完善基本制度的立法思路,针对粮食流通管理中存在的突出问题和短板弱项,重点围绕政策性粮食管理、粮食流通市场监管、粮食质量安全管理、减少粮食损失浪费等方面作出了系统化的制度完善,特别是落实"放管服"改革精神,取消粮食收购许可,强化了粮食流通事中、事后监管措施;全面规定了政策性粮食管理的禁止性行为;将防止和减少粮食损失浪费作为粮食经营活动的明确要求。同时,大幅提升违法成本,加大违法行为惩处力度,为我们更好履行粮食流通管理职责、落实监管责任、维护市场秩序、保障国家粮食安全提供了重要的法律支撑。

《条例》是落实中央确定的加快完善粮食安全法律制度的重要成果。党的十八大以来,以习近平同志为核心的党中央高度重视国家粮食安全,提出了"确保谷物基本自给、口粮绝对安全"的新粮食安全观,确立了以我为主、立足国内、确保产能、适度进口、科技支撑的国家粮食安全战略,形成了一整套"牢牢把住粮食安全主动权"

---

* 本部分为国家粮食和物资储备局就《条例》修订出台的新闻稿。

的重要政策和制度，走出了一条中国特色粮食安全之路。《条例》在系统总结实践做法、经验的基础上，将粮食流通管理中这些成熟的政策制度法治化，对于实现粮食安全治理从政策治理到法治治理的根本转变，更好发挥法治“固根本、稳预期、利长远”的作用具有十分重要的意义。

一是有利于保护种粮农民利益，调动粮食生产积极性。我国的粮食安全不仅需要满足居民粮食需求，而且事关农民生计安全。李克强总理在国务院常务会议审议《粮食流通管理条例(修订草案)》时专门强调，“凡涉及农民利益的法规文件修订，一定要尊重农民意愿，慎之又慎仔细斟酌，切实维护农民的切身利益”。《条例》开宗明义地将保护粮食生产者积极性、促进粮食生产作为立法目的之一，明确规定了采取政策性粮食购销等措施在内的一系列保护农民利益的措施，特别是针对在实践中存在的“打白条”等侵害种粮农民利益的行为，有针对性地作出了粮食收购应当执行国家粮食质量标准，按质论价，不得损害农民和其他粮食生产者的利益；应当及时向售粮者支付售粮款，不得拖欠；不得接受任何组织或者个人的委托代扣、代缴任何税、费和其他款项等禁止性规定，并设立了违反规定的严格法律责任。

二是有利于切实加强政策性粮食管理。《条例》适应粮食流通管理新的形势要求，坚持问题导向，明确了严禁虚报粮食收储数量，严禁挤占、挪用、克扣财政补贴、信贷资金等 9 个方面的禁止性规定。对涉及政策性粮食的违法行为的最高罚款额度从 20 万元提高到 500 万元，特别增加了粮食经营企业负责人的个人违法责任，可以处其本人年收入 1 ~ 10 倍的罚款。

三是有利于更好地保障粮食供应稳定。《条例》在完善粮食宏观调控手段，引导政策性粮食规范交易；坚持和完善政策性粮食收储制度；健全粮食市场供求形势监测和预警体系等制度规范的基础上，专门强化了粮食经营活动中扰乱市场秩序违法行为的法律责任，为确保粮食流通平稳运行提供了法治保障。

四是有利于更好地保障高品质粮食供给。《条例》立足更好满足人民美好生活对粮食供给的新要求，围绕粮食产业创新发展、转型升级、提质增效的目标，作出了一系列制度规范，进一步强化了粮食质量安全监管、粮食质量安全监测、粮食质量检验等制度规范，特别是明确农药残留、重金属超标等不符合食品安全标准的粮食不得作为食用用途销售，为严把粮食入口质量安全关提供了依据和保障。

五是有利于更好地防止和减少粮食损失浪费。《条例》遵照习近平总书记关于

"要加强立法,强化监管,采取有效措施,建立长效机制,坚决制止餐饮浪费行为"的重要指示精神,围绕节粮减损重点领域、重点环节作出了特别规定,将防止和减少粮食损失浪费作为粮食经营活动的原则要求,对粮食储存、运输等环节节粮减损作出了重点规范,鼓励和支持开发、推广应用先进的粮食储存、运输、加工技术,开展珍惜和节约粮食宣传教育,为粮食经营者降低粮食损失损耗,强化爱粮节粮宣传教育,营造"爱惜粮食、反对浪费"的浓厚社会氛围提供了重要法治引领。

法律的生命力在于执行。《条例》修订出台标志着粮食流通现代治理进入了法治治理的新阶段。作为粮食流通主管部门,粮食和物资储备部门将以《条例》修订出台为契机,从"国之大者"的政治角度深刻领会《条例》修订的重要意义,以高度的政治自觉和强烈的使命担当,切实担负起保障国家粮食安全的政治责任。认真学习《条例》精神实质和重要制度,突出领会《条例》修订重点和创新点,加快制定、修改完善配套制度规则;着力提升依法监管能力,自觉增强依法监管意识,进一步界定执法职责、明确执法流程、规范执法裁量、严格执法程序,主动作为,动真碰硬,严格监管、严肃处罚,加快实现粮食流通依法监管的根本转变;广泛开展《条例》宣传普及工作,引导粮食经营者依法诚信经营,粮食生产者、经营者和消费者依法维护好自身的合法权益。

“粮食安全党政同责”首次进入我国法规

修订后的《粮食流通管理条例》(以下简称《条例》)将自2021年4月15日起施行，“粮食安全党政同责”第一次在行政法规中得以明确规定。

国家粮食和物资储备局副局长黄炜2021年4月8日在国务院新闻办公室举行国务院政策例行吹风会上说，粮食流通是连接粮食生产和消费的重要工作。近几年我国每年生产粮食超过1.3万亿斤，其中70%进入流通环节，超过9200亿斤。从一定意义上说，没有有效的粮食流通，就不会有真正的粮食安全。修订的《条例》按照党中央粮食安全要“实行党政同责，‘米袋子’省长要负责，书记也要负责”的最新要求，在全面总结粮食安全省长责任制做法、经验的基础上，第一次在行政法规中明确规定省、自治区、直辖市应当落实粮食安全党政同责，完善粮食安全省长责任制，承担保障本行政区域粮食安全的主体责任。同时，对有关职能部门粮食流通监管职责作出了进一步明确和细化。

与此同时，《条例》落实国务院“放管服”改革要求，取消了粮食收购资格行政许可，强化了粮食流通事中事后的监管措施，专门建立起粮食流通信用监管制度，强化了监督检查的职责和手段，为进一步优化营商环境、实现粮食流通的有效监管建构起了新的模式；系统完善了粮食流通各类主体在政策性粮食管理、粮食流通经营行为规范、粮食质量安全、粮食节约和减损等方面的权利义务规范，细化规定了粮食流通的禁止性行为，补上了粮食流通管理的制度短板；适应粮食流通法律治理的新要求，按照放松管制、加强监管的法治理念和要求，通过定额、倍数等不同罚则的设定，全面强化对粮食流通违法违规行为的法律责任追究，进一步提升违法成本、加大处罚力度。

黄炜说，《条例》健全完善了粮食流通管理的制度框架，全面充实了粮食流通管理的制度内容，是对粮食流通治理经验的全面总结，是对粮食流通监管政策的全面反映，标志粮食流通进入了全面依法治理的新阶段。

（来源：新华社2021年4月8日）

完善全链条监管　保障粮食安全

修订后的《粮食流通管理条例》(以下简称《条例》)将自2021年4月15日起施行,国务院新闻办公室2021年4月8日举行国务院政策例行吹风会,国家粮食和物资储备局副局长黄炜等介绍了有关情况。

近年来,我国每年生产粮食超1.3万亿斤,其中70%通过粮食流通进入消费领域,总数量超过9000亿斤。黄炜表示,做好粮食流通工作,除解决粮食供应问题,解决老百姓的粮食需求问题外,也是落实国家的粮食政策,保证种粮农民的收益,促进粮食产业高质量发展的重要工作。

司法部立法四局局长黄祎介绍,此次《条例》修改重点把握以下几点:一是完善全链条的监管,确保粮食流通各个环节的有序衔接、平稳运行;二是运用好两种手段,一种是市场手段,另一种是政府调控手段,推动有效市场和有为政府更好结合;三是压实两方面的责任,一方面是政府的监管责任,另一方面是粮食经营主体的责任,形成监管部门和市场主体权责明晰、各负其责的局面。

《条例》健全完善了粮食流通管理的制度框架,全面充实了粮食流通管理的制度内容,是对粮食流通治理经验的总结,是对粮食流通监管政策的全面反映,标志粮食流通进入了全面依法治理的新阶段。黄炜说。

政策性粮食管理是本次《条例》修订的重点之一。此次修订全面总结了政策性粮食的管理经验,针对薄弱环节进行了完善,体现了严肃落实政策目标、严把质量标准和等级、严明出库管理责任、严格粮食购销动用程序、严厉追究法律责任等“五个严”的要求。

取消粮食收购资格许可制度，是粮食流通管理制度的重大调整，也是《条例》修订的重点内容。“取消许可不等于取消监管和弱化服务，而是要运用法治的方法，更好地提升监管效率，更好地服务市场主体，更好地维护市场秩序，营造更好的市场环境。”黄炜表示，《条例》修订在取消收购资格许可的同时，对粮食收购活动的事中、事后监管作出了系统性的制度安排，包括明确了收购企业的备案要求、收购情况的报告制度等。

针对社会关注的粮食安全问题，国家发展改革委经济贸易司负责人寇明说：“总体上讲，我国的粮食安全形势是好的。这主要体现在粮食综合生产能力比较强、粮食储备流通体系安全可靠、粮食安全管理体系健全三个方面。”粮食质量安全管理方面，国家粮食和物资储备局粮食储备司司长秦玉云介绍，《条例》修订强化了粮食质量安全管理，努力做到让人民群众更安心、更放心。

财政部经济建设司负责人李海南表示，中央财政出台了系列政策支持粮食流通工作，并且不断调整完善、加大力度，为推进粮食收储制度改革、增强储备调控能力、保护种粮农民利益和保障国家粮食安全等发挥了重要作用。中央财政还积极支持地方做好粮食流通工作。

（来源：《人民日报》2021 年 4 月 9 日第 2 版）

后　记

2021 年 2 月 15 日，李克强总理签署第 740 号国务院令，公布《粮食流通管理条例》（以下简称《条例》），自 2021 年 4 月 15 日起施行。

为把《条例》贯彻好、实施好，我们组织力量编写了本书，系统解释《条例》条文内容。在编写过程中，我们根据《条例》修订精神，紧扣《条例》内容，围绕《条例》中亟须阐明和解释的事项和重点问题逐条解释，以帮助国家行政机关工作人员、粮食从业者及社会各界人士更加准确地把握《条例》的规定。同时，为便于读者更好地理解《条例》修订的背景、意义和有关条文的适用问题，本书还收录了有关领导、实务部门同志的专题解读和相关培训授课材料。

本书由国家粮食和物资储备局组成编委会组织编写，编委会主任为国家发展改革委党组成员，国家粮食和物资储备局党组书记、局长张务锋同志，委员为国家粮食和物资储备局党组成员、副局长卢景波、黄炜、梁彦、贾骞，总工程师翟江临，督查专员颜波、李成毅同志，主编为黄炜同志。参加本书编辑的有（按姓氏笔画）：于涛、于丽丽、王辉、王福东、王耀鹏、尹诗文、孔晶晶、毕毅琛、朱之光、刘卓、刘森、刘翔宜、齐朝富、许莹、李阳、李玥、李昭、李萌、李冬良、李鹏飞、李腾飞、杨卫辰、杨焕成、杨婷婷、吴微、吴紫怡、张雷、张永刚、张庆娥、张军杰、罗文娟、钟海涛、施季辉、姚磊、袁辉、耿晓頔、徐广超、郭建、唐茂、展飞、崔韫慧、彭扬、董琦琦、温江波、游泳、窦幽璇、廖小平、樊利楠。本书由韩继志、肖玲同志审核统稿。本书成稿后，还征求了国家发展改革委经济贸易司、法规司，财政部经济建设司，国家卫生健康委法规司，国家市场监督管理总局法规司，中国农业发展银行粮棉油部等单位的意见，收到了他们有价值的反馈、意见和建议，在此一并致以诚挚的谢意。

囿于作者水平，本书如有不准确、不全面之处，敬请读者批评指正。

2021 年 6 月 11 日

图书在版编目(CIP)数据

《粮食流通管理条例》释义 / 国家粮食和物资储备局编. -- 北京 : 法律出版社, 2021
ISBN 978 - 7 - 5197 - 5597 - 3

Ⅰ. ①粮… Ⅱ. ①国… Ⅲ. ①粮食 - 商品流通 - 管理 - 条例 - 法律解释 - 中国 Ⅳ. ①D922.45

中国版本图书馆 CIP 数据核字(2021)第 082111 号

《粮食流通管理条例》释义
《LIANGSHI LIUTONG GUANLI TIAOLI》SHIYI

国家粮食和物资储备局 编

策划编辑 沈小英
责任编辑 沈小英 毛镜澄 刘晓萌
装帧设计 李 瞻

出版发行 法律出版社
编辑统筹 法治与经济出版分社
责任校对 杨锦华 王沁陶
责任印制 吕亚莉
经　　销 新华书店

开本 710 毫米 × 1000 毫米 1/16
印张 16.25 **字数** 289 千
版本 2021 年 7 月第 1 版
印次 2021 年 7 月第 1 次印刷
印刷 固安华明印业有限公司

地址:北京市丰台区莲花池西里 7 号(100073)
网址:www.lawpress.com.cn
投稿邮箱:info@lawpress.com.cn
举报盗版邮箱:jbwq@lawpress.com.cn

销售电话:010 - 83938349
客服电话:010 - 83938350
咨询电话:010 - 63939796

书号:ISBN 978 - 7 - 5197 - 5597 - 3
定价:76.00 元

凡购买本社图书,如有印装错误,我社负责退换。电话:010 - 83938349